कालजयी भारतीय ज्ञान

कालजयी भारतीय ज्ञान

भगवती प्रकाश शर्मा

प्रकाशक
प्रभात प्रकाशन प्रा. लि.
4/19 आसफ अली रोड, नई दिल्ली–110002
फोन : 011–23289777 • हेल्पलाइन नं. : 7827007777
इ–मेल : prabhatbooks@gmail.com ❖ वेब ठिकाना : www.prabhatbooks.com

संस्करण
2025

पेपरबैक मूल्य
पाँच सौ रुपए

मुद्रक
आर–टेक ऑफसेट प्रिंटर्स, दिल्ली

KAALJAYEE BHARATIYA JNAN
by Shri Bhagwati Prakash Sharma

Published by **PRABHAT PRAKASHAN PVT. LTD.**
4/19 Asaf Ali Road, New Delhi-110002

ISBN 978-81-970692-2-2

₹ 500.00 (PB)

भूमिका

भारतीय संस्कृति विश्व की प्राचीनतम व ज्ञानप्रधान संस्कृति है। यूनेस्को ने ऋग्वेद की 3800 वर्ष प्राचीन 30 पांडुलिपियों को विश्व विरासत में सम्मिलित करते हुए भी माना कि ऐसी सुदीर्घ, अक्षुण्ण व पुरातन पांडुलिपियाँ विश्व में अन्यत्र दुर्लभ हैं। ज्ञान प्रधानता के संबंध में अमेरिकी इतिहासविद् मार्क ट्वेन के अनुसार आज के आधुनिक ज्ञान-विज्ञान की भी कई जानकारियाँ प्राचीन भारतीय हिंदू वाङ्मय में पहले से ही मिल जाती हैं और यह भी संभव है कि भविष्य में होने वाले नवीन अन्वेषणों व आविष्कारों के भी कई संदर्भ प्राचीन भारतीय शास्त्रों में मिल जाएँ। वस्तुतः भारतीय ज्ञान-परंपरा व चिंतन का एकमेव ध्येय ही विश्वमंगल का है। प्राचीन भारतीय ज्ञान कोई रिलीजन सापेक्ष कर्मकांड न होकर सार्वभौम मानवोपयोगी ज्ञान की निधि है।

भारतीय शास्त्रों में अनुपम ज्ञान

प्राचीन भारतीय ज्ञान-परंपरा सार्वभौम मानव कल्याण व संपूर्ण प्रकृति के संरक्षण व संवर्द्धन पर केंद्रित है। उन्नत ज्ञान की दृष्टि से इसमें आधुनिक खगोल शास्त्र, सौरमंडल, अंतरिक्ष विज्ञान व भू-विज्ञान सहित ब्रह्मांड रचना संबंधी अनेक आधुनिक जानकारियाँ प्रचुरता में मिल जाती हैं। शरीर रचना, स्वास्थ्य विज्ञान और गणित सहित भौतिक विज्ञानों के भी अनेक तथ्य आज वेद, वेदांग आरण्यक, उपनिषद्, ब्राह्मण, साहित्य, सूत्र, संहिताओं व अन्य संस्कृत ग्रंथों में प्रचुरता से मिल रहे हैं। अर्थशास्त्र व नागरिक शास्त्र सहित विविध सामाजिक

विज्ञानों के साथ ही आधुनिक प्रौद्योगिकी एवं व्यापार-वाणिज्य के उन्नत सिद्धांत भी प्राचीन शास्त्रों में मिलते हैं। यह सार्वभौम मानवोपयोगी ज्ञान कोई रिलीजन सापेक्ष कर्मकांड न होकर, संस्कृति का प्राणतत्त्व एवं विश्व मानवता की चिरंतन विरासत है। वेदों में प्रकाश की गति से लेकर हृदय के विद्युत्-स्पंदनों तक का ज्ञान और ब्रह्मांड की श्याम ऊर्जा से लेकर पाई के सूक्ष्म मान तक के अगणित सूत्र हैं। धातु विज्ञान से विमान शास्त्र तक के अनेक उन्नत विषय उनमें हैं। पृथ्वी की धुरी के स्पंदन से लेकर हृदयगत स्मृति जैसे सभी विषय अत्यंत महत्त्व के हैं। आधुनिक अर्थशास्त्र, राजनीति विज्ञान, वाणिज्य ज्ञान, समाज शास्त्र, अंतरराष्ट्रीय राजनय और उन्नत प्रबंध शास्त्र तक का ज्ञान उनमें संकलित है।

विश्व दुर्लभ ज्ञान के विलोपन की चुनौती

ज्ञान की इस अनमोल निधि के अध्ययन-अध्यापन को अब तक औपचारिक पाठ्यक्रमों से बाहर रखे जाने से यह ज्ञान-परंपरा सर्वथा विलोपन का शिकार हो रही है। प्राचीन भारतीय शास्त्रों के औपचारिक पठन-पाठन, संरक्षण-संवर्द्धन एवं अन्वेषण के अभाव में इनकी व्याख्या में समर्थ विद्वानों की पीढ़ी भी समाप्त होती जा रही है और ये शास्त्र आज स्वाधीन भारत में भी स्थाई विलोपन का शिकार हो रहे हैं। आज वेदों की ही एक हजार से अधिक शाखाएँ विलुप्त हो चुकी हैं। कौटिल्य के 'अर्थशास्त्र' के पूर्ववर्ती अर्थशास्त्र और पाणिनी की 'अष्टाध्यायी' से पूर्ववर्ती व्याकरण भी विलुप्त हो चुके हैं।

पातंजलि के महाभाष्य के अनुसार देश में वेदों की 1,131 शाखाएँ प्रचलित थीं। इनमें से प्रत्येक शाखा के ब्राह्मण साहित्य, आरण्यक व उपनिषद् भी रहे हैं। आज उनमें से मात्र 13 शाखाएँ ही उपलब्ध हैं। शेष 1,119 शाखाएँ देश से विलुप्त हो गई हैं। जर्मन में आज भी 103 शाखाएँ उपलब्ध बतलाई जाती हैं, जिन्हें जर्मन सरकार ने इतना सुरक्षित रखा हुआ है कि उनका अध्ययन वहाँ के शीर्षस्थ विद्वानों द्वारा ही किया जा सकता है। वेद मंत्रों का अर्थ निरुक्त से होता है। प्राचीनकाल में 18 निरुक्त प्रचलित थे। अब भारत में केवल एक यास्कीन निरुक्त ही उपलब्ध है। जर्मनी में 3 निरुक्त उपलब्ध बतलाए जाते हैं। वेद संहिताओं की तुलना में अन्य

श्रेणी के लुप्त संस्कृत वाङ्मय का परिमाण बहुत अधिक है। वेद शाखाओं व निरुक्त सहित लाखों ग्रंथ विलुप्त हुए हैं।

केंद्रीय स्तर पर संस्कृत विश्वविद्यालयों व प्रदेशों में जहाँ संस्कृत में आचार्य के 30-40 तक विषय रहे हैं। वहाँ प्रदेशों में अधिकांश संस्थानों में आज 4-6 विषय ही बचे हुए हैं। उनमें भी छात्र व शिक्षक दोनों ही नगण्य होते जा रहे हैं। उनके लिए कॅरियर का अभाव ही रहता है। सभी विद्यालयों में भी वेद, वेदांग, उपनिषद्, आरण्यक, ब्राह्मण, सूत्र, संहिताओं व निरुक्त सहित समग्र संस्कृत वाङ्मय का विद्यालय स्तर से ही व्यापक पठन-पाठन आरंभ होने से विश्वविद्यालय स्तर पर भी इनके अध्ययन, अन्वेषण व अनुसंधान की प्रवृत्ति बढ़ेगी। आज इस ज्ञान के संरक्षण हेतु अखिल भारतीय एवं प्रादेशिक संस्कृत सेवाओं की भी आवश्यकता प्रतीत होती है।

भारतीय ज्ञान-परंपरा का संरक्षण आवश्यक

कई करोड़ पृष्ठों में सुविस्तृत प्राचीन संस्कृत वाङ्मय का एक बहुत बड़ा भाग विगत 1200 वर्षों के विदेशी आक्रमणों के दौर में जलाए व नष्ट कर दिए जाने के बाद भी स्वाधीनता के समय तक भी हम बहुत कुछ बचाकर रखे हुए थे। संस्कृत की 1.25 करोड़ पांडुलिपियाँ आज भी विविध अभिलेखागारों में अपठित रखी हैं। उनका पदान्वयन, निर्वचन, भाषांतर व व्याख्या आज के परिवेश में दुष्कर ही नहीं असंभव लगती है। स्वाधीनता के बाद केंद्रीकृत नियमन व सरकारीकृत शिक्षा के अंतर्गत एवं स्वाधीनता के बाद के साढ़े छह दशकों में कई सरकारों के हिंदू नवोत्थान विरोधी सेकुलरीकरण के नाम पर उन्हें औपचारिक मान्यता युक्त पाठ्यक्रमों से निरसित व विलोपित ही कर दिया गया। जबकि विश्व के इस प्राचीनतम एवं सार्वभौम महत्त्व के वाङ्मय को अक्षुण्ण रखना स्वाधीनता के उपरांत सरकारों का प्रथम दायित्व था।

प्राचीन संस्कृतियों के विलोपन की त्रासदी

आज विश्व की अनेक प्राचीन संस्कृतियाँ, यथा मेसापोटामिया की सुमेरियन, असीरियन, अक्केडियन, बेबीलोनियन और खाल्दी प्रभृति संस्कृतियाँ और मिस्र,

ईरान, यूनान और रोम की संस्कृतियाँ आज विलुप्त व कालबाह्य हो चुकी हैं। विश्वगुरु रहे भारत उन्नत ज्ञान आधारित संस्कृति का अमिट प्रभाव आज भी साइबेरिया से सिंहल या श्रीलंका तक मैडागास्कर से ईरान व अफगानिस्तान तक और प्रशांत महासागरीय बोर्नियो, बाली, सुमात्रा, जावा, मलेशिया, वियतनाम, फिलीपींस, थाईलैंड व म्याँमार सहित संपूर्ण दक्षिण-पूर्व एशियाई देशों के अतिरिक्त यूरोप तक स्पष्ट दिखलाई देता है, लेकिन अब हमारे वाङ्मय को हम ही अध्यापन में निषिद्ध किए हुए हैं।

संस्कृत वाङ्मय का प्रत्येक शब्द अथाह ज्ञान की निधि

संस्कृत के प्रत्येक शब्द की रचना ही ज्ञान के कोष के रूप में की गई है। उदाहरणत: 'वन' शब्द का निरुक्ति 'वन्यते याचते वृष्टि प्रदायते इति वना:' का अर्थ होता है प्रकृति में वृष्टि, अर्थात् वर्षा कराने में सहायक होने वाला वन कहलाता है। आधुनिक मौसम विज्ञान के अनुसार वर्षा के लिए आवश्यक 40 प्रतिशत आर्द्रता वन प्रदान करते हैं। इसी प्रकार हृदय में चार अक्षर 'ह' 'र' 'द' 'य' का सुनियोजित संयोजन किया है कि "हरते, ददाते, रयते, यमम्" अर्थात् शरीर को रक्त देता है, उससे रक्त लेता है, रक्त का परिभ्रमण करता है और धड़कनों का नियमन करता है। ऐसे ही संस्कृत के प्रत्येक शब्द की अर्थपरक निरुक्ति है। प्राचीन व्याकरण व निरुक्त ऐसे अर्थपरक शब्दों के भंडार हैं। पाणिनी की अष्टाध्यायी, संस्कृत एवं वेदों की अनेक व्याकरणों में से एकमात्र बची हुई यह व्याकरण विश्व की प्राचीनतम ही नहीं, सर्वाधिक व्यवस्थित, पूर्ण नियमनिष्ठ व वैज्ञानिक व्याकरण है। ऐसे अनगिनत ग्रंथ व उनका प्रत्येक शब्द तक गूढ़ विज्ञान आधारित है।

भारतीय ज्ञान-परंपरा व शास्त्रों का शिक्षण महत्त्वपूर्ण

हमारे ये प्राचीन शास्त्र व उनका अध्ययन, अध्यापन संप्रदाय सापेक्ष उपासना विधिमात्र न होकर समूची मानवजाति की साझी व अनादि संस्कृति के अंग रहे हैं। हमारे ये ग्रंथ आज के सभी संप्रदायों के जन्म के पहले के ऐसे सार्वभौम मानव कल्याण के संपोषक ज्ञान शास्त्र के अंग थे। सार्वभौम, सार्वकालिक व शाश्वत महत्त्व के संस्कृत वाङ्मय की यह ज्ञान निधि शासकीय दुर्लक्ष्य के कारण विलोपित

ही होती चली गई है। आज देश में अल्पसंख्यक संस्थानों को रिलीजन की शिक्षा हेतु भी शासन द्वारा अनुदान दिया जाता है, लेकिन भारत के सार्वभौम मानवोपयोगी एवं दुर्लभ संस्कृत वाङ्मय और उसके उन्नत ज्ञान का विद्यालयों में अध्ययन, अध्यापन व अनुसंधान ही दुर्लक्ष्य किया जाना अत्यंत दुर्भाग्यपूर्ण है। वेद-वेदांग व संस्कृत शास्त्रों के समुचित अध्यापन, शिक्षण व संवर्द्धन को बाधित कर उन्हें विद्यालयीन औपचारिक शिक्षण से बाहर रख देने से आज इसे निष्प्राण कर दिया गया है।

देश की राष्ट्रीय अस्मिता के प्राणतत्त्व हमारे वेदों सहित संस्कृत वाङ्मय के प्रति यह उपेक्षा राष्ट्र व उसकी संस्कृति के प्राणतत्त्व पर आघात से कम नहीं सिद्ध हुआ है। शासकीय विद्यालयों, केंद्र व राज्यों के बोर्ड के पाठ्यक्रमों से ये लगभग विलुप्त ही हैं। वेदों, वेदांगों, उपनिषदों, आरण्यकों, ब्राह्मण ग्रंथों, पुराणों, सूत्र ग्रंथों, खगोलीय व अन्य संहिता ग्रंथों, राज्य शास्त्रीय ग्रंथों आदि भारतीय वाङ्मय का विद्यालयों में उच्च प्राथमिक स्तर से ही शिक्षण समीचीन है। उससे इन विषयों में शास्त्री व आचार्य के उपाधिधारी पात्र शिक्षकों की माँग होने से उच्च शिक्षा के स्तर पर भी इन विषयों का अध्ययन-अध्यापन विलुप्त नहीं होता।

लेकिन इस संपूर्ण वाङ्मय के औपचारिक अध्यापन से पूर्व इस वाङ्मय की सामयिक संदर्भों में व्याख्या, विवचेन व उस पर वृहद स्तर पर साहित्य सृजन आवश्यक है। आधुनिक अनुसंधानों एवं सामयिक राजनीतिक, सामाजिक व सांस्कृतिक विमर्श की दृष्टि से भी भारतीय वाङ्मय की सटीक व्याख्या व उस पर सामयिक संदर्भ योग्य साहित्य प्रकाशन अत्यंत आवश्यक है। इस उद्देश्य की पूर्ति हेतु लेखक ने अपने कुछ प्रतिनिधि लेखों को इस पुस्तक में पाँच अनुभागों में संकलित किया है।

आशा है कि सभी क्षेत्र के विद्वज्जन व विद्वान् लेखक, समीक्षक एवं तत्त्व-चिंतक इसे करेंगे और भारतीय ज्ञान-परंपरा के वृहद स्तर पर अध्ययन, व्याख्या व लेखन को यथेष्ट गति प्रदान करेंगे। लेखक को आशा है, प्रस्तुत पुस्तक भी पाठकों को रुचिकर लगेगी।

धन्वंतरि त्रयोदशी-2080 **—प्रोफेसर भगवती प्रकाश शर्मा**

उदयपुर

अनुक्रम

द्वितीय सोपान

सार्वभौम भू-धरातलीय एकता

तृतीय सोपान

उन्नत हिंदू राजनीतिक-आर्थिक चिंतन व व्यवहार

प्रथम सोपान

प्राचीन भारत में विज्ञान व प्रौद्योगिकी

भारतीय वैदिक ज्ञान अति प्राचीन एवं आधुनिकता की कसौटी पर अत्यंत सटीक व पूर्ण सत्य उतरता है, इसलिए हमारे प्राचीन वाङ्मय को संपूर्ण मानवता की साझी निधि कहा जा सकता है। ब्रह्मांड के रहस्यों से लेकर मौलिक विज्ञानों, गणित व खगोल के सटीक विवेचन, उन्नत आर्थिक संकल्पनाओं सहित, राजनीति विज्ञान और समाज जीवन के भी अनेक आयामों का संकलन हमारे प्राचीन वाङ्मय में दिखाई देता है। वेद, पुराणों, उप पुराणों, उपनिषदों, आरण्यकों, ब्राह्मण ग्रंथों, शडवेदांग, शट दर्शन, सूत्र ग्रंथों, धर्म शास्त्रों, स्मृतियों, इतिहास ग्रंथों, यथा रामायण व महाभारत आदि में प्रचुर मात्रा में आधुनिक ज्ञान शास्त्रों के गूढ़ सिद्धांतों का प्रचुरता में समावेश व उल्लेख है।

सृष्टि के रहस्यों व भौतिक विज्ञान से लेकर शरीर विज्ञान तक का उन्नत आधुनिक ज्ञान व संपूर्ण भूमंडल पर भारतीय संस्कृति के प्रसार के अनगिनत संदर्भ हमारे वैदिक वाङ्मय में सूत्रबद्ध हैं। ब्रह्मांड में संपूर्ण खाली स्थान में वैज्ञानिकों के अनुसार एक आश्चर्यजनक ऊर्जा विद्यमान है, जिसे खगोल वैज्ञानिक श्याम ऊर्जा या डार्क एनर्जी कहते हैं। वर्ष 1998 के बाद पता चली इस श्याम ऊर्जा को ब्रह्मांड के विस्तार का करण माना जा रहा है। ब्रह्मांड में विद्यमान 20 खरब आकाशगंगाओं व उनके मध्य के श्याम पदार्थ, अर्थात् डार्क मैटर का समग्र अंश 26 प्रतिशत माना जाता है। ब्रह्मांड में शेष 74 प्रतिशत अंश इस रहस्यमयी व उदृष्ट श्याम ऊर्जा अर्थात् डार्क एनर्जी का है। इसे ऐसा कहा जा सकता है कि ब्रह्मांड में संपूर्ण दृश्य भाग या पदार्थ एक चौथाई अंश है व तीन चौथाई अंश अदृश्य श्याम ऊर्जा का है। इन तथ्यों को वेदों में भी इसी रूप में विवेचित किया है।

ऋग्वेद के 10/90/3 वे 10/90/4 क्रमांक के दो मंत्र, जो पुरुष सूक्त के और शुक्ल यजुर्वेद के भी 31वें अध्याय में भी क्रमशः तीसरे व चौथे मंत्र में इस विराट् ब्रह्मांड का विवेचन में एक चौथाई दृश्य जगत् व तीन चौथाई अदृश्य ऊर्जा का वर्णन किया है। ये दो मंत्र व इनके अर्थ निम्नानुसार हैं—

एतावानस्य महिमातो ज्यायाँश्च पूरुषः।
पादोऽस्य विश्वा भूतानि त्रिपादस्यामृतं दिवि॥ 3॥

अर्थ—विराट् पुरुष की महत्ता अति विस्तृत है। श्रेष्ठ पुरुष के एक चरण में सभी प्राणी और चर-अचर जगत् हैं और तीन भाग अनंत अंतरिक्ष में अदृश्य रूप में स्थित हैं॥ 3॥

त्रिपादूर्ध्व उदैत्पुरुषः पादोऽस्येहाभवत्पुनः।
ततो विष्वङ्व्यक्रामत्साशनानशने ऽभि॥ 4॥

अर्थ—चार भागों वाले विराट् पुरुष के एक भाग में यह सारा संसार, जड़ और चेतन विविध रूपों में समाहित है। इसके तीन भाग अनंत अंतरिक्ष में समाए हुए हैं॥ 4॥

शरीर विज्ञान की दृष्टि से देखें, तब भी वेदों में अनंत तथ्य संकलित हैं। हम आज देखें तो तनावपूर्ण जीवन में बढ़ते हृदय रोगों में एरिथिमिया से हृदय की धड़कनों में अनियमितता के कारण आजकल हृदय में पेसमेकर लगाने की आवश्यकता तेजी से बढ़ रही है। हृदय की धड़कनों के मंद हो जाने पर बैटरी चलित कृत्रिम पेसमेकर लगाकर उनके हृदय के अग्रभाग में विद्युत् पूर्ति से धड़कनों का नियमन किया जाता है। हृदय के अग्रभाग में विद्युत् पूर्ति का स्पष्ट उल्लेख यजुर्वेद (39.8) में हजारों वर्ष पूर्व कर दिया था। यह हमारे उन्नत प्राचीन ज्ञान का प्रमाण है। आज कृत्रिम पेसमेकर से भी हृदय के अग्रभाग में ही विद्युत् की पूर्ति की जाती है।

वेदों व प्राचीन संस्कृत ग्रंथों में हमारी संस्कृति व अध्यात्म के अतिरिक्त सामाजिक विज्ञान, मानविकी, भाषा विज्ञान, भौतिक विज्ञान, शरीर विज्ञान, जहाजरानी, धातु रसायन सहित उत्पादन प्रौद्योगिकी के अगणित संदर्भ हैं। इनकी शब्दावली के निरुक्त व निर्वचन, अर्थात् व्युत्पत्तिपरक (एट्मालॉजी आधारित) अर्थ से समझना होगा। उदाहरणतः हृदय शब्द के निर्वचन, 'हरतेर्ददातेरयतेर्यमम्' में हृदय के चार प्रमुख कार्य संदर्भित है कि हृदय रक्त को लेता है (हरते) देता है, (ददाते) घुमाता है (रयते) और धड़कनों का नियमन करता है (यमम्)। ऐसे सभी विषयों की चर्चा इस प्रथम सोपान में की गई है।

अध्याय-1

भारतीय ज्ञान-परंपरा के स्रोत

भारतीय ज्ञान-परंपरा अपरिमित विस्तार

भारतीय संस्कृति ज्ञानप्रधान व विश्व की प्राचीनतम संस्कृति है। सृष्टि रचना, अंतरिक्ष विज्ञान, सौरमंडल, खगोल शास्त्र, भू-विज्ञान, स्वास्थ्य विज्ञान व औषधि शास्त्रपर्यंत अनेक विषयों का ज्ञान वेद, वेदांग व अन्य संस्कृत ग्रंथों में प्रचुरता से मिलता है। इसी प्रकार पृथ्वी की धुरी के स्पंदन, हृदयगत स्मृति व हृत्स्पंदन में विद्युत् आवेश की भूमिका, प्रकाश की गति, पाई के शुद्ध मान जैसे सूक्ष्म तथ्यों के साथ भौतिक विज्ञान के अनेक सिद्धांत प्राचीन भारतीय वाङ्मय, अर्थात् हमारे प्राचीन शास्त्रों में प्रचुरता से मिल जाते हैं।

इनके अतिरिक्त बड़े उद्यमों, उन्नत व्यापार-परंपरा, वाणिज्य एवं अर्थशास्त्र का भी अत्यंत सटीक वर्णन हमारे प्राचीन संस्कृत ग्रंथों या शास्त्रों में मिल जाता है। राष्ट्र की प्राचीन संकल्पना, राज्य, सार्वभौम शासन, अर्थात् ग्लोबल गवर्नेंस, गणराज्य, लोकतांत्रिक निर्वाचन, अंतरराष्ट्रीय राजनीति के सिद्धांतों पर भी इन शास्त्रों में पर्याप्त विवेचन मिल जाता है।

भारतीय संस्कृति का वैश्विक व्याप

वृहत्तर भारत की विशालता की दृष्टि से इंडोनेशिया से ईरान व मध्य एशिया तक मिल रहे भारतीय संस्कृति के पुरावशेषों से तो यह विशाल भू-भाग ही वृहत्तर भारत रहा सिद्ध होता है। इन सभी विषयों की आगे यथास्थान चर्चा की जाएगी। उससे आगे पश्चिम में यूरोप व अमेरिका तक के क्षेत्रों में भी भारतीय संस्कृति

का यत्किंचित् प्रभाव दिखलाई देता है। मध्यवर्ती क्षेत्र मेसापोटामिया (वर्तमान इराक, सीरिया व टर्की के पुरावशेषों में भी भारतीय संस्कृति के प्रभाव के अनेक निश्चयात्मक प्रमाण मिलते हैं। इन सब पर कई खंडों में एक विश्वकोश की रचना की जा सकती है। प्रस्तुत पुस्तक में इन सभी विषयों के कुछ प्रामाणिक तथ्यों की चर्चा की जा रही है।

हमारे शास्त्रों में इन सब विषयों के कई प्रत्यक्ष व अनेक प्रतीकात्मक वर्णन भी मिल जाते हैं। भू-धरातलीय संपर्कों की दृष्टि से भारत स्थित कैलाश पर्वत विविध सूर्य मंदिरों के दिशा विन्यास एवं विश्व भर में फैले पिरामिडों, महापाषाण शिलावर्तों और अन्य पुरावशेषों के दिशा विन्यास में भी एक विलक्षण समरूपता दिखलाई देती है। यह दिशा विन्यास चुंबकीय उत्तर से अभिमुखित न होकर पृथ्वी की धुरी आधारित वास्तविक उत्तर दिशा अर्थात् ट्रू नॉर्थ से आभमुखित है। भारतीय खगोल व ज्योतिष इसी ट्रू नॉर्थ के आधार पर अयन चलन की भी सटीक गणना पर आधारित है। पृथ्वी की धुरी के स्पंदन का एक चक्र 25,800 वर्ष में पूरा होता है। उस 25,800 वर्षों की आवृत्ति को आधार बनाकर भारतीय काल-गणना में महीनों के नामकरण आदि किया गया। आधुनिक विज्ञान भी अब अयन चलन जैसे इन भू-खगोलीय जानकारियों की पुष्टि कर रहा है।

भारतीय ज्ञान-परंपरा के प्रमुख स्त्रोत

भारतीय वाङ्मय का विस्तार अपरिमित व कई लाख पृष्ठों में विस्तृत है। लाखों पृष्ठों के प्राचीन संस्कृत वाङ्मय/ग्रंथों के अतिरिक्त सवा करोड़ अपठित व अप्रकाशित पांडुलिपियों का संग्रह भी विविध अभिलेखागारों में है। लगभग एक करोड़ से अधिक पांडुलिपियाँ अन्य भारतीय भाषाओं में भी अभिलेखागारों में हैं। इस विशाल वाङ्मय के कुछ प्रमुख स्त्रोतों का यहाँ उल्लेख मात्र ही किया जाना संभव है। वस्तुतः इनमें प्रमुख ग्रंथों वेदों, वेदांगों, उपनिषदों, ब्राह्मण साहित्य, आरण्यक, सूत्र, संहिताओं आदि की सामयिक पुनर्व्याख्या करना भी दुष्कर कार्य है।

इसलिए यहाँ पर हम केवल उन ग्रंथों के नामों का ही उल्लेख करेंगे, जिनका उपयोग प्रस्तुत पुस्तक लेखन में किया है। ये ग्रंथ निम्न हैं—

1. **वेद :** वेद विश्व की प्राचीनतम पुस्तक माने जाते हैं। वेद का अर्थ 'ज्ञान' है। वेद शब्द की व्युत्पत्ति ज्ञानार्थक 'विद' धातु से है। वेद चार हैं, वेदों की कभी 1131 शाखाएँ चलन में थीं। आज इनकी केवल 13 शाखाएँ ही सुरक्षित विद्यमान हैं। पतंजलि के महाभाष्य में इनका उल्लेख मिलता है। इनकी आगे चर्चा की जाएगी। स्थूल रूप से चर्चा हेतु वेदों की शाखाओं का विषय छोड़कर चर्चा करें तो वेद चार हैं—(अ) ऋग्वेद (ब) यजुर्वेद (स) सामवेद (द) अथर्ववेद। इन पर कई भाष्य, विवेचनाओं आदि के हजारों ग्रंथ उपलब्ध हैं।
2. **वैदिक साहित्य** : वेद विषयक बहुविध सामग्री में तीन प्रकार के ग्रंथ सम्मिलित किए जाते हैं—
   - (अ) **ब्राह्मण ग्रंथ :** ब्राह्मण ग्रंथों की संख्या भी वेदों की शाखाओं के तुल्य ही 1131 थी। आज 25 ब्राह्मण ग्रंथ उपलब्ध हैं। उनमें भी शतपथ ब्राह्मण सहज सुलभ है।
   - (ब) **आरण्यक :** आरण्यक भी वेद की शाखाओं के तुल्य ही रहे हैं।
   - (स) **उपनिषद् :** उपनिषद् भी वेद की शाखाओं के समतुल्य संख्या में माने गए हैं। इनमें नौ सहज सुलभ हैं। कुल 108 मिल जाते हैं। शेष लुप्त हो चुके हैं।
   - (द) **सूत्र ग्रंथ :** छह वेदांगों में गिने जाते हैं। वेदों की शाखाओं के समान ही कल्पसूत्र 1131 रहे हैं। आज अत्यंत कठिनाई से 40 मिलते हैं। इनकी चार श्रेणियाँ हैं—श्रोतसूत्र, गृह्यसूत्र, धर्मसूत्र व शुल्वसूत्र।
3. **छह वेदांग :** षड् वेदांग के नाम से छह वेदांग निम्न हैं। वेदों के अध्ययन व ज्ञान की व्याख्या में इन छह वेदांगों का अत्यंत उच्च महत्त्व है। इनमें भी प्रत्येक के अनेक ग्रंथ रहे हैं। आज उनमें से अत्यंत परिमित ही हैं। ये छह वेदांग निम्न हैं—
   - (अ) **शिक्षा :** शिक्षाओं में वेद मंत्रों का स्वर शास्त्र संकलित है।
   - (ब) **कल्पसूत्र :** कल्पसूत्रों की चार श्रेणियाँ हैं व इनकी पूर्व में अधिक संख्या थी। कल्पसूत्रों की ये चार श्रेणियाँ हैं—श्रोतसूत्र, गृह्यसूत्र, धर्मसूत्र एवं शुल्वसूत्र

(स) **व्याकरण :** व्याकरण के कई ग्रंथों के केवल नाम ही मिलते हैं। प्राचीन व्याकरणों में 2600 वर्ष प्राचीन पाणिनी की अष्टाध्यायी ही उपलब्ध है। यह विश्व की प्राचीनतम व सर्वाधिक वैज्ञानिक व्याकरण है। इसके पूर्ववर्ती अधिक उन्नत व्याकरण ग्रंथ आज उपलब्ध नहीं हैं। अष्टाध्यायी में इनके नाम ही मिलते हैं।

(द) **निरुक्त :** वेदों के शब्दों की निरुक्ति व सही अर्थ निरुक्त से ही समझे जा सकते हैं। प्राचीनकाल में 18 निरुक्त थे। आज केवल यास्क का निरुक्त है। तीन निरुक्त जर्मनी में सुरक्षित हैं।

(य) **छंद :** वेद मंत्र छंदबद्ध हैं। उनकी विशुद्धता व उनकी लयबद्ध गति के ज्ञानार्थ छंदों का अध्ययन आवश्यक है। इन मंत्रों के वांछित स्पंदन का प्रभाव छंद शास्त्र के नियमों के पालन से ही संभव है।

(र) **ज्योतिष :** ग्रह ज्ञान के साथ काल गणना, भूमंडल, खगोल और भूगर्भीय संपदाओं तक का अध्ययन ज्योतिष से संभव है।

4. **पुराण, इतिहास व महाकाव्य नाट्यशास्त्र आदि :** 18 पुराण, उपपुराण, रामायण, महाभारत विविध इतिहास ग्रंथ व नाट्य शास्त्र आदि।
5. **छह दर्शन :** षट दर्शन के नाम से सांख्य, न्याय, वैशेषिक, मीमांसा, योग व वेदांत, ये छह दर्शन व उन पर अनेक व्याख्याएँ मिलती हैं।
6. राजशास्त्र, अर्थशास्त्र, नीतिशास्त्र, स्मृतियों, संहिताओं, योग, आयुर्वेद, दर्शन आदि के कई हजार ग्रंथों में भी अथाह ज्ञान-विज्ञान के सूत्र भरे हुए हैं।
7. आगम शास्त्र व विविध विद्याएँ।

भारतीय वाङ्मय का विवेचन एक दुष्कर कार्य

ऊपर उल्लेखित सभी ग्रंथों के प्रत्येक श्लोक ही नहीं, प्रत्येक शब्द में सूत्र रूप में अथाह ज्ञान व विज्ञान संचित है। इनकी व्याख्यार्थ जो निरुक्त एवं पारिभाषिक शब्दावलियाँ प्रचलित थीं, और इनके जो नियमित अध्ययन, अध्यापन, स्वाध्याय आदि की परंपरा प्रचलित थीं, वे विगत 1200 वर्षों के विदेशी आक्रमणों व परकीय

शासन के दौर में नष्ट हो गईं। स्वाधीनता के पहले तक इनके विकेंद्रित स्वाध्याय, अध्ययन व अध्यापन का जो क्रम था, वह भी अब स्वाधीनता के उपरांत शिक्षा के केंद्रीकरण, अति-नियमन और सेक्युलरिज्म के नाम पर प्राचीन भारतीय वाङ्मय को रिलीजन के निषेध के नाम से अवरुद्ध ही कर दिया गया। हमारे इन प्राचीन शास्त्रों के एक विहंगम अवलोकन में ही अथाह ज्ञान-संपदा और भारतीय संस्कृति के वैश्विक प्रसार के अनगिनत सूत्र मिल जाते हैं। ऐसे ही कुछ विशृंखल सूत्रों को प्रस्तुत पुस्तक के आगामी अध्यायों में प्रस्तुत किया जा रहा है। यहाँ पर यह भी उल्लेखनीय है कि इस ज्ञान-परंपरा पर कई खंडों का ज्ञानकोष सृजित किया जा सकता है। वेदों, वैदिक साहित्य व संस्कृत वाङ्मय के अन्य भी कई ग्रंथों के प्रत्येक श्लोक की विविध प्रकार की अधिभौतिक, आध्यात्मिक, अधिदैविक आदि समानांतर व्याख्याएँ की जा सकती हैं। भारतीय ज्ञान-परंपरा के सामान्य प्रारंभिक प्रबोध हेतु इसे इस पुस्तक में उपसंहार सहित निम्न तीन सोपानों में प्रस्तुत किया जा रहा है—

प्रथम सोपान : प्राचीन भारत में विज्ञान व प्रौद्योगिकी। अध्याय 1-17

द्वितीय सोपान : सार्वभौम भू-धरातलीय एकता। अध्याय 18-27

तृतीय सोपान : उन्नत हिंदू राजनीतिक-आर्थिक चिंतन व व्यवहार। अध्याय 28-43

पुस्तक में उपरोक्त उल्लेखित तीन सोपानों में हमारे प्राचीन वाङ्मय, अर्थात् शास्त्रों के कुछ विषयों की सांकेतिक प्रस्तुति ही संभव हुई है। लाखों पृष्ठों में प्रकाशित सामग्री के अतिरिक्त विविध अभिलेखागारों में सवा करोड़ संस्कृत पांडुलिपियाँ आज भी अपठित रखी हुई हैं। उनका पठन, पदान्वय, भाषांतर, उनके शब्दों के निर्वचन और उनका सही परिप्रेक्ष्य में व्याख्यायन एक अति दुष्कर कार्य है।

□

अध्याय-2

ब्रह्मांड की अदृश्य श्याम ऊर्जा का वैदिक विमर्श

हमारे ब्रह्मांड में दिखलाई देने वाली आकाशगंगाओं और उसमें व्याप्त अदृश्य श्याम ऊर्जा का वही अनुपात वेदों में संकलित किया हुआ है, जिसके आज वैज्ञानिक संदर्भ मिलते हैं।

आधुनिक विज्ञान द्वारा 1998 के बाद उद्‌घाटित रहस्यों में एक है कि ब्रह्मांड की 'श्याम ऊर्जा'। ब्रह्मांड में व्याप्त इस डार्क एनर्जी या श्याम ऊर्जा के रहस्यों का उल्लेख ऋग्वेद व यजुर्वेद में भी तत्सम मिलता है। उसी की यहाँ इस अध्याय में समीक्षा की जा रही है।

ब्रह्मांड में श्याम ऊर्जा अर्थात् डार्क एनर्जी

हमारा यह ब्रह्मांड असीम आकाशगंगाओं एवं अपरिमित ऊर्जा से बना हुआ है। हमारे अवलोकनीय ब्रह्मांड (observable universe), अर्थात् जहाँ तक अवलोकन संभव हुआ है, में 20 खरब से अधिक आकाशगंगाएँ हैं और प्रत्येक आकाशगंगा में 400 से 500 अरब तारे हैं। इसलिए पुराणों में कहा गया है कि मन की गति से विचरण करने पर भी ब्रह्मांड का कहीं अंत नहीं है। ब्रह्मांड में फैली इन आकाशगंगाओं के बीच में संपूर्ण खाली स्थान में वैज्ञानिकों के अनुसार एक आश्चर्यजनक ऊर्जा विद्यमान है, जिसे खगोल वैज्ञानिक 'श्याम ऊर्जा' या 'डार्क एनर्जी' कहते हैं। वस्तुतः ब्रह्मांड में खाली दिखाई देने वाली जगह असल में खाली

जगह नहीं है। वहाँ पर आश्चर्यजनक व अदृश्य ऊर्जा पाई जाती है। इसे ही 'श्याम ऊर्जा' कहते हैं। ब्रह्मांड की प्रत्येक आकाशगंगा के अंतर्गत दिखाई देने वाली खाली जगह जहाँ पर प्रकाश का परावर्तन नहीं होता, वहाँ पर श्याम पदार्थ या डार्क मैटर पाया जाता है। अर्थात् आकाशगंगाओं के बीच के खाली स्थान में श्याम ऊर्जा एवं आकाशगंगाओं के अंदर के खाली स्थान में श्याम पदार्थ है।

वैज्ञानिकों ने 1990 के दशक में पाया कि वर्तमान में ब्रह्मांड के विस्तार की गति भूतकाल की ब्रह्मांड के विस्तार की गति से अधिक है और वह बढ़ रही है। कोई एक रहस्यमय बल आकाशगंगाओं के बीच के गुरुत्वाकर्षण बल के प्रभाव को उदासीन कर ब्रह्मांड के विस्तार की गति को त्वरित कर रहा है। इसी रहस्यमय बल को श्याम ऊर्जा (Dark Energy) नाम दिया गया है।

दृश्य जगत् व अदृश्य श्याम ऊर्जा का 1:3 अनुपात

अवलोकनीय ब्रह्मांड (Observable Universe) में अब तक ज्ञात हुई इन 20 खरब से अधिक आकाशगंगाओं, उनका भी निर्माण करने वाले ग्रह-नक्षत्रों व उनके मध्य के श्याम पदार्थ अर्थात् डार्क मैटर का अंश 26 प्रतिशत है। ब्रह्मांड में शेष 74 प्रतिशत अंश इस रहस्यमयी व अदृश्य 'श्याम ऊर्जा' अर्थात् डार्क एनर्जी का है। इसे ऐसा कहा जा सकता है कि ब्रह्मांड में संपूर्ण दृश्य भाग या पदार्थ एक चौथाई अंश है व तीन चौथाई अंश अदृश्य श्याम ऊर्जा का है।

वस्तुतः ब्रह्मांड के जिस हिस्से को हम देख पाते हैं, वह वास्तविक ब्रह्मांड का मात्र एक अंश है, जो सिर्फ 4 प्रतिशत है, 21 प्रतिशत श्याम पदार्थ और लगभग 79 प्रतिशत श्याम ऊर्जा है।

भारतीय वाङ्मय में श्याम ऊर्जा के अनुपात का संदर्भ

ऋग्वेद के 10/90/3 व 10/90/4 क्रमांक के दो मंत्र, जो पुरुष सूक्त के और शुक्ल यजुर्वेद के 31वें अध्याय में भी क्रमशः तीसरे व चौथे मंत्र के रूप में हैं। वे मंत्र भी इस विराट् ब्रह्मांड का ऐसा ही विवेचन करते हैं। सृष्टि उत्पत्ति सूक्त के इन दो मंत्रों के अनुसार इस ब्रह्मांड के दृश्य जगत् व अदृश्य ब्रह्मांडीय चेतना 1:4 के अनुपात में है। ये दो मंत्र व इनके अर्थ निम्नानुसार हैं—

एतावानस्य महिमातो ज्यायाँश्च पूरुषः।
पादोऽस्य विश्वा भूतानि त्रिपादस्यामृतं दिवि॥ 3॥

अर्थ—इस विराट् पुरुष रूपी ब्रह्मांड की महत्ता अति विस्तृत है। इस श्रेष्ठ ब्रह्म के एक चरण में अर्थात् एक चौथाई अंश जड़-चेतन दृश्य जगत् है एवं तीन भाग अनंत अंतरिक्ष में अदृश्य होकर स्थित हैं॥ 3॥

त्रिपादूर्ध्व उदैत्पुरुषःपादोऽस्येहाभवत्पुनः।
ततो विष्वङ्व्यक्रामत्साशनानशने ऽभि॥ 4॥

अर्थ—चार भागों वाले इस विराट् ब्रह्म के एक भाग में यह सारा संसार, जड़ और चेतन विविध रूपों में समाहित है और इसके तीन भाग अनंत अंतरिक्ष में समाए हुए हैं॥ 4॥

यह श्लोक ब्रह्मांड में विद्यमान सभी प्रकार के पदार्थों व अदृश्य ऊर्जा के बीच 1:3 के अनुपात को स्पष्ट रूप से संदर्भित करता है।

श्याम पदार्थ (Dark Matter) क्या है?

आकाशगंगाओं के अंदर दृश्य पदार्थ के अलावा जहाँ अँधेरा दिखाई देता है, उसे पहले हम खाली जगह मानते थे; लेकिन ऐसा नहीं है, उस खाली जगह पर भी पदार्थ पाया जाता है, जिसे हम 'श्याम पदार्थ' कहते हैं।

श्याम पदार्थ ही वह पदार्थ है, जो तारों, ग्रहों, आकाशगंगाओं की संरचना में स्थायित्व, सुव्यवस्था व संतुलन बनाए रखता है। श्याम पदार्थ के कारण ही कोई तारा एक आकाशगंगा से दूसरी आकाशगंगा में नहीं जाता, यह उन्हें एक ताकतवर गुरुत्वाकर्षण बल द्वारा अपनी जगह पर बाँधे रखता है। आकाशगंगाएँ व आकाशगंगा समूह निश्चित दूरी पर भ्रमणरत रहते हैं। इस प्रकार ब्रह्मांड के वर्तमान में अनुमानित एक सिरे से दूसरे सिरे तक प्रकाश की गति 3 लाख किमी. प्रति सेकंड की दर से जाने में 9100 करोड़ वर्ष लगते हैं। इसमें अब तक ज्ञात 20 खरब से अधिक आकाशगंगाएँ भी अपनी-अपनी कक्षा में घूम रही हैं, समूह में भी घूम रही हैं। उनमें से प्रत्येक में अरबों तारे व तारा समूह भी निश्चित कक्षा में भ्रमणरत हैं। वे निश्चित दूरी एवं अपने निर्धारित भ्रमण-पथ में घूम रहे हैं। वे बेतरतीब गति न कर सकें, इसके लिए श्याम पदार्थ, अर्थात् डार्क मैटर उत्तरदायी है।

इस प्रकार प्रत्येक आकाशगंगा के अंतर्गत सापेक्ष दूरियाँ युगों से सुस्थिर हैं। यह सापेक्ष स्थायित्व डार्क मेटर (श्याम पदार्थ) के कारण है। यह डार्क मेटर हमारी पृथ्वी सहित सौरमंडल व सभी ग्रह-नक्षत्रों के सापेक्ष दूरियों को बनाए रखता है। दूसरी ओर आकाशगंगाओं के बीच के खाली स्थान में जो डार्क एनर्जी है, वह आकाशगंगाओं के मध्य दूरी बढ़ा रही है। इस दृष्टि से वैदिक वाङ्मय में भी श्याम पदार्थ (डार्क मेटर) के समान 'इंद्र' नामक दिव्य शक्ति को सृष्टि रचना की उस शक्ति के रूप में बताया है, जिसने भूमंडल सहित सभी आकाशीय पिंडों व द्युमंडल की सारी आकाशगंगाओं व उनके ग्रह पिंडों को व्यवस्थित कर उन्हें स्थायित्व प्रदान किया हुआ है। ऋग्वेद सहित संपूर्ण वैदिक साहित्य में इंद्र की शक्तियों व ब्रह्मांड की गति में जो भूमिका विवेचित की है, उसके आधार पर इस विलक्षण सामर्थ्य से युक्त चेतन 'श्याम पदार्थ' इंद्र के तत्सम होना तर्कसंगत लगता है। यथा ऋग्वेद के ही एक मंत्र का अर्थ है—इंद्र वह शक्ति है, जिसने पृथ्वी सहित समस्त ग्रह-नक्षत्रों व आकाशगंगाओं से युक्त द्युलोक को कंपन व विचलन रहित कर व्यवस्थित किया। यथा—

यः पृथिवीं व्यथमानामदृंहद्
यः पर्वतान् प्रकुपिताँ अरम्णात्।
यो अन्तरिक्षं विममे वरीयो
यो द्यामस्तभ्नात्स जनास इन्द्रः॥

ऋग्वेद *2/12/2*

इस प्रकार विविध आकाशगंगाओं के मध्य में जो डार्क एनर्जी है, इन आकाशगंगाओं के बीच दूरी बढ़ाती जा रही है। दूसरी ओर प्रत्येक आकाशगंगा के अंदर उसी आकाशगंगा के ग्रह-नक्षत्रों के बीच के स्थान में जो डार्क मेटर है, वह प्रत्येक डार्क मेटर या श्याम पदार्थ उस आकाशगंगा के अंदर के ग्रह-नक्षत्रों के मध्य की दूरियों को स्थिर रखे हुए है। ऊपर वर्णित इंद्र नामक दिव्य शक्ति की भूमिका में यह डार्क मेटर देखा जा सकता है।

ब्रह्मांड का अनंत विस्तार व आकाशीय पिंडों को व्यवस्थित रखने की आवश्यकता

वैज्ञानिकों के आकलन के अनुसार हमारे सौरमंडल के साथ-साथ हमारी

इस आकाशगंगा में लगभग 400–500 अरब तारे हैं और ऐसी ही छोटी–बड़ी 20 खरब से अधिक आकाशगंगाएँ इस असीम ब्रह्मांड में फैली हुई हैं। इसी के संबंध में पुराणों में नेति–नेति अर्थात् इसका कहीं भी अंत नहीं है और मन की गति से विचरण करने पर भी इन तारामंडलों से युक्त लोक–लोकांतरों का कहीं अंत नहीं है। इन असीम अनंत आकाशगंगाओं के मध्य का अति व्यापक स्थान जो रिक्त या खाली दिखलाई पड़ता है, वस्तुत: वह खाली नहीं है। खगोल वैज्ञानिकों का मत है कि अवलोकनीय अर्थात् ऑब्जर्वेबल ब्रह्मांड (ब्रह्मांड का जितना अनुमान वैज्ञानिक लगा चुके हैं) के एक सिरे से दूसरे सिरे तक प्रकाश 3 लाख किमी. प्रति सेकंड की गति से विचरण करने पर भी 9100 करोड़ से अधिक वर्ष लग जाएँगे। यह ब्रह्मांड भी निरंतर विस्तारित हो रहा है। उसके विस्तार की गति भी निरंतर बढ़ रही है। श्रीमद्‍भगवतगीता, रामायण व देवी भागवत पुराण आदि में ऐसी असीम अनंत आकाशगंगाओं के वर्णन मिलते हैं। वेदों में सांकेतिक व व्यंजनात्मक या रूपकात्मक विवेचन में नेति–नेति, अर्थात् ब्रह्मांड अंतरहित व असीम विस्तार पा रहा है, जैसे वर्णनों से आधुनिक ज्ञान के अनेक रहस्य सँजोए हुए है। संपूर्ण द्युलोक, जिसमें स्थिरता का नियमन करने हेतु शक्ति का निरूपण व उसे इंद्र का नाम देना, लगभग आकाशगंगा को व्याप्त कर रहे श्याम पदार्थ का भी संदर्भ दिया गया है।

इस ब्रह्मांड की उत्पत्ति के वैदिक विवेचनों व वैज्ञानिक विवेचनों की चर्चा आगे आठवें अध्याय में की जाएगी। उसके पूर्व आगामी अध्याय में सौरमंडल के वैदिक विमर्श एवं उसके वैज्ञानिक विवेचनों की तुलनात्मक समीक्षा की जा रही है, इसलिए हमारे शास्त्रों में ब्रह्म व ब्रह्मांड को असीम व अनंत कहा है और द्युलोक के आकाशीय पिंडों में स्थायित्व की बात कही गई है।

संस्कृति संवाद–3
प्रकाश की गति के वैदिक विवेचन

विगत अंक में पृथ्वी आदि ग्रहों द्वारा सूर्य की परिक्रमा के वैदिक उद्धरणों व सूर्य से पृथ्वी तक 8 मिनट में प्रकाश के पहुँचने आदि के वैदिक वाक्यों का विवेचन किया था। इस अंक में वेद व वेदांगों में सौरमंडल के कुछ अन्य उद्धरणों सहित प्रकाश की गति की सटीक वैदिक गणना की चर्चा की जा रही है।

सूर्य के प्रकाश से चंद्रमा व पृथ्वी प्रकाशमान होते हैं

ऋग्वेद के श्लोक 1/35/7 व 1/84/1 में सूर्य को अपने प्रकाश से पृथ्वी व चंद्रमा को प्रकाशित करने वाला बताते हुए कहा है कि क्रम से भूमंडल से सभी भागों को आलोकित करने में इसके द्वारा कभी व्यतिक्रम नहीं किया जाता है।

वि सुपर्णो अन्तरिक्षाण्यख्यद्गभीरवेपा असुरः सुनीथः।
क्वेउदानीं सूर्यः कश्चिकेत कतमां द्यां रश्मिरस्या ततान॥

ऋग्वेद 1/35/7

अत्राह गोरमन्वत नाम त्वष्टुरपीच्यम्।
इत्था चन्द्रमसो गृहे॥ ऋग्वेद 1/84/15

सूर्य न अस्त होता है न उदय

ऋग्वेद की ही शकल शाखा के ब्राह्मण भाग 'ऐतरेय ब्राह्मण' में लिखा है कि अंतरिक्ष में सूर्य कभी न उदित होता है, न अस्त ही होता है। अल्पज्ञ लोग ही ऐसा मानते हैं। सूर्य जब भूमंडल के एक भाग को प्रकाशयुक्त करता है, तब दूसरे में अंधकार व दूसरे भाग का उसके सम्मुख होने पर वह उस दूसरे भाग को प्रकाशित करता है और घूमकर उलटी ओर जा चुके भाग में अंधकार होने से वहाँ रात्रि होती है। सूर्य तो हर क्षण उदित है।

स वा एष न कदाचनास्तमेति नोदेति।
तं यदस्तमेतीति मन्यन्तेऽह्न एव तदन्तमित्वाऽथाऽऽत्मानं विपर्यस्यते
रात्रीमेवावस्तात्कुरुतेऽहः परस्तात्।
अथ यदेनं प्रातरुदेतीति मन्यन्ते रात्रेरेव तदन्तमित्वाऽथाऽऽत्मानं
विपर्यस्यतेऽहरेवावस्तात्कुरुते रात्रिं परस्तात्।
स वा एष न कदाचन निम्रोचति।
न ह वै कदाचन निम्रोचत्येतस्य ह सायुज्यं सरूपतां सलोकतामश्नुते य एवं
वेद य एवं वेद॥ ऐतरेय ब्राह्मण 3.44॥

यही बात आर्यभट्ट ने अपने ग्रंथ आर्यभटीयम् के गोलाध्याय में कही है कि "सूर्य सदा ही विराजमान रहते हैं। जब सूर्य के सामने लंका वाला भाग होता है, तब वहाँ दिन व धरती के दूसरे गोलार्द्ध में रात्रि होती है।"

सूर्यो विराजति सदेत्यर्थमार्यभटोऽब्रवात्—'उदय यो लंङ्काया

(आर्यभटियम् गोलपादे 2/13)

यहाँ पर यह भी उल्लेखनीय है कि सूर्य स्वयं भी स्थिर न होकर अपनी कक्षा में 7.75 लाख किमी. प्रति घंटा की गति से एक अति भारित कृष्ण विवर (Super Massive Black Hole) अर्थात् एक सुपर मेसिव ब्लैक होल की परिक्रमा कर रहा है। इसे भी देवी भागवत पुराण में इस प्रकार लिखा है कि सूर्य भी एक महा सूर्य की परिक्रमा कर रहा है। उसमें दी गति योजन प्रति घटी आदि एवं चतुर्युगियों के अनुपात आदि से संबंध का विवेचन आगे कभी किया जाएगा।

प्रकाश की वैदिक गति

आधुनिक विज्ञान के अनुसार सर्वप्रथम प्रकाश की गति की गणना 1676 में रोमर ने की थी। विज्ञान के मतानुसार यह 1,86,000 मील प्रति सेकंड थी, लेकिन उससे पूर्व 14वीं सदी में ऋग्वेद के सायण भाष्य में सायणाचार्य ने ऋग्वेद की ऋचा क्रमांक 1/50/4 की व्याख्या में आदिशंकर की व्याख्या को जोड़कर प्रकाश की गति का उल्लेख किया है, जिसे उन्होंने आदिशंकराचार्य के संदर्भ से ही उद्धृत किया है। इस चौदहवीं सदी में उन्होंने 'सायण भाष्य' लिखा था। यही उल्लेख भविष्योत्तर पुराणांतर्गत सूर्य हृदय स्तोत्र व भविष्य पुराण (ब्राह्म पर्व) अध्याय 53 के श्लोक क्रमांक 44-47 व कई अन्य पुराणों में भी है। यथा—

तरणिर्विश्वदर्शतो ज्योतिष्कृदसि सूर्य।
विश्वमा भासि रोचनम्॥

(ऋक्. 1/50/4)

(सायण)—हे सूर्य त्वं तरणिः तरिता अन्येन
गन्तुमशक्यस्य महतोऽध्वनो गन्ता असि।
तथा च स्मर्यते-योजनानां सहस्त्रे द्वे द्वे शते द्वे च योजने।
एकेन निमिषार्धेन क्रममाण नमोऽस्तु ते।

अर्थ—हे सूर्य, एक निमेष के आधे भाग में आपका प्रकाश 2202 योजन गति करता है, उसे नमस्कार है। एक निमेष लगभग 0.212 सेकंड का होता है। अतएव आधा निमेष 0.106 सेकंड का होगा। एक योजन में औसत 9 मील की दूरी मानी

गई है। इस प्रकार एक सेकंड में 9.4339 अर्द्ध निमेष हुए। इसलिए 2202 X 9 X 9.4339 = 1,86,961 मील प्रति सेकंड आती है। वैसे योजन के मान में यात्किंचित् अंतर भी हो सकता है।

सूर्य से मानसून उत्पत्ति

सूर्य की ऊष्मा से जहा वायुमंडल में अल्प दाब का केंद्र बनता है, उससे मानसून आने का संकेत भी ऋग्वेद में है। वैदिक वृष्टि विज्ञान का विस्तृत विवेचन आगे किया जाएगा। यहाँ पर एक मंत्र उद्धृत किया जा रहा है—

इन्द्राय गिरो अनिशितसर्गाः, अपः प्रेरयं सगरस्य बुध्नात्।
यो अक्षेणेव चक्रिया शचीभिर्विष्क् तस्तम्भ पृथिवीमुत द्याम्॥

(ऋक् 10.89.4)

अर्थात् इंद्र एवं सूर्य के प्रकाश की ऊष्मा की ही महत्ता है कि वह समुद्र से जलग्रहण करके आकाश में ले जाकर बरसाता है। (जैसे अक्ष पर घूमता पहिया होता है, उसी प्रकार अपने अक्ष पर घूमते हुए पृथ्वी और द्युस्थित लोकों को वह सूर्य अपनी शक्ति (आकर्षण शक्ति) से थामे हुए है।)

पृथ्वी आदि ग्रह सूर्य के आकर्षण बल से टिके हैं व सतत घूमते हैं

ऋग्वेद 1/164/13 में सूर्य को एक चक्र के मध्य में आधार रूप में बताया गया है एवं पृथ्वी आदि को उस चक्र के चारों ओर स्थित बताया गया है। वह चक्र स्वयं घूम रहा है एवं बहुत भार वाला, अर्थात् जिसके ऊपर संपूर्ण भुवन स्थित है, सनातन अर्थात् कभी न टूटने वाला बताया गया है।

ऋग्वेद के ही मंत्र 1/35/2 एवं 1/35/9 में सूर्य को सौरमंडल के ग्रहों सहित पृथ्वी को अपने आकर्षण से स्थित रखने वाला बताया है।

ऋग्वेद 1/35/2 मंत्र में भी अपनी आकर्षण शक्ति से सूर्य द्वारा पृथ्वी आदि लोकों को धारण करना लिखा है।

हिरण्यपाणिः सविता विचर्षणिरुभे द्यावापृथिवी अन्तरीयते।
अपामीवां बाधते वेति सूर्यमभि कृष्णेनु रजसा द्यामृणोति॥

ऋग्वेद 1/35/9

आ कृष्णेन रजसा वर्तमानो निवेशयन्नमृतं मर्त्यं च।
हिरण्ययेन सविता रथेना देवो यांति भुवनानि पश्यन्॥

ऋग्वेद 1/35/2

भूगर्भ की ऊष्मा व खनिज-संपदा

यह पृथिवी 'अग्निगर्भा' कहकर स्पष्ट किया है कि इसके अंतस् में (भूगर्भ) अत्यधिक ऊष्णता है। वही ऊष्णता यदा-कदा ज्वालामुखी के रूप में फटकर भी बाहर निकलती है। इस तथ्य की जानकारी वैदिक साहित्य में 'आग्नेयी' और 'अग्निगर्भा' कहकर स्पष्ट रूप से दी गई है। सामवेद के ब्राह्मण भाग (तांड्य ब्राह्मण) में 'आग्नेयी पृथिवी' (तांड्य ब्राह्मण 15.4.8), 'अग्निगर्भा पृथिवी' (शत.ब्रा. 14.9.4.21)। गोपथ ब्राह्मण में तो 'अयस्मयी पृथिवी' (गो.उ. 2.7)= 'पृथिवी अयस् अर्थात् लोहा, सीसा, ताम्र, यषद, सोना, चाँदी आदि अयस्क से युक्त, अर्थात् ये धातुएँ पृथ्वी के अंदर विद्यमान हैं।

इन धातुओं को चिह्नित करने के भूवैज्ञानिक विवेचन भी वृहत् संहिता आदि में विस्तार से किए गए हैं। अंतरिक्ष के विवेचन के उपरांत आगे इनका भी विवेचन किया जाएगा।

□

अध्याय-3

सौरमंडल का विज्ञानसम्मत वैदिक विमर्श

पुस्तक के पिछले अध्याय में ब्रह्मांड की श्याम ऊर्जा के वैदिक संदर्भ के अंतर्गत यह चर्चा की जा चुकी है कि खगोलीय अन्वेषणों के अनुसार ब्रह्मांड में अब तक के अवलोकनों के अनुसार 20 खरब से अधिक आकाशगंगाएँ हैं, जो 9300 करोड़ प्रकाशवर्ष से भी अधिक विस्तार लिये हुए हैं। एक प्रकाशवर्ष 94 खरब किमी. से अधिक विस्तार युक्त होता है। इसके बाहर भी कितना कुछ है, यह अभी ज्ञात नहीं हो सका है। इसे ही वेदों व अन्य भारतीय वाङ्मय भी 'नेति-नेति' अर्थात् 'न इति-न इति' कहकर, सृष्टि को अंतरहित बताते हुए लिखा है कि मन की गति से विचरण करने पर भी ब्रह्मांड का अंत पाना कठिन है। आज का विज्ञान भी यही मान रहा है।

वैज्ञानिक अनुसंधानों के अनुसार हमारे सौरमंडल में भी पृथ्वी सहित सौरमंडल के सभी ग्रह सूर्य के गुरुत्वाकर्षण से बँधे अपनी-अपनी कक्षा में सूर्य की परिक्रमा कर रहे हैं। इस तथ्य का वेदादि सभी ग्रंथों में सटीक विवेचन है, इसलिए इस मिथ्या आरोप को यहाँ सप्रमाण निर्मूल किया जाएगा, जिसमें कहा जाता रहा है कि वैदिक आर्यों को ये जानकारियाँ नहीं थीं कि—

1. पृथ्वी व सौरमंडल के अन्य ग्रह सूर्य की परिक्रमा कर रहे हैं।
2. सूर्य से पृथ्वी आदि ग्रहों की दूरी कितनी है ?
3. पृथ्वी व अन्य ग्रह गोल हैं।
4. पृथ्वी अपने अक्ष पर घूम रही है एवं उसका अक्ष झुका हुआ है।
5. प्रति 25800 वर्षों में पृथ्वी अपना अक्ष बदलती है आदि।

ये सारी जानकारियाँ प्राचीन काल में केवल वैदिक आर्यों को ही ज्ञात थीं। अन्य समाजों व पाश्चात्य वैज्ञानिकों को प्राचीन काल में इनका ज्ञान नहीं था। वेदों में उपलब्ध इन संदर्भों का नीचे उल्लेख किया जा रहा है।

पृथ्वी सहित सौरमंडल के ग्रहों द्वारा सूर्य की परिक्रमा और वेद

पृथ्वी सहित सौरमंडल के ग्रह सूर्य की परिक्रमा कर रहे हैं। सूर्य स्वयं भी 7.75 लाख किमी. प्रति घंटा की गति से एक अति भारित कृष्ण विवर (Super Massive Black Hole) सुपर मेसिव ब्लैक होल की परिक्रमा कर रहा है। देवी भागवत पुराण में भी सूर्य द्वारा एक महासूर्य की परिक्रमा का उल्लेख है। उसमें में दी गई गति आदि का विवेचन भी आगे कभी किया जाएगा। वस्तुतः सूर्य के गुरुत्वाकर्षण से बन रहे अभिकेंद्रीय बल (सेंट्रीपीटल फोर्स) से ही पृथ्वी सहित सौरमंडल के सभी ग्रह अपने-अपने भार एवं भ्रमण की गति के अनुरूप अपनी-अपनी कक्षा में सूर्य की परिक्रमा कर रहे हैं। इसका ऋग्वेद में स्पष्ट उल्लेख है कि सूर्य के गुरुत्वाकर्षण के कारण सभी ग्रह सूर्य के चारों ओर अपनी-अपनी कक्षा में रहकर परिक्रमा कर रहे हैं।

ऋग्वेद में लिखा है कि—

"सूर्य ने पृथ्वी और अन्य ग्रहों को आकर्षण के माध्यम से बाँधा है और उन्हें अपने चारों ओर ऐसे घुमाता है, जैसे कि कोई प्रशिक्षक नए प्रशिक्षित घोड़ों को चलाता है। यथा—

सविता यन्त्रैः पृथिवीरम्णादस्कम्भने सविता द्यामदृंहत्।
अश्वमिवाधुक्षद्धुनिमन्त रिक्षामतूर्ते बद्धं सविता समुद्रम्॥

ऋग्वेद 10.149.1

अतः वैदिक ऋषियों को पता था कि पृथ्वी, मंगल, बुध, गुरु, शुक्र, शनि, येरनस, प्लूटो व नेप्च्यून आदि सभी ग्रह सूर्य की परिक्रमा कर रहे हैं।

पृथ्वी द्वारा सूर्य की परिक्रमा के अन्यत्र वेद में उल्लेख

ऋग्वेद में अन्यत्र भी उल्लेख है कि पृथ्वी सूर्य की परिक्रमा कर रही है। यह सर्वथा मिथ्या आरोप है कि वेद में पृथ्वी को स्थिर कहा है।

ऋग्वेद में कहा है कि "यह पृथ्वी हाथ और पैरों से रहित है, फिर भी यह आगे बढ़ती है। सतत गतिमान है, अपनी कक्षा निरंतर घूमती रहती है। पृथ्वी की सभी वस्तुएँ भी इसके साथ चलती हैं। यह सूर्य के चारों ओर घूमती है।" यथा—

अहस्ता यदपदी वर्धत क्षाः शचीभिर्वेदद्यानाम्।
शुष्णं परि प्रदक्षिणिद्धिश्वायवे नि शिश्नथः॥

ऋग्वेद 10.22.14

पृथ्वी के गोल होने का वैदिक उल्लेख

यजुर्वेद का ब्राह्मण ग्रंथ 'शतपथ', जो 5000 वर्षों से कहीं पुरातन है, उसमें भी लिखा है कि पृथ्वी गोल है। इसे इस प्रकार व्यक्त किया गया है—

परिमण्डल उ वा अयं (पृथिवी) लोकः आप्त—शतपथ 7.1.1.37

अर्थ—पृथ्वी परिमंडल रूप में अर्थात् गोल है निश्चय से यह पृथिवी लोक को गोल, अर्थात् पृथ्वी लोक गोलाकृति में है।

शतपथ ब्राह्मण का पूरा श्लोक इस प्रकार है—

व्याममात्री भवति। व्याममात्रो वै पुरुषः पुरुषः प्रजापतिः
प्रजापतिरग्निरात्मसम्मितां तद्योनिं करोति परिमण्डला भवति
परिमण्डला हि योनिरथो अयं वै लोको गार्हपत्यः
परिमण्डल उ वा अयं लोकः—7.1.1.(37)

सूर्य से प्रकाश के धरती पर पहुँचने की सटीक वैदिक गणना

पृथ्वी से सूर्य की दूरी लगभग 15 करोड़ किमी. (14.829 करोड़ किमी.) होने से 3 लाख किमी. प्रति सेकंड की गति से सूर्य से पृथ्वी पर प्रकाश को पहुँचने में 8 मिनट (या ठीक ठीक कहें तो 8.3 मिनट) लगते हैं।

उपरोक्त आधुनिक गणनाओं के अनुरूप ही ऋग्वेद के अनुसार भी सूर्य से पृथ्वी पर प्रकाश को पहुँचने में 8 मिनट लगते हैं। ऋग्वेद के मंत्र 3.53.8 में स्पष्ट उल्लेख है कि—

'त्रिर्यद्दिवः परि मुहूर्तमागात् स्वैः'

अर्थ—एक मुहूर्त अर्थात् 48 मिनट में सूर्य का प्रकाश तीन बार पृथ्वी पर आकर वापस सूर्य तक जा सकता है, अर्थात् सूर्य के प्रकाश को पृथ्वी तक पहुँचने में 48 मिनट के एक मुहूर्त का छठा भाग अर्थात् 48/6 अर्थात् 8 मिनट लगते हैं। दिन और रात्रि में कुल 30 मुहूर्त होने से एक मुहूर्त का स्पष्ट मान 48 मिनट आता है।

पृथ्वी के घूमने व उसके अक्ष के झुके होने का ऋग्वेद में उल्लेख

'पृथ्वी अपनी धुरी पर घूमती है' और उसका अक्ष 23.43920 डिग्री झुका हुआ है। पृथ्वी पर ऋतुओं का परिवर्तन इस झुकाव का परिणाम है। पृथ्वी के अपनी धुरी या अक्ष पर घूमने व इस झुकाव का भी उल्लेख ऋग्वेद में है।

'यो अक्षेणेव चक्रिया शचीभिर्विष्वक् तत्स्तम्भ पृथिवी मुतद्याम्'

(ऋग्वेद 10.89.4)

अर्थात् पृथ्वी अपने अक्ष पर चक्र की तरह घूमती है।

पृथ्वी के अक्ष या धुरी के झुकाव के संबंध में ऋग्वेद में बताया गया है कि कुब्जा या कुबड़ी महिला की तरह झुकी हुई कमर से युक्त पृथ्वी पश्चिम से पूर्व की ओर जाती है—

'दाधर्थ प्राचीं ककुभं पृथिव्याः'।

(ऋग्वेद 7.99.2)

पृथ्वी गोल है और अपने अक्ष या धुरी पर घूम रही है

'यह पृथिवी-लोक गोलाकार है।' वेदों से लेकर अन्य संस्कृत-साहित्य में पृथ्वी आदि लोकों को 'गोलक' ही कहा गया है व इसी कारण पृथ्वी को 'भूगोल' नाम दिया है। पाश्चात्य जगत् के तो सत्रहवीं शताब्दी तक अंधविश्वास और अज्ञानांधकार में डूबा होने से स्पेन के वैज्ञानिक गैलीलियो द्वारा 'पृथ्वी गोल है' कहने पर यूरोप के न्यायाधीशों ने बाइबिल के विरुद्ध मत प्रस्तुत करने से दस वर्ष के कठोर कारावास की सजा सुनाई, जहाँ उसकी मृत्यु हो गई। एक अन्य वैज्ञानिक ब्रूनो को तेल छिड़ककर जला डाला गया।

ऋग्वेद में पृथ्वी तथा अन्य ग्रहों की, एक साथ चार विज्ञानसम्मत विशेषताओं

का उल्लेख है। इसमें 'अक्षेणेव चक्रिया', अर्थात् 'अक्ष पर घूमते हुए पहिए' की उपमा देकर यह बताया गया है कि पृथ्वी, सूर्य आदि लोक गोलाकार हैं और अपने अक्ष पर घूमते हैं। साथ ही 'पृथिवीं तस्तम्भ' शब्दों में आकर्षण के सिद्धांत का बोध कराया है कि सूर्य पृथ्वी को अपनी आकर्षण शक्ति से अंतरिक्ष में थामे हुए है और सूर्य की ऊष्मा से मानसून बनता है—

सूर्य द्वारा मानसून का सृजन : सूर्य की ऊष्मा से मानसून उठता है। यह वैज्ञानिक तथ्य भी ऋग्वेद में उद्धृत है।

इन्द्राय गिरो अनिशितसर्गा:, अप: प्रेरयं सगरस्य बुध्नात्।
यो अक्षेणेव चक्रिया शचीभिर्विष्वक् तस्तम्भ पृथिवीमुत द्याम्॥

(ऋक् 10.89.4)

अर्थ—इंद्र व सूर्य की प्रभुता यह है कि वह समुद्र से जलग्रहण करके आकाश में ले जाकर उन्हें बरसाता है। जैसे अक्ष पर घूमता पहिया होता है, उसी प्रकार अपने अक्ष पर व अपनी कक्षा में घूमती हुई पृथ्वी और सौरमंडल को सूर्य अपनी शक्ति (आकर्षण शक्ति) से थामे हुए है। द्युलोक के संदर्भ में श्याम पदार्थ व इंद्र का विवेचन विगत अंक में किया जा चुका है। इस प्रकार वैदिक वाङ्मय में सौरमंडल, पृथ्वी, वर्षा विज्ञान आदि के अनगिनत विवेचन हैं।

वर्षा विज्ञान और संस्कृत शब्द निधि

वर्षा के संदर्भ में संपूर्ण वृष्टि विज्ञान को समझने के लिए संस्कृत शब्दों के व्युत्पत्ति शास्त्र का उपयोग समीचीन है। संस्कृत 2 के 18 निरुक्त शास्त्रों में से आज केवल एक 4000 वर्ष प्राचीन यास्क का निरुक्त ही बचा है। उसमें जिन वैदिक शब्दों की निरुक्ति (व्युत्पत्ति) दी है, वह अत्यंत सार्थक है। वस्तुत: संस्कृत के प्रत्येक शब्द की रचना अथाह ज्ञान के कोष के रूप में की गई है। उदाहरणत: 'वन' शब्द का निरुक्ति "वन्यते याचते वृष्टि प्रदायते इति वना:" का अर्थ होता है, प्रकृति में वृष्टि अर्थात् वर्षा कराने में सहायक होने से वन कहलाता है। वर्ष 2012 की इंटरगवर्नमेंटल पेनल ऑन क्लाईमेट चेंज की बैठक में यह तथ्य सामने आया था कि पृथ्वी पर वर्षा के लिए 40 प्रतिशत आर्द्रता वनों से आती है। इस प्रकार वन का अर्थ बेतरतीब फैले पेड़-पौधे न होकर उसकी उत्पत्ति विज्ञानसम्मत है। इसी

प्रकार प्रत्येक शब्द में अक्षरों का संयोजन अत्यंत बुद्धिमत्तापूर्ण है। उदाहरणार्थ, हृदय में चार अक्षर 'ह''र''द''य' का सुनियोजित संयोजन किया है कि "हरते, ददाते, रयते, यमम्" अर्थात् शरीर को रक्त देता है, उससे रक्त लेता है, रक्त का परिभ्रमण करता है और धड़कनों को नियमन करता है। ऐसे ही संस्कृत के प्रत्येक शब्द की अर्थपरक निरुक्ति है। प्राचीन व्याकरण व निरुक्त ऐसे अर्थपरक शब्दों के भंडार हैं। पाणिनी की अष्टाध्यायी, संस्कृत एवं वेदों की अनेक व्याकरणों में से एकमात्र बची हुई यह व्याकरण विश्व की प्राचीनतम ही नहीं, सर्वाधिक व्यवस्थित, पूर्ण नियम निष्ठ व वैज्ञानिक व्याकरण है। ऐसे अनगिनत ग्रंथ व उनका प्रत्येक शब्द तक गूढ़ विज्ञान पर आधारित है।

□

अध्याय-4

वेदों में सूर्य व पृथ्वी के वैज्ञानिक संदर्भ

विगत अध्यायों में पृथ्वी आदि ग्रहों द्वारा सूर्य की परिक्रमा के वैदिक उद्धरणों व सूर्य से पृथ्वी तक 8 मिनट में प्रकाश के पहुँचने आदि के वैदिक वाक्यों का विवेचन किया था। इस अध्याय में वेद व वेदांगों में सौरमंडल के कुछ अन्य उद्धरणों की चर्चा की जा रही है।

सूर्य के प्रकाश से चंद्रमा व पृथ्वी प्रकाशमान होते हैं

ऋग्वेद के श्लोक 1/35/7 व 1/84/1 में सूर्य को अपने प्रकाश से पृथ्वी व चंद्रमा को प्रकाशित करने वाला बताते हुए कहा है कि क्रम से भूमंडल से सभी भागों को आलोकित करने में इसके द्वारा कभी व्यतिक्रम नहीं किया जाता है।

वि सुपर्णो अन्तरिक्षाण्यख्यद्‌गभीरवेपा असुरः सुनीथः।
क्वेउदानीं सूर्यः कश्चिकेत कतमां द्यां रश्मिरस्या ततान॥

ऋग्वेद 1/35/7

अत्राह गोरमन्वत नाम त्वष्टुरपीच्यम्।
इत्था चन्द्रमंसो गृहे॥

ऋग्वेद 1/84/15

सूर्य न अस्त होता है न उदय

ऋग्वेद की ही शकल शाखा के ब्राह्मण भाग 'ऐतरेय ब्राह्मण' में लिखा है कि अंतरिक्ष में सूर्य कभी न उदित होता है, न अस्त ही होता है। अल्पज्ञ लोग ही ऐसा

मानते हैं। सूर्य जब भूमंडल के एक भाग को प्रकाशयुक्त करता है, तब दूसरे में अंधकार व दूसरे भाग का उसके सम्मुख होने पर वह उस दूसरे भाग को प्रकाशित करता है और घूमकर उलटी ओर जा चुके भाग में अंधकार होने से वहाँ रात्रि होती है। सूर्य तो हर क्षण उदित है।

स वा एष न कदाचनास्तमेति नोदेति।
तं यदस्तमेतीति मन्यन्तेऽह्न एव तदन्तमित्वाऽथाऽऽत्मानं विपर्यस्यते
रात्रीमेवावस्तात्कुरुतेऽहः परस्तात्।
अथ यदेनं प्रातरुदेतीति मन्यन्ते रात्रेरेव तदन्तमित्वाऽथाऽऽत्मानं
विपर्यस्पतेऽहरेवावस्तात्कुरुतेरात्रिं परस्तात्।
स वा एष न कदाचन निम्रोचति।
न ह वै कदाचन निम्रोचत्येतस्य ह सायुज्यं सरूपतां सलोकतामश्नुते य एवं
वेद य एवं वेद॥ ऐतरेय ब्राह्मण 3.44॥

यही बात आर्यभट्ट ने अपने ग्रंथ आर्यभटियम् के 'गोलाध्याय' में कही है कि "सूर्य सदा ही विराजमान रहते हैं। जब सूर्य के सामने लंका वाला भाग होता है, तब वहाँ दिन व धरती के दूसरे गोलार्द्ध में रात्रि होती है।"

सूर्यो विराजति सदेत्यर्थमार्यभटोऽब्रवात्—'उदय यो लंङ्काया
(आर्यभटियम् गोलपादे 2/13)

यहाँ पर यह भी उल्लेखनीय है कि सूर्य स्वयं भी स्थिर न होकर अपनी कक्षा में 7.75 लाख किमी. प्रतिघंटा की गति से एक अति भारित कृष्ण विवर (Super Massive Black Hole) अर्थात् एक सुपर मेसिव ब्लैक होल की परिक्रमा कर रहा है। इसे भी देवी भागवत पुराण में इस प्रकार लिखा है कि सूर्य भी एक महासूर्य की परिक्रमा कर रहा है। उसमें में दी गति योजन प्रति घटी आदि एवं चतुर्युगियों के अनुपात आदि से संबंध का विवेचन आगे कभी किया जाएगा।

सूर्य से मानसून उत्पत्ति

सूर्य की ऊष्मा से जहाँ वायुमंडल में अल्प दाब का केंद्र बनता है, उससे मानसून आने का संकेत भी ऋग्वेद में है। वैदिक वृष्टि विज्ञान का विस्तृत विवेचन आगे किया जाएगा। यहाँ पर एक मंत्र उद्धृत किया जा रहा है—

इन्द्राय गिरो अनिशितसर्गाः, अपः प्रेरयं सगरस्य बुध्नात्।
यो अक्षेणेव चक्रिया शचीभिर्विष्वक् तस्तम्भ पृथिवीमुत द्याम्॥
(ऋक् 10.89.4)

अर्थात् इंद्र एवं सूर्य के प्रकाश की ऊष्मा की ही महत्ता है कि वह समुद्र से जलग्रहण करके आकाश में ले जाकर बरसाता है। (जैसे अक्ष पर घूमता पहिया होता है, उसी प्रकार अपने अक्ष पर घूमते हुए पृथ्वी और द्युस्थित लोकों को वह सूर्य अपनी शक्ति (आकर्षण शक्ति) से थामे हुए है।)

पृथ्वी आदि ग्रह सूर्य के आकर्षण बल से टिके हैं व सतत घूमते हैं

ऋग्वेद 1/164/13 में सूर्य को एक चक्र के मध्य में आधार रूप में बताया गया है एवं पृथ्वी आदि को उस चक्र के चारों ओर स्थित बताया गया है। वह चक्र स्वयं घूम रहा है एवं बहुत भार वाला, अर्थात् जिसके ऊपर संपूर्ण भुवन स्थित है, सनातन, अर्थात् कभी न टूटने वाला बताया गया है।

ऋग्वेद के ही मंत्र 1/35/2 एवं 1/35/9 में सूर्य को सौरमंडल के ग्रहों सहित पृथ्वी को अपने आकर्षण से स्थित रखने वाला बताया है।

ऋग्वेद 1/35/2 मंत्र में भी अपनी आकर्षण शक्ति से सूर्य द्वारा पृथ्वी आदि लोकों को धारण करना लिखा है।

हिरण्यपाणिः सविता विचर्षणिरुभे द्यावापृथिवी अन्तरीयते।
अपामीवां बाधते वेति सूर्यमभि कृष्णेन रजसा द्यामृणोति॥
ऋग्वेद 1/35/9

आ कृष्णेन रजसा वर्तमानो निवेशयन्नमृतं मर्त्यं च।
हिरण्ययेन सविता रथेना देवो याति भुवनानि पश्यन्॥
ऋग्वेद 1/35/2

भूगर्भ की ऊष्मा व खनिज-संपदा

यह पृथिवी 'अग्निगर्भा' कहकर स्पष्ट किया है कि इसके अंतस् में (भूगर्भ) अत्यधिक ऊष्णता है। वही ऊष्णता यदा-कदा ज्वालामुखी के रूप में फटकर बाहर निकलती है। इस तथ्य की जानकारी वैदिक साहित्य में 'आग्नेयी' और

'अग्निगर्भा' कहकर स्पष्ट रूप से दी गई है। सामवेद के ब्राह्मण भाग (तांड्य ब्राह्मण) में 'आग्नेयी पृथिवी' (तांड्य ब्राह्मण 15.4.8), 'अग्निगर्भा पृथिवी' (शत.ब्रा. 14.9.4.21)। गोपथ ब्राह्मण में तो 'अयस्मयी पृथिवी' (गो.उ. 2.7) = 'पृथिवी अयस्' अर्थात् लोहा, सीसा, ताम्र, यशद, सोना, चाँदी आदि अयस्क से युक्त, अर्थात् ये धातुएँ पृथ्वी के अंदर विद्यमान हैं।

इन धातुओं को चिह्नित करने के भूवैज्ञानिक विवेचन भी वाराह मिहिर रचित 'वृहत् संहिता' आदि में विस्तार से किए गए हैं। 'वृहत् संहिता' के संकेतों से भूगर्भ अतिरिक्त वर्षा का पूर्वानुमान, भूकंप व अन्य प्राकृतिक आपदाओं के निरूपण भी संभव हैं। अन्य संहिताओं में भी प्रचुर ज्ञान संकलित है। संपूर्ण भू-मंडल की धरातलीय आकृति का महाभारत में भी सटीक विवेचन है। पुस्तक के छठे अध्याय में उसका विवेचन किया जाएगा।

□

अध्याय-5

गुरुत्वाकर्षण प्राचीन भारतीय ज्ञान

प्रस्तुत पुस्तक के पिछले दो अध्यायों में आकाशगंगाओं के बीच आधुनिक विज्ञानसम्मत श्याम पदार्थ व श्याम ऊर्जा के विवेचन के वैदिक संदर्भ एवं सौरमंडल में सूर्य के गुरुत्वाकर्षण आदि का विवेचन किया जा चुका है। पिछले अध्याय में यह वैदिक संदर्भ भी आ चुका है कि सूर्य के गुरुत्वाकर्षण से ही सौरमंडल के ग्रह सूर्य की परिक्रमा करते हैं। इसी क्रम में इस अध्याय में अब यह चर्चा की जा रही है कि भारत में गुरुत्वाकर्षण के सिद्धांत या विवेचन का न्यूटन के जन्म से कई सहस्राब्दि पूर्व महाभारत से लेकर भास्कराचार्य, आर्यभट्ट, वराहमिहिर रचित ग्रंथों सहित प्राचीन व्याकरण ग्रंथों एवं उपनिषदों तक में अत्यंत विशद विवेचन किया जा चुका है। वेद अनादि हैं। कई हजार वर्ष प्राचीन हैं। उनमें भी गुरुत्वाकर्षण संदर्भ हैं। इस अध्याय में भारतीय वाङ्मय में गुरुत्वाकर्षण के इन्हीं संदर्भों में से कुछ की संक्षिप्त चर्चा की जा रही है। ये तथ्य देश-विदेश के भौतिकीविदों, भौतिक शास्त्र के आधुनिक संदर्भ ग्रंथों, पाठ्य पुस्तकों एवं आम जन के ज्ञान का विषय बन सके तो कई भ्रांत धारणाओं का उन्मूलन हो सकेगा।

वस्तुतः हमारे ऋषियों ने जो बात पहले ही वेदों व अन्य शास्त्रों में गुरुत्वाकर्षण के संबंध में कही थी, उसके सामने लगता है न्यूटन ने जो गुरुत्वाकर्षण व गति के नियम बताए हैं, वह भारतीय ज्ञान से लिये हुए हैं।

विश्व की प्राचीनतम पुस्तक ऋग्वेद में गुरुत्वाकर्षण

ऋग्वेद के गुरुत्वाकर्षण संबंधी कुछ मंत्रों की चर्चा पिछले अध्याय में की जा

चुकी है। दो मंत्रों की यहाँ की जा रही है—

मंत्र—

यदा ते हर्य्यता हरी वावृधाते दिवेदिवे।
आदित्ते विश्वा भुवनानि येमिरे॥

(ऋ., 8.12.28)

अर्थ—सब लोकों का सूर्य के साथ आकर्षण और सूर्य आदि लोकों पर परमेश्वर के साथ आकर्षण है। इंद्र जो वायु, इसमें ईश्वर के रचे आकर्षण, प्रकाश और बल आदि बड़े गुण हैं। उनसे सब लोकों का दिन-दिन और क्षण-क्षण के प्रति धारण, आकर्षण और प्रकाश होता है। इस हेतु से सब लोक अपनी-अपनी कक्षा में चलते रहते हैं, इधर-उधर विचल भी नहीं सकते।

स्पष्ट है कि इस मंत्र में कहा है, खगोलीय पिंडों या आकाशीय पिंडों जैसे पृथ्वी, चंद्रमा ग्रह आदि आकर्षण में रहते हैं तथा आकर्षण के कारण ही अपनी नियत कक्षा में गति करते हैं और आकर्षण के कारण ही वे अपनी कक्षाओं का उल्लंघन नहीं पाते, अर्थात् वे आकर्षण के अधीन गति करते हैं।

यदा सूर्य्यममुं दिवि शुक्रं ज्योतिरधारयः।
आदित्ते विश्वा भुवनानि येमिरे ॥3॥

(ऋ., 8.12.30)

अर्थ—हे परमेश्वर! जब उन सूर्यादि लोकों को आपने रचा और आपके ही प्रकाश से प्रकाशित हो रहे हैं, आप अपने सामर्थ्य से उनको धारण कर रहे हैं, इसी कारण सूर्य और पृथ्वी आदि लोकों और अपने स्वरूप को धारण कर रहे हैं। इन सूर्य आदि लोकों का सब लोकों के साथ आकर्षण से धारण होता है।

इस मंत्र में भी है खगोलीय पिंडों, जैसे पृथ्वी, चंद्रमा, ग्रह आदि को आकर्षण के अधीन माना है। गति के सिद्धांतों की पृथक् से चर्चा की जाएगी।

महाभारत, व्याकरण महाभाष्य एवं वृहद् जाबाल उपनिषद् में गुरुत्वाकर्षण

ऋग्वेद के सूर्य आदि के गुरुत्वाकर्षण की चर्चा इस स्तंभ के पूर्व में कर ली

गई थी। अब वेदोत्तरकालीन निम्न ग्रंथों में आए गुरुत्वाकर्षण के सिद्धांतों के कुछ संदर्भ निम्नानुसार हैं—

(i) वेद व्यास रचित 5000 वर्ष प्राचीन महाभारत में गुरुत्वाकर्षण

वेदव्यासकृत महाभारत में गुरुत्वाकर्षण उल्लेख पितामह भीष्म ने किया है। भौतिक पदार्थों के गुणों का वर्णन करते हुए भीष्म पितामह ने युधिष्ठिर से कहा था कि—

भूमैः स्थैर्यं गुरुत्वं च काठिन्यं प्रसवात्मना,
गन्धो भारश्च शक्तिश्च संघात स्थापना धृति।
(महाभारत-शांति पर्व 261)

अर्थ—हे युधिष्ठिर! स्थिरता, गुरुत्वाकर्षण, कठोरता, उत्पादकता, गंध, भार, शक्ति, संघात, स्थापना आदि भूमि के गुण हैं।

(ii) महाभारत के समकालीन पतंजलि कृत व्याकरण महाभाष्य के अनुसार

इसका विवेचन महर्षि पतंजलि ने सादृश्य एवं आंतर्य के सिद्धांत से कर दिया था।

गुरुत्वाकर्षण सादृश्य का ही उपखंड है। समान गुण वाली वस्तुएँ परस्पर एक-दूसरे को प्रभावित करती हैं। उससे आंतर्य पैदा होता है। महर्षि पतंजलि ने कहा है—

अचेतनेष्वपी, तद-यथा-लोष्ठ क्षिप्तो बहुवेगंगत्वा नैव तिर्यग् गच्छति
नोर्ध्वमारोहति पृथिवीविकारः पृथिवीमेव गच्छति-आन्तर्यतः।
तथा या एता आंतरिक्ष्यः सूक्ष्मा आपस्तासां विकारो धूमः।
स आकाश देवे निवाते नैव तिर्यग् नवागवारोहती।
अब्विकारोपि एवं गच्छति आन्तर्यतः।
तथा ज्योतिषी विकारो अर्चिराकाशदेशो निवाते
सुप्रज्वलितो नैव तिर्यग गच्छति नावगवरोहति।
ज्योतिषो विकारो ज्योतिरेव गच्छति आन्तर्यतः।
पतंजलि महाभाष्य, सादृश्य एवं आन्तर्य-1/1/50

अर्थ—चेतन-अचेतन सबमें आंतर्य सिद्धांत कार्य करता है। मिट्टी का ढेला आकाश में जितने बाहुबल से फेंका जाता है, वह उतना ऊपर चला जाता है, फिर न वह तिरछे जाता है और न ही ऊपर जाता है, वह पृथ्वी का विकार होने के कारण पृथ्वी पर ही आ गिरता है। इसी का नाम 'आंतर्य' है।

इसी प्रकार अंतरिक्ष में सूक्ष्म आपकी तरह का सूक्ष्म जलतत्त्व का ही उसका विकार धूम है। यदि पृथ्वी में धूम होता तो वह पृथ्वी में क्यों नहीं आता? वह आकाश में जहाँ, हवा का प्रभाव नहीं, वहाँ चला जाता है—न तिरछे जाता है, न ही नीचे ही आता है।

इसी प्रकार ज्योति का विकार अर्चि है। वह भी न नीचे जाता है, न तिरछे जाता है। फिर वह कहाँ जाता है? ज्योति का ऊर्ध्व गमन विकार ज्योति को ऊपर ही ले जाता है।

व्याकरण महाभाष्य-स्थानेन्तरतमः-1/1/49 में महर्षि पतंजलि ने गुरुत्वाकर्षण के सिद्धांत का भी स्पष्ट उल्लेख करते हुए कहा है—

मंत्र—

लोष्ठ क्षिप्तो बहुवेगं गत्वा नैव तिर्यक् गच्छति नोर्ध्वमारोहति।
पृथ्वीविकार पृथ्वीमेव गच्छति आन्तर्यतः।

(महाभाष् 1/1/49)

अर्थ—पृथ्वी की आकर्षण शक्ति इस प्रकार की है कि यदि मिट्टी का ढेला ऊपर फेंका जाता है तो वह बहुवेग को पूरा करने पर न टेढ़ा जाता है और न ऊपर चढ़ता है। वह पृथ्वी का विकार है, इसलिए पृथ्वी पर ही आ जाता है।

(iii) उपनिषद् व वैशेषिक दर्शन में गुरुत्वाकर्षण विवेचन

बृहत् जाबाल उपनिषद् में गुरुत्वाकर्षण सिद्धांत के वर्णन में गुरुत्वाकर्षण को आधारशक्ति नाम के साथ इसके दो प्रकार बतलाए हैं—

प्रथम ऊर्ध्वशक्ति या ऊर्ध्वग अर्थात् ऊपर की ओर खिंचकर जाना। जैसे कि अग्नि का ऊपर की ओर जाना। दूसरा अधःशक्ति या निम्नग, अर्थात् नीचे की ओर खिंचकर जाना। जैसे जल का नीचे की ओर जाना या पत्थर आदि का नीचे आना।

बृहत् उपनिषद् में भी गुरुत्वाकर्षण के सिद्धांत के सूत्रांकित हैं—

अग्नीषोमात्मकं जगत्। (बृहत् जाबाल उपनिषद् 2.4)

आधारशक्त्यावधृतः कालाग्निरयम् ऊर्ध्वगः। तथैव निम्नगः सोमः।

(बृहत् जाबालि उपनिषद् 28)

अर्थ—सारा संसार अग्नि और सोम का समन्वय है। अग्नि की ऊर्ध्वगति है और सोम की अधोः शक्ति। इन दोनों शक्तियों के आकर्षण से ही संस्कार रुका हुआ है।

महर्षि कणाद ने वैशेषिक दर्शन में 2 सूत्र दिए हैं। यथा—

संयोगाभावे गुरुत्वात्पतनम्।

संस्काराभावे गुरुत्वात्पतनम्।

भारतीय खगोलज्ञों—भास्कराचार्य, वाराहमिहिर, आर्यभट्ट, श्रपति आदि के संदर्भ—

(i) भास्कराचार्य : भारत के एक प्राचीन गणितज्ञ भास्कराचार्य (1114–1185) ने अपने ग्रंथ सिद्धांत शिरोमणि में कहा है—

आकृष्टिशक्तिश्चमहि तया यत् खस्थं-गुरु स्वाभिमुखं स्वशक्त्या।

आकृष्यते तत् पततीव भाति समे समन्तात् क्व पतत्वियं खे॥

(सिद्धांत भुवन 16)

अर्थ—पृथ्वी में आकर्षण शक्ति है, जिसके कारण वह ऊपर की भारी वस्तु को अपनी ओर खींच लेती है। वह वस्तु पृथ्वी पर गिरती हुई सी लगती है। पृथ्वी स्वयं सूर्य आदि के आकर्षण से रुकी हुई है, अतः वह निराधार आकाश में स्थित है तथा अपने स्थान से हटती नहीं है और न गिरती है, यह अपनी कील पर घूमती है।

(ii) आचार्य वराहमिहिर : वराहमिहिर ने 57 ईसापूर्व में अपने ग्रंथ 'पञ्चसिद्धांतिका' में कहा है—

पञ्चभमहाभूतमयस्तारा गण पञ्जरे महीगोलाः।

खेयस्कान्तान्तः स्थो लोह इवावस्थितो वृत्तः॥

(पञ्चसिद्धांतिका पृ. 31)

अर्थ—तारा समूह रूपी पंजर में गोल पृथ्वी इसी प्रकार रुकी हुई है, जैसे दो बड़े चुंबकों के बीच में लोहा।

(iii) आचार्य श्रीपति : 11वीं सदी (1045) में जनमे आचार्य श्रीपति ने अपने ग्रंथ सिद्धांतशेखर में कहा है—

उष्णत्वमर्कशिखिनोः शिशिरत्वमिन्दौ, निर्हतुरेवमवनेः स्थितिरन्तरिक्षे॥

(सिद्धांतशेखर 15/21)

नभस्ययस्कान्तमहामणीनां मध्ये स्थितो लोहगुणो यथास्ते।
आधारशून्यो पि तथैव सर्वधारो धरित्र्या ध्रुवमेव गोलः॥

(सिद्धांतशेखर 15/22)

अर्थ—पृथ्वी की अंतरिक्ष में स्थिति उसी प्रकार स्वाभाविक है, जैसे सूर्य में गरमी, चंद्र में शीतलता और वायु में गतिशीलता। दो बड़े चुंबकों के बीच में लोहे का गोला स्थिर रहता है, उसी प्रकार पृथ्वी भी अपनी धुरी पर रुकी हुई है। इसी प्रकार गति के नियमों का विवेचन भी वैशेषिक दर्शन व वाल्मीकि रामायण सहित कई ग्रंथों में न्यूटन के जन्म से कई सहस्राब्दि पूर्व किया जा चुका है। सामान्य विद्युत् से लेकर जैव विद्युत् तक के सटीक विवेचन वेदों आदि में विस्तार से हैं। इन्हीं सबका विवेचन प्रस्तुत स्तंभ में किया जाएगा।

□

अध्याय-6

पृथ्वी का अक्ष परिवर्तन एवं वैदिक मास

पृथ्वी सूर्य की एक परिक्रमा 365 दिन 6 घंटे, 9 मिनट और 10 सेकंड में पूरी करती है। आभासी रूप में सूर्य के एक निश्चित बिंदु से उसी बिंदु तक वापस आने में लगने वाले समय को 'नाक्षत्र वर्ष' कहते हैं। सायन वर्ष उपरोक्त नाक्षत्र वर्ष से 20 मिनट और 24 सेकंड छोटा होता है। सायन व निरयन (नाक्षत्र) वर्ष मान से यह अंतर पृथ्वी के अक्ष परिवर्तन या अयन चलन के कारण होता है। इस अयन चलन का ज्ञान अतीत में भारत को ही था। वैसे स्थूल रूप से एक वर्ष 365 दिन में पूरा हुआ भी गिनते हैं। इसी प्रकार पृथ्वी अपने अक्ष या धुरी पर घूमती है और 24 घंटे में एक परिक्रमा पूरी करती है। इसके अतिरिक्त पृथ्वी अपनी कक्षा में सूर्य की भी परिक्रमा कर रही है। यह वर्णन भी किया जा चुका है कि पृथ्वी का वह अक्ष झुका हुआ है।

पृथ्वी की घूमने की धुरी

यदि पृथ्वी के घूमने की उपरोक्त धुरी या अक्ष को एक काल्पनिक रेखा के रूप में ऊपर अंतरिक्ष में बढ़ाया जाए तो वह ध्रुवतारे तक पहुँचती है। पृथ्वी की धुरी का केंद्र होने से ही ध्रुवतारे को पुराणों एवं वैदिक वाङ्मय (देवी भागवत पुराण आदि) में पृथ्वी के अक्ष का नियामक एवं ध्रुव कहा गया है। यह ध्रुवतारा हमारी पृथ्वी से 434 प्रकाशवर्ष की दूरी पर स्थित है एवं सूर्य की तुलना में 2200 गुना चमकीला है। इस प्रकार ध्रुवतारे व सूर्य का तुलनात्मक दृष्टि से विचार करें तो सूर्य से पृथ्वी पर प्रकाश को पहुँचने मात्र में 8.3 मिनट लगते हैं। वहीं ध्रुवतारे से पृथ्वी

तक प्रकाश को पहुँचने में 434 वर्ष लगते हैं। इससे यह अनुमान लगाया जा सकता है कि सूर्य की तुलना में ध्रुवतारे की पृथ्वी से दूरी 2.7 करोड़ गुने से अधिक है।

पृथ्वी की धुरी में वृत्ताकार स्पंदन व अक्ष परिवर्तन

एक घूमते हुए लट्टू का शीर्ष भी वृत्ताकार स्पंदन करता है। उसी प्रकार पृथ्वी जो अपने अक्ष पर 24 घंटे में एक परिक्रमा पूरी करती है और एक वर्ष में अपनी कक्षा में एक परिक्रमा पूरी करती है, लेकिन इस घूर्णन के कारण उसकी धुरी में भी एक अतिमंद वृत्ताकार गति होती है। धुरी की इस वृत्ताकार गति की एक आवृत्ति लगभग 25,771 वर्षों में पूरी होती है। इसी को स्थूल रूप से 'अयन गति' कहा जा सकता है।

वैदिक आर्यों का प्राचीन काल से पृथ्वी के अक्ष परिवर्तन व 25000 वर्षों की अयन गति का ज्ञान

इस उपरोक्त अयन गति के कारण ही ध्रुवतारे की ओर जाने वाली पृथ्वी के अक्ष की यह कल्पनिक रेखा भी पृथ्वी के भ्रमण से उत्पन्न दोलन के कारण वृत्ताकार भ्रमण करती है एवं आधुनिक गणनाओं के अनुसार ऊपर कहे अनुसार 25,771 वर्षों में अंतरिक्ष में एक परिक्रमा पूरी करती है, इसलिए 12,000 वर्ष पूर्व यह अक्ष अभिजित तारे पर जाता था। इस अक्ष परिवर्तन के कारण वसंत संपात प्रतिवर्ष 50 कला पीछे सरक जाता है। वसंत संपात के पीछे सरकने से 14,000 वर्ष पूर्व यह अक्ष अभिजित तारे की ओर जाता था। एक वृत्त के 360 डिग्री माप में प्रत्येक डिग्री में 60 कला होती हैं। वैदिक ऋषियों ने इसे ही 'अयन चलन' की संज्ञा देकर, अति प्राचीन काल से ही वार्षिक अयनांश गति की गणना भी की हुई है, यह गणना महाभारत काल के बहुत पहले ही कर ली थी। इसलिए भारतीय ग्रह गणनाएँ अति प्राचीन काल से ही सायन (स+अयन) व निरयन (नि:+अयन) दोनों प्रकार के चलन में रहे हैं। इस निरयन ग्रह गणना से आने वाले खगोलीय परिवर्तनों के अनुरूप भारतीय महीनों के नाम भी बदल रहे हैं। इसके परिणामस्वरूप ही हम 22 दिसंबर को 'सायन मकर संक्रमण' मनाने के साथ 'निरयन मकर संक्रांति' को प्रति 71 वर्षों में एक दिन आगे बढ़ाते आए हैं,

इसलिए अब मकर संक्रांति 14/15 जनवरी को मनाते हैं। जबकि संकल्प आदि में 22 दिसंबर से ही सूर्य को उत्तरायण उच्चारित करते हैं। स्वामी विवेकानंद के जन्म के वर्ष में मकर संक्रांति 12 जनवरी को थी, उसके बाद अयनांश गति के कारण अभी 2 वर्ष पूर्व तक हम इसे 14 जनवरी को मनाते रहे हैं और अब भविष्य में 15 जनवरी को मनाएँगे। उसके 80 वर्ष बाद 16 व फिर 17 जनवरी को मनाएँगे।

वैदिक मास गणना में 12,000 वर्ष पूर्व हुए अक्ष परिवर्तन का प्रसंज्ञान

पाँच हजार वर्ष पूर्व महाभारत काल में ही हमने अयन चलन के कारण पूर्व में प्रचलित मासों के नाम मधु, माधव से बदलकर चैत्र आदि निरयन मास अपना लिये थे (उद्योग पर्व अध्याय 106)। वैदिक काल के सायन मासों के नाम मधु, माधव, शुक्र, शुचि आदि, जो संभवतः 6000-7000 वर्ष पूर्व से चलन में रहे होंगे। तब पृथ्वी का अक्ष वर्तमान ध्रुवतारे पर न जाकर अभिजित की ओर जाता था। तदुपरांत की अवधि में अयन चलन के कारण हुए अक्ष परिवर्तन के फलस्वरूप जब मासों की पूर्णिमाएँ निरयन चित्रा, विशाखा, ज्येष्ठा आदि नक्षत्रों में आने लगीं। तब से हमने महीनों के महाभारत पूर्व के मधु, माधव, शुक्र आदि बदलकर चैत्र, वैशाख, ज्येष्ठ आदि कर लिये।

वस्तुतः सूक्ष्म अयन चलन (Precession of Equinoxes) अनुरूप अयनांश घटाकर ही महाभारत काल के आस-पास (कुछ पर्व) हमारे वैदिक पूर्वजों ने ही निरयन ग्रह गणनाओं के अनुरूप पूर्णिमाओं के निरयन नक्षत्रों के अनुरूप कर चैत्र, वैशाख, ज्येष्ठ आदि कर लिये। महीनों के ये प्राचीन व नव्य नाम नीचे मास तालिका में उद्धृत हैं और यजुर्वेदीय तैत्तिरीय संहिता का वह मंत्र भी दिया जा रहा है, जिसमें प्राचीन मासों के नाम मधु, माधव आदि लिखे हैं। ये नाम महाभारत काल के पूर्व व संभवतः 6000-7000 वर्ष पूर्व अभिजित तारे के ध्रुवतारा होने के समय से भी रहे हो सकते हैं। जिस माह की पूर्णिमा चित्रा नक्षत्र में होती है, उसे चैत्र, विशाखा में पूर्णिमा वाले मास को वैशाख, ज्येष्ठा में पूर्णिमा युक्त मास ज्येष्ठ और इसी प्रकार आज शेष मासों के नाम भी तदनुरूप हैं।

तालिका : महाभारत काल के पूर्व के व उपरांत काल के मासों के नाम

वर्त-मान मासों के नाम	चैत्र	वैशाख	ज्येष्ठ	आषाढ	श्रावण	भाद्रपद	आश्विन	कार्तिक	मार्ग-शीर्ष	पौष	माघ	फाल्गुन
प्राचीन मास व उनकी ऋतुएँ	मधु	माधव	शुक्र	शुचि	नभ	नभस्य	इष	ऊर्ज	सह	सहस्य	तप	तपस्य
	वसंत ऋतु		ग्रीष्म ऋतु		वर्षा ऋतु		शरद ऋतु		हेमंत ऋतु		शिशिर ऋतु	

इन प्राचीन अयन गणनाओं एवं तदनुरूप ग्रहों व मासों की सायन व निरयन, दो प्रकार की गणनाओं से स्पष्ट हो जाता है कि जिन प्राचीन वैदिक संहिताओं में मासों के नाम मधु, माधव आदि हैं, वे वैदिक संहिताएँ न्यूनतम 5000 वर्ष से कहीं पुरातन और 10,000 से 12,000 वर्ष प्राचीन की रही हो सकती हैं। रामायण काल में भी मासों के नाम यही मधु, माधव होने के कारण गोस्वामी तुलसीदासजी तक ने भी वाल्मीकि रामायण के अनुरूप राम नवमी के संदर्भ में चैत्र मास की नवमी के लिए 'नौमी तिथि मधुमास पुनीता' लिखा है। मधु, माधव आदि प्राचीन मासों के तैत्तिरीय व वाजसा नेयी संहिताओं के श्लोक भी यहाँ उद्धरणीय हैं—

मधुश्च माधवश्च वासन्तिकावृतू।
शुक्रश्च शुचिश्च ग्रैष्मावृतू।
नभश्च नभस्यश्च वार्षिकावृतू।
इषश्चोर्जश्च शारदावृतू।
सहश्च सहस्यश्च हैमन्तिकावृतू।
तपश्च तपस्यश्च शैशिरावृतू॥

(यजुर्वेद तैत्तिरीय संहिता 4.4.11)

देवी भागवत पुराण के अनुसार ध्रुवतारा ही पृथ्वी व सौरमंडल का नियामक

हमारी पृथ्वी व सौरमंडल ध्रुवतारे से अभिमुखित है, यह खगोलीय तथ्य देवी भागवत आदि कई पुराणों में है। पृथ्वी की धुरी 434 प्रकाशवर्ष दूर स्थित ध्रुवतारे पर केंद्रित है। यह धुरी प्रति 25,771 वर्षों में अपने ध्रुव की परिक्रमा करती है। इस

आशय का यह तथ्य देवी भागवत पुराण के 8वें स्कंध के 17वें अध्याय के श्लोक 4-8 तक में स्पष्ट लिखा है कि सौरमंडल में भ्रमणरत ग्रह-नक्षत्र आदि समस्त ज्योति पुंज अचल स्तंभ के रूप में ध्रुव को व्यक्तिगत केंद्र के रूप में कालचक्र ने केंद्रस्थ स्थापित किया हुआ है और सभी ग्रह ध्रुव का ही केंद्र रूप में आश्रय लेकर परिभ्रमण करते हैं। ऐसा ही ध्रुव की केंद्रस्थ स्थिति का वर्णन पुराणों में अन्यत्र भी मिलता है।

आजीव्यः कल्पजीविनामुपास्ते भगवत्पदम्।
ज्योतिर्गणानां सर्वेषां ग्रहनक्षत्रभादिनाम्॥ 4॥
कालेनानिमिषेणायं भ्राम्यतां व्यक्तरंहसा।
अवष्टम्भस्थाणुरिव विहितश्चेश्वरेण सः॥ 5॥
भासते भासयन्भासा स्वीयया देवपूजितः।
मढिस्तम्भे यथा युक्ताः पशवः कर्षणार्थकाः॥ 6॥
मण्डलानि चरन्तीमे सवनत्रितयेन च।
एवं ग्रहादयः सर्वे भगणाद्या यथाक्रमम्॥ 7॥
अन्तर्बहिर्विभागेन कालचक्रे नियोजिताः।
ध्रुवमेवावलम्ब्याशु वायुनोदीरिताश्च ते॥ 8॥

भारतीय खगोलज्ञों का अयन गति का शुब्द ज्ञान

भास्कराचार्य ने भी 12वीं सदी में रचित 'सिद्धांत शिरोमणि ग्रंथ' में इसे 'भचक्र संपात' बताकर अयन चक्र की अवधि 25,812 वर्ष बता दी थी। इसलिए 12,000 वर्ष पूर्व हमारा ध्रुवतारा अभिजित था और 14,000 वर्ष बाद 27,800 ईसवी में पुनः अभिजित होगा। सर्वप्रथम यह ज्ञान केवल भारतीय वैदिक ऋषियों को ही विदित था। आज अधिकांश भारतीय पंचांग निरयन ग्रह गणना पर ही आधारित हैं।

चुंबकीय उत्तर से भिन्न वास्तविक उत्तर दिशा का निधारक भी ध्रुवतारा व पृथ्वी की धुरी की दिशा से ही निर्धारित होता है। चुंबकीय ध्रुव में अनेक अवसरों पर वास्तविक उत्तर से 10-20 डिग्री तक का विचलन भी आ जाता है। हमारे सभी सूर्य मंदिर इसी वास्तविक उत्तर दिशा से अभिमुखित हैं। विश्व के अनेक पिरामिड व पुरावशेष इसी वैदिक उत्तर से अभिमुखित हैं। इसकी चर्चा एक पृथक् अध्याय में की जाएगी। इस अयन गति को चित्र क्रमांक 1 व 2 में स्पष्ट किया गया है।

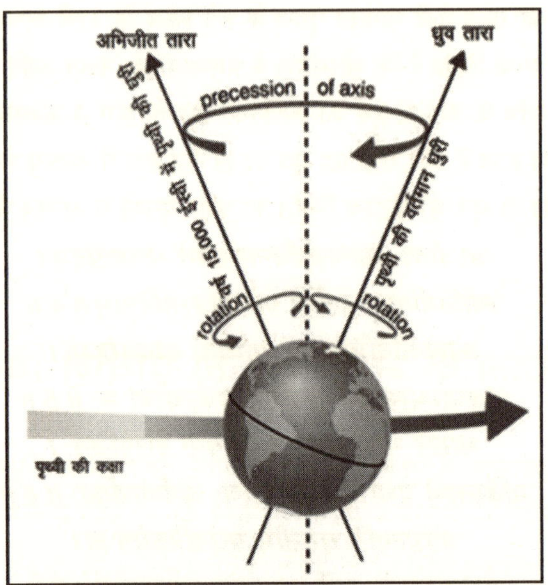

चित्र–1 : पृथ्वी की धुरी की काल्पनिक रेखाओं का स्पष्टीकरण

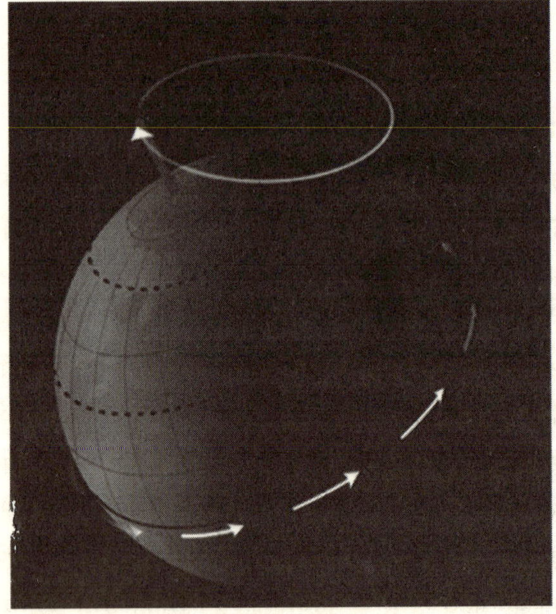

चित्र–2 : पृथ्वी की धुरी के घूर्णन के वृत्त का चित्रण शीर्ष पर वृत्त के माध्यम से

□

अध्याय-7

भूमंडल के मानचित्र का प्राचीन विमर्श

पिछले अध्याय में पृथ्वी की धुरी के वर्तन, अक्ष परिवर्तन एवं अयन गति के वैदिक व पौराणिक संदर्भों की चर्चा की जा चुकी है। पृथ्वी गोलाकार है व चपटी नहीं है। आसमान से पृथ्वी कैसी दिखलाई देती है? कितनी ऊँचाई से पूरी पृथ्वी का विहंगम दृश्य देखना संभव है? यह महाभारत सहित कई प्राचीन ग्रंथों में वर्णित है। अंतरिक्ष से पृथ्वी के विहंगम चित्र का 5000 वर्ष प्राचीन ग्रंथ महाभारत एवं पद्म पुराण आदि में आए वर्णन के अनुरूप 11वीं सदी में रामानुजाचार्य द्वारा एक चित्र भी बनाया गया था, वह पृथ्वी का सबसे पहला व शुद्ध मानचित्र कहा जा सकता है (चित्र-1 व चित्र-2)। प्रथम बार इसे आदिशंकराचार्य ने आठवीं सदी में बनाया था, उसकी ही एक जीर्ण प्रति से रामानुजाचार्य ने 11वीं सदी में पुनः बनाया था। उसी चित्र को सीधा व उलटा चित्र क्रमांक 1 व 2 में प्रस्तुत किया है। यह आज के प्रचलित विश्व मानचित्र जैसा ही है।

महाभारत व पद्म पुराण के श्लोक

महाभारत में वर्णित मानचित्र की पृष्ठभूमि—

महाभारत : महाभारत में संजय धृतराष्ट्र को बतलाते हैं कि दर्पण में एक विशाल खरगोश व पीपल के दो पत्तों की उलटी छवि जैसी यह दिखलाई देती है, वैसी ही गोलाकार यह पृथ्वी चंद्रमंडल की ऊँचाई पर जाकर देखने पर दिखलाई देती है। वह श्लोक निम्नानुसार है—

सुदर्शनं प्रवक्ष्यामि द्वीपं तु कुरुनन्दन।
परिमण्डलो महाराज द्वीपोऽसौ चक्रसंस्थितः॥

महाभारत 6/5/13

यथा हि पुरुषः पश्येदादर्शे मुखमात्मनः।
एवं सुदर्शनद्वीपो दृश्यते चन्द्रमण्डले॥

महाभारत 6/5/16

द्विरशस्तु ततः प्लक्षो द्विरंशः शाल्मलिर्महान।
द्विरंशे पिप्पलस्तत्र द्विरंशे च शशो महान्॥

भीष्म पर्व, महाभारत (6/5/17)

अर्थ—संजय धृतराष्ट्र को कहते हैं कि हे कुरुनंदन! सुदर्शन नामक यह द्वीप अर्थात् पृथ्वी एक चक्र की भाँति गोलाकार स्थित है और जैसे पुरुष दर्पण में अपना मुख देखता है, उसी प्रकार यह द्वीप चंद्रमंडल में दिखाई देता है। इसके दो अंशों में पिप्पल और दो अंशों में महान् शश (खरगोश) दिखाई देता है।

पद्म पुराण : पद्म पुराण व कुछ अन्य पुराणों में भी ऐसे उद्धरण हैं—

अचिन्त्याः खलु ये भावास्तान्न तर्केण साधयेत्।
सुदर्शनं प्रवक्ष्यामि द्वीपं तु मुनिपुङ्गवाः॥ 12॥
परिमण्डलो महाभागा द्वीपोऽसौ चक्रसंस्थितः।
नदीजलपरिच्छिन्नः पर्वतैश्चाब्धिसन्निभैः॥ 13॥
पुरैश्च विविधाकारै रम्यैर्जनपदैस्तथा।
वृक्षैः पुष्पफलोपेतैः सम्पन्नो धनधान्यवान्॥ 14॥
लवणेन समुद्रेण समंतात्परिवारितः।
यथा हि पुरुषः पश्येदादर्शे मुखमात्मनः॥ 15॥
एव सुदर्शनो द्वीपो दृश्यते चक्रमण्डलः।
द्विरंशे पिप्पलस्तस्य द्विरंशे च शशो महान्॥ 16॥

पद्म पुराण 3/12

विवेचन व सटीक चित्रण

उपरोक्त संरचना को कागज पर बनाने पर पृथ्वी का आज के महाद्वीपों की

आकृतियों से युक्त सही मानचित्र बन जाता है। श्लोक में परिमंडल, अर्थात् पृथ्वी का गोलाकार होने का कथन भी तब 5000 वर्ष पूर्व ही संजय ने कर दिया था। देखें चित्र-1 की दर्पण में छवि आज के विश्व मानचित्र के अनुरूप है, जो चित्र क्रमांक-2 में है।

चित्र-1 : महाभारत के श्लोक के अनुरूप एक खरगोश और दो पत्तों का चित्र

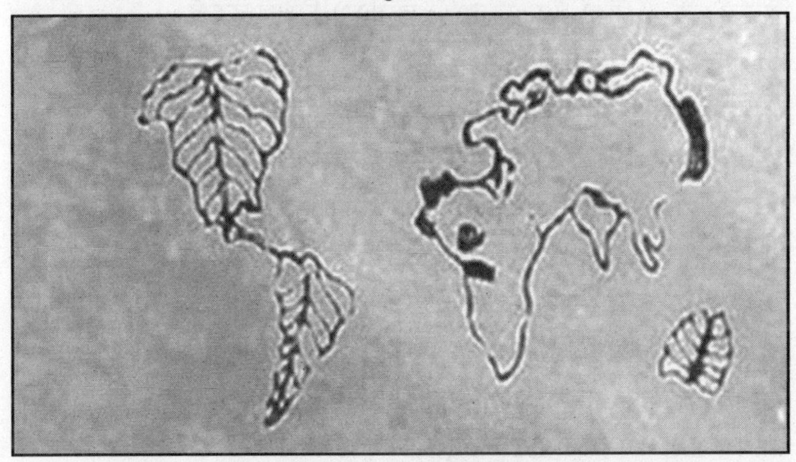

चित्र-2 : इसी चित्र को उलटा करने पर बनता पृथ्वी का आज का मानचित्र

रामानुजाचार्य द्वारा 11वीं सदी में बनाए इस उपरोक्त चित्र से कुछ लोग असहमत हों, तब भी महाभारत के इस 5000 वर्ष प्राचीन श्लोक में पृथ्वी के गोल होने व वर्तमान प्रचलित मानचित्र के अनुरूप होने का विवरण भारतीय हिंदुओं के प्राचीन ज्ञान, महाभारत आदि ग्रंथों की प्रामाणिकता और संजय की दिव्यदृष्टि की पुष्टि करता है।

संदर्भ

धृतराष्ट्र को संपूर्ण महाभारत युद्ध की यथावत् जानकारी कराने के लिए कृष्ण द्वैपायन वेद व्यासजी ने धृतराष्ट्र के निजी सचिव व सारथी संजय को दिव्यदृष्टि प्रदान कर दी थी। संजय को यह दिव्यदृष्टि प्राप्त हो जाने पर धृतराष्ट्र ने कुतूहलवश संजय से पूछा कि तुम्हें ऊपर आसमान से यह पृथ्वी कैसी दिखलाई देती है? इस प्रश्न के उत्तर में संजय न उपरोक्त श्लोकों में यह जानकारी दी। वस्तुतः संपूर्ण भूमंडल का विहंगम दृश्य पृथ्वी से न्यूनतम 2.5 से 3.0 लाख किलोमीटर ऊपर जाने पर ही दिखाई दे सकता है। पृथ्वी से चंद्रमा की औसत दूरी भी 3.84 लाख किमी. व न्यूनतम दूरी 3.63 लाख किमी. है, इसलिए संजय चंद्रमंडल की ऊँचाई से दिखाई देने वाली संपूर्ण पृथ्वी का वर्णन करता है, जो सर्वथा खगोल विज्ञानसम्मत कथन है। संजय उसे गोलाकार बतलाता है। इस श्लोकों से स्पष्ट है कि वेद व्यासजी से संजय को दिव्यदृष्टि प्राप्त हुई थी। संजय द्वारा चंद्रमंडल का संदर्भ देने से स्पष्ट हो जाता है कि संजय को तब पता था कि पृथ्वी का विहंगम दृश्य चंद्रमंडल जितनी ऊँचाई तक जाने पर ही दृष्टिगोचर हो सकता है। संजय ने उस दिव्यदृष्टि से जो पृथ्वी का वर्णन किया, वह हमारे भूमंडल का आज का सटीक दृश्य है। इस प्रकार हमारे प्राचीन इतिहास ग्रंथों, यथा महाभारत व पुराणों के उद्धरण तथ्यात्मक व विज्ञानसम्मत हैं। संजय ने तब 5117 वर्ष पूर्व ही पृथ्वी को गोलाकार बतलाया था।

महाभारत में संजय को दिव्यदृष्टि प्रदान करने का प्रकरण : महाभारत के भीष्म पर्व के जंबूखंड विनिर्माण पर्व के द्वितीय अध्याय के श्लोक 1–19 तक यह संजय को दिव्यदृष्टि प्रदान किए जाने का प्रकरण वर्णित है। महाभारत का प्रथम पारायण राजा जनमेजय द्वारा कराए सर्प सत्र, अर्थात् नागदाह यज्ञ की अवधि में किया था। वेद व्यासजी के शिष्य वैशंपायनजी ने राजा जनमेजय को युधिष्ठिर संवत् 88, अर्थात् 3014 ईसापूर्व में कराया था, इसलिए महाभारत वैशंपायन व जनमेजय के वार्त्तालाप के रूप में है। इस संपूर्ण संवाद का हिंदी रूपांतरण निम्नानुसार है।

वैशंपायनजी कहते हैं—जनमेजय! तदनंतर पूर्व और पश्चिम दिशा में आमने-सामने खड़ी हुई दोनों ओर की सेनाओं को देखकर भूत, भविष्य और वर्तमान का ज्ञान रखने वाले, संपूर्ण वेदवेत्ताओं में श्रेष्ठ, भरतवंशियों के पितामह सत्यवतीनंदन

महर्षि भगवान् व्यास, जो होने वाले भयंकर संग्राम के भावी परिणाम को प्रत्यक्ष देख रहे थे, विचित्रवीर्यनंदन राजा धृतराष्ट्र के पास आए। धृतराष्ट्र उस समय अपने पुत्रों के अन्याय का चिंतन करते हुए शोकमग्न हो रहे थे। व्यासजी ने उनसे एकांत में कहा, 'राजन! तुम्हारे पुत्रों तथा अन्य राजाओं का मृत्युकाल का समय आ पहुँचा है। वे संग्राम में एक-दूसरे से भिड़कर मरने-मारने को तैयार खड़े हैं। भारत! वे काल के अधीन होकर जब नष्ट होने लगें, तब इसे काल का चक्कर समझकर मन में शोक न करना। धृतराष्ट्र ने प्रश्न किया कि 'मुझे इस युद्ध की जानकारी कैसे प्राप्त होगी?'

तब वेदव्यासजी कहते हैं कि हे राजन! यदि संग्रामभूमि में इन सबकी अवस्था तुम देखना चाहो तो मैं तुम्हें दिव्यदृष्टि प्रदान करूँ। वत्स! फिर तुम यहाँ बैठे-बैठे ही वहाँ होने वाले युद्ध का सारा दृश्य अपनी आँखों से देखो। धृतराष्ट्र ने कहा— ब्रह्मर्षिप्रवर! मुझे अपने कुटुंबीजनों का वध देखना अच्छा नहीं लगता, परंतु आपके प्रभाव से इस युद्ध का सारा वृत्तांत सुन सकूँ, ऐसी कृपा आप अवश्य कीजिए। वैशंपायनजी कहते हैं—जनमेजय! जब व्यासजी ने देखा कि धृतराष्ट्र युद्ध का दृश्य देखना नहीं चाहता, परंतु उसका पूरा समाचार सुनना चाहता है।

वेदव्यास द्वारा संजय को दिव्यदृष्टि देने का प्रस्ताव

तब वर देने में समर्थ उन महर्षि ने संजय को वर देते हुए कहा, 'राजन! यह संजय आपको इस युद्ध का सब समाचार बताया करेगा। संपूर्ण संग्रामभूमि में कोई ऐसी बात नहीं होगी, जो इसके प्रत्यक्ष न हो। राजन! संजय दिव्यदृष्टि से संपन्न होकर सर्वज्ञ हो जाएगा और तुम्हें युद्ध की बात बताएगा। कोई भी बात प्रकट हो या अप्रकट, दिन में हो या रात में अथवा वह मन में ही क्यों न सोची गई हो, संजय सबकुछ जान लेगा। इसे कोई हथियार नहीं काट सकता। इसे परिश्रम या थकावट की बाधा भी नहीं होगी। गवल्गण का पुत्र यह संजय इस युद्ध से जीवित बच जाएगा। भरतश्रेष्ठ! मैं इन समस्त कौरवों और पांडवों की कीर्ति का तीनों लोकों में विस्तार करूँगा। तुम शोक न करो। नरश्रेष्ठ! यह दैव का विधान है। इसे कोई मेट नहीं सकता। अत: इसके लिए तुम्हें शोक नहीं करना चाहिए। जहाँ धर्म है, उसी पक्ष की विजय होगी।' (महाभारत, भीष्म पर्व, अध्याय 2, श्लोक 1-19)

□

अध्याय-8

ब्रह्मांड की उत्पत्ति का वैदिक व वैज्ञानिक विमर्श

महाविस्फोट सिद्धांत व नासदीय सूक्त

ब्रह्मांड की उत्पत्ति के संबंध में महाविस्फोट के सिद्धांत, अर्थात् बिग बैंग थ्योरी की वैज्ञानिक मान्यता अब पूरी तरह से सुस्थापित हो गई है। वैज्ञानिक साक्ष्यों के अनुसार प्रारंभ में पूरा ब्रह्मांड एक चरम संघनित अवस्था में था। तब यह एक काल एवं आयाम रहित परम सूक्ष्म बिंदु के रूप में परम तप्त (अति गरम आग के गोले की) अवस्था में ही विद्यमान था, जिसमें लगभग 14 अरब वर्ष पूर्व एक भीषण महाविस्फोट हुआ, जिसके प्रमाण आज भी विद्यमान हैं। इस उपरोक्त चरम संघनित व परम तप्त बिंदु या गोले को ही वेदों में 'हिरण्यगर्भ' कहा है।

इस महाविस्फोट से सृष्टि बनने के पहले की इस स्थिति के संबंध में भी वेदों व पुराणों में सटीक वर्णन है कि सृष्टि रचना के पूर्व की शून्यावस्था में न काल था, न दिशाएँ थीं और न ही आकाश था। इस महाविस्फोट के बाद ही अग्नि, जल, वायु, पृथ्वी व आकाश रूपी पंचमहाभूत अस्तित्व में आए व पंचमहाभूतों से बनी सृष्टि अस्तित्व में आई। पूर्व सृष्टि के लय व नई सृष्टि के बनने के बीच तब न दिशाएँ थीं और न ही काल। एक हिरण्यगर्भ के ही अस्तित्व से सबकुछ बना पूर्व सृष्टि के लय एवं वर्तमान सृष्टि की उत्पत्ति के बीच में केवल शून्य या अनंत शून्य था। ऐसा वर्णन वेद, पुराण व अन्य शास्त्रों में समान रूप से मिलता है। इस संबंध में नासदीय सूक्त के प्रारंभिक 4 मंत्र संदर्भ योग्य हैं।

नासदीय सूक्त—

नासदासीन्नो सदासीत्तदानीं नासीद्रजो नो व्योमा परो यत्।
किमावरीवः कुह कस्य शर्मन्नंभः किमासीद्गहनं गभीराम् ॥1॥

अर्थ—तब यह शून्य अर्थात् रिक्त आकाश भी नहीं था, कुछ अस्तित्व भी नहीं था, तब न तो हवा थी, न ही उसके परे कोई लोक थे, अर्थात् स्वर्गलोक या आकाशगंगाओं से युक्त कोई लोक थे। इसे कैसे संवेष्ठित किया गया? कहाँ यह था? किसकी रखवाली या संरक्षण में था?

न मृत्युरासीदमृतं न तर्हि न राया अह्न असीत्प्रकेतः।
आनीदवातं स्वधया तदेकं तस्माद्धान्यान्न परः किं चनास ॥2॥

अर्थ—तब न तो मृत्यु थी और न ही अमरता, न ही तब रात और दिन की मशाल थी। एक ने बिना हवा के और आत्मनिर्भरता से साँस ली। तब वही एक था, दूसरा कोई नहीं था।

तम असीत्तमसा गूळ्हमाग्रेऽप्रकेतं सलिलं सर्वमा इदम्।
तुच्छ्येनाभ्वपिहितं यदासीत्तपसस्तन्महिना जायतैकम्॥3॥

अर्थ—पहले तो अँधेरा-ही-अँधेरा लिपटा हुआ था। यह सब केवल अप्रकाशित जल था। वह जो अस्तित्व में आया, शून्य में बंद वह अंततः उत्पन्न हुआ, ताप की शक्ति से उत्पन्न हुआ।

कामस्तदग्रे समवर्तताधि मनसो रेतः प्रथमं यदासीत्।
सतो बन्धुमसति निरविन्दन्हृदि प्रतिष्या कवयो मनीषा॥4॥

अर्थ—आरंभ में इच्छा उस पर उतरी, वह मूल बीज था, मन से पैदा हुआ। जिन ऋषियों ने अपने हृदय को ज्ञान से जाँचा है। वे जानते हैं कि जो है, वह उसके समान है, जो नहीं है।

(ऋग्वेद दशम मंडल, सूक्त 12)

वेद-पुराणोक्त हिरण्यगर्भ व बीसवीं सदी के अनुसंधान

बीसवीं सदी के साठ के दशक के अंत में तथा सत्तर के दशक के प्रारंभ में ब्रिटिश वैज्ञानिक स्टीफेन हाकिंग, जार्ज एलिस एवं रोजर पेनरोज ने आइंस्टीन के व्यापक आपेक्षिकता सिद्धांत (जनरल रिलेटिविटी थ्योरी) को 'काल' एवं

'आकाश' भी सदैव से विद्यमान नहीं रहे हैं, वरन् उनकी उत्पत्ति एक नियत घटना के रूप में 'महाविस्फोट' के साथ हुई। इसी समय द्रव्य एवं ऊर्जा भी प्रकट हुए। एकीभूत बिंदु या एकत्व या वेदों में वर्णित हिरण्यगर्भ या ब्रह्म बिंदु कहीं पहले से विद्यमान नहीं था। यहाँ तक कि 'काल' एवं 'आकाश' उसी में निहित थे और उसके पूर्व न तो काल था और न ही आकाश। द्रव्य एवं ऊर्जा भी नहीं थे। फिर कहाँ और किससे 'एकत्व' बना, किसी को ज्ञात नहीं। कहाँ से आया और कब आया, यह भी ज्ञात नहीं। केवल इतना ही ज्ञात है कि आज उसका अस्तित्व है, हम उसमें हैं और एक समय पर वह विद्यमान नहीं था और न ही हमारा कोई अस्तित्व था।

'आकाश' की उत्पत्ति हुई। आकाश का विस्तार अरबों वर्ष बाद अभी भी जारी है। फलस्वरूप सभी आकाशगंगाएँ परस्पर दूर होती जा रही हैं। सह सिद्धांत 'हबल का सिद्धांत' कहलाता है, जिसका आविष्कार खगोल विज्ञानी एडविन हबल ने 1929 में किया था। ब्रह्मांड का विस्तार इस मान्यता की पुष्टि करता है कि ब्रह्मांड पहले सूक्ष्म एवं संघनित अवस्था में रहा होगा।

वैदिक नासदीय सूक्त के अनुसार भी वर्तमान सृष्टि के उद्भव के पूर्व कुछ भी अस्तित्व में नहीं था।

हिरण्यगर्भः समवर्त्तताग्रे भूतस्य जातः पतिरेकऽआसीत्।
स दाधार पृथिवीं द्यामुतेमां कस्मै हविषा विधेम॥

ऋग्वेद 10-121-1, यजुर्वेद 23-1

अर्थ—पहले हिरण्यगर्भ सम्यक् रूप से अवस्थित था। सभी उत्पत्तिशील पदार्थों का एक ही स्वामी परमात्मा है। वही इस पृथ्वी और द्युलोक को भी धारण किए हुए है। (वह जो भी है?) हम हवि के द्वारा उसी की अर्चना का विधान करें।

ब्रह्मांड में ओम की ध्वनि की वैदिक अवधारणा की नासा द्वारा पुष्टि

ब्रह्मांड के रहस्यों पर से जैसे-जैसे आवरण उठ रहा है और ब्रह्मांड के सृजन विस्तार आदि के संबंध में जैसे-जैसे नवीन जानकारियाँ मिलने लगी हैं, वैसे-वैसे वेदों में कही हुई बातों के अर्थ भी समझ में आने लगे हैं। ब्रह्मांड की उत्पत्ति के

पूर्व की स्थिति का उल्लेख ऋग्वेद के दसवें मंडल के 129वें नासदीय सूक्त व हिरण्यगर्भ के विवेचन में विवाद रूप से किया गया है, वही 'महाविस्फोट सिद्धांत' के पूर्व की स्थिति का वर्णन है।

उसी प्रकार वैदिक साहित्य में ॐ को ब्रह्मांड का आदिस्पंदन कहा गया है। यह एक आदिऊर्जा का ही रूप है, जो ब्रह्मांड की उत्पत्ति का आद्योपांत साक्षी रहा है। इसी ब्रह्मांड व्यापी 'गूँज' को वर्ष 1964 में पेंजियाज और विल्सन ने अपने रिसीवर में सुना था। नासा ने भी इसकी पुष्टि की है।

जैमिनी 2-404 में कहा गया है कि—

अन्तरिक्षे दुन्दुभयो वितना वदन्ति—आर्धिकुम्भाः पर्यायन्ति।

अर्थात्—अंतरिक्ष में दुंदुभि के समान विस्तृत और सर्वव्यापी परम वाग्ध्वनि होती रहती है।

इस मंत्र में जैमिनी ऋषि उसी ओंकार के 'आदिनाद' की ओर संकेत करता है, जो महाविस्फोट के पश्चात् उत्सर्जित ऊर्जा की सूक्ष्म गूँज के रूप में आज भी ब्रह्मांड में 'सर्वव्यापी परम वग्ध्वनि' के रूप में गूँज रहा था, गूँज रहा है व गूँजता ही रहेगा।

अमरीकी अंतरिक्ष एजेंसी नासा का शोध नासा के एक ट्वीट के अनुसार— यह धारणा गलत है कि आकाशगंगा खाली है, जिससे ध्वनि तरंगों को यात्रा करने का कोई रास्ता नहीं मिलता। एक गैलेक्सी क्लस्टर में इतनी गैस है कि हमने वास्तविक ध्वनि को पकड़ लिया है। यह आवाज एक कंपन है, जो सुनने में डरावनी है। जानकार व ओम-कार के नाद से परिचित लोगों के अनुसार अंतरिक्ष में यह ओम जैसी ध्वनि सुनाई दे रही है।

कैसे मिली ध्वनि : वर्ष 2003 में ब्लैक होल को पहली बार ध्वनि से जोड़ा गया था और ध्वनि के अध्ययन में इस्तेमाल किया गया था। तब वैज्ञानिकों ने पाया था कि ब्लैक होल से पैदा होने वाला दबाव क्लस्टर की गरम गैस में तरंग पैदा करता है। हालाँकि यह आवाज इतनी कम थी कि इनसानों को सुनाई नहीं देगी। खगोलीय डेटा का सोनिफिकेशन करके वैज्ञानिकों ने इसे बदल दिया, ताकि ब्लैक होल की आवाज मनुष्यों को सुनाई दे सके। यही ध्वनि ओम् जैसी ध्वनि है, जो अनवरत उत्पन्न हो रही है।

सभी पुराणों में दस से पंद्रह प्रमुख विषय होते हैं। उनमें एक विषय 'सर्ग' कहलाता है, उसमें यही वर्णन है कि हिरण्यगर्भ से कैसे पंचमहाभूतात्मक सृष्टि उत्पन्न हुई और प्रतिसर्ग के अंतर्गत यह चर्चा मिलती है कि सृष्टि का लय कैसे होता है, अर्थात् वह विलोपित होती है।

पुराणों में वर्णित प्रमुख 5 विषयों व उनके कुल 10 विषयों में सृष्टि रचना प्रमुख—

सभी पुराणों में ज्ञान-विज्ञान के अनेक विषयों में मुख्य 5 व कुछ अंतर के साथ 10 विषय होते ही हैं। इन्हें निम्नानुसार सूचीबद्ध किया जा सकता है—

पुराणों के 5 प्रमुख लक्षण या विषय

पुराण के लक्षणों का वर्णन पुराण ग्रंथों में इस श्लोक में मिलता है। इन पाँच विषयों का स्पष्टीकरण निम्नानुसार है—

सर्गश्च प्रतिसर्गश्च वंशो मन्वन्तराणि च।
वंशानुचरितं चैव पुराणं पञ्चलक्षणम्॥

इन पाँच विषयों का स्पष्टीकरण निम्नानुसार है—

सर्ग : इस प्रकरण में जगत् की उत्पत्ति को सभी पुराणों में विस्तार से बताया गया है। ब्रह्मांड, आकाशगंगाओं व ग्रह-नक्षत्रों का सृजन, उनके अधिष्ठाता देवी-देवता आदि की उत्पत्ति, समुद्र, पर्वत तथा भूमि के संस्थान, सूर्य का संस्थान इत्यादि विषयों का वर्णन सर्ग के अंतर्गत किया गया है।

प्रतिसर्ग : इस प्रकरण में बताया गया है कि इस संपूर्ण चराचर विश्व का समय-समय पर प्रलय होना सुनिश्चित है। प्रतिसर्ग के लिए पुराणों में प्रतिसंचर और संस्था शब्द का भी प्रयोग मिलता है। भागवत में चार प्रकार के प्रलयों की चर्चा की गई है—नैमित्तिक, प्राकृतिक, नित्य तथा आत्यंतिक। इसे प्रतिसर्ग का विषय बताया गया है।

वंश : इस प्रकरण में संसार के जो उपादान कारण हैं, उनकी क्रमिक परंपरा का वर्णन किया गया है। देव, ऋषि, मनुष्य आदि वंश के वर्णन आते हैं।

वंशानुचरित : इस प्रकरण में वंश में जो पदार्थ हैं, उनके बारे में विशेष रूप से कहा गया है। महर्षि, राजा और मनुष्य आदि के चरित्र तथा वेद शाखाओं का विभागीकरण में सब वंशानुचरित में आते हैं।

मन्वंतर : इस प्रकरण में सृष्टि के प्रारंभ से प्रलय-पर्यंत में कितना समय लगता है, इसकी पूरी गणना की गई है। कल्पों व मन्वंतरों की अवधि, उनके भेद, अवतार, युगों के घटनाक्रम धर्म आदि मन्वंतर के वर्ण्य विषय हैं।

पुराणों में वर्णित कुल 10 विषय : उपरोक्त पाँच विषयों के साथ 5 अतिरिक्त विषय भी कुछ अंतर के साथ सभी पुराणों में मिलते हैं।

श्रीमद्‌भागवत पुराण के 12वें स्कंध में पुराणों के जो 10 लक्षण बताए गए हैं, वे इस प्रकार हैं—

1. सर्ग, 2. विसर्ग, 3. वृत्ति, 4. रक्षा, 5. अंतर, 6. वंश, 7. वंशानुचरित, 8. संस्था, 9. हेतु, 10. अपाश्रय

पुराणों के जो 10 लक्षण गिनाए गए हैं, उनमें कुछ पुराणों में भेद प्रतीत होने पर भी विचार करने पर शब्द भेदमात्र रह जाते हैं। दोनों में विषयों की साम्यता है।

ब्रह्मवैवर्त पुराण में कहा गया है कि सर्ग, प्रतिसर्ग, वंश, मन्वंतर, वंशानुचरित आदि के अतिरिक्त पुराण के और भी विषय हैं। ये निम्न हैं—

1. सृष्टि, 2. विसृष्टि, 3. स्थिति, 4. पालन, 5. कर्मों की वासना, 6. मनुओं की वार्त्ता, 7. प्रलयों का वर्णन, 8. मोक्ष का निरूपण, 9. हरि का कीर्तन, 10. वेदों का विभाजन

एकमेव ब्रह्म या परमात्मा, उसकी दैवी शक्तियाँ व उनमें अद्वैत की धारणा

ऋग्वेद के 10वें मंडल में 121वें सूक्त में हिरण्यगर्भ से संपूर्ण ब्रह्मांड की उत्पत्ति होने की अवधारणा व्यक्त की गई है। यही बात यजुर्वेद के अध्याय-23 के प्रथम सूत्र में मिलती है। इस अवधारणा के अनुसार—

हिरण्यगर्भः समवर्तताग्रे भूतस्य जातः पतिरेक आसीत्।
स दाधार पृथिवीं द्यामुतेमां कस्मै देवाय हविषा विधेम॥

(ऋग्वेद-10-121-1)

अर्थात् पहले हिरण्यगर्भ सम्यक् रूप से अवस्थित था। सभी उत्पत्तिशील पदार्थों का एक ही स्वामी परमात्मा है। वही इस पृथ्वी एवं द्युलोक को भी धारण किए हुए है। (वह जो भी है ?) हम हवि द्वारा उसी की अर्चना का विधान करें।

आपो ह यद् बृहतीर्विश्वमायन्गार्भ दधाना जनयन्तीरग्निम्।
ततो देवानां समवर्ततासुरेकः कस्मै देवाय हविषा विधेम॥

(ऋग्वेद 10-121-7)

अर्थात् सृष्टि के प्रारंभ में वृहद् आपः (मूल क्रियाशील तत्त्व) संपूर्ण विश्व को आच्छादित किए हुए था। उसने गर्भ धारण करके महान् (विस्तृत) अग्नि (ऊर्जा) व आकाश आदि सबको (पंचमहाभूतों) को उत्पन्न किया, जिससे देवों में अद्वितीय प्राण या चेतना की उत्पत्ति हुई, उन एकमात्र परमात्मा की हम सभी प्रकार से प्रार्थना करते हैं (10-121-7)।

शतपथ ब्राह्मण (का 6 अ. 7) में 'ज्योतिरेषोऽमृतं हिरण्यम्' सूत्र के अनुसार अविनाशी ज्योति ही हिरण्य है। संस्कृत शब्दकोशो में 'शब्दकल्पद्रुम' अथवा 'हलायुधकोष' में इसी तथ्य अनुरूप हिरण्यगर्भ की व्युत्पत्ति इस प्रकार की गई है—"हिरण्यम् हेममयाण्डं गर्भ उत्पत्तिस्थानमस्य इति", अर्थात् ब्रह्मांड के प्रारंभिक ज्योतिपिंड, जिसका उत्पत्ति स्थान स्वर्णिम आभामय गर्भपिंड है, वह श्वेतांबर उपनिषद् 3-4 तथा 4-12 में वही ब्रह्म (हिरण्यगर्भ) सृष्टि का आदि कारण या जन्मदाता तथा उसे भी उत्पन्न होते हुए देखने वाला कहा गया है। 'हिरण्यगर्भ प्राजापत्य' के विवेचन से भी यह स्पष्ट होता है कि प्रजापति (ब्रह्म) से उत्पन्न हिरण्यगर्भ। अस्तु, हिरण्यगर्भ वह मूल तेजस तत्त्व प्रतीत होता है, जिसमें महाविस्फोट से यह पंचमहाभूतात्मक सृष्टि उत्पन्न हुई। वैज्ञानिक अवधारणा में जो चरम संघनित व परम तप्त आग का गोला कहा गया है, वही हिरण्यगर्भ प्रतीत होता है।

इन्हीं हिरण्यगर्भ के कारणभूत परमात्मा को आत्मज्ञान का प्रेरक एवं बलदाता बताया गया है, जिनकी प्रेरणा से समस्त देवशक्तियाँ एवं मनुष्य संचालित होते हैं तथा इन सभी का अस्तित्व एवं मृत्यु भी उनके (परमात्मा के) ही अधीन हैं। यही संपूर्ण प्राणि समुदाय के अधिपति हैं, उन्हीं की महिमा से कुछ प्रकट हुआ है। असीम आकाशगंगा रूपी लोक-लोकांतर भी आकाशगंगाओं के सभी ग्रहपिंड, उन्हीं में सौरमंडल व पृथ्वी है।

रामायण में भगवान् राम भी काकभुशुंडिजी को अपने मुख में प्रवेश कराकर असीम ब्रह्मांड की वही अनुभूति या अनुभव कराते हैं। उसी परब्रह्म ने समस्त दृश्य

जगत् के आकाशीय पिंडों व सभी प्राणियों की इंद्रियों के स्व संचालित प्रक्रियाओं के संचलान व समन्वय हेतु 33 करोड़ शक्ति रूपी देवताओं को नियुक्त किया। कहा गया है। इस प्रकार ब्रह्मांड की उन्हीं दिव्य शक्तियों की चेतनता से खरबों आकाशीय पिंड व सभी प्राणियों की इंद्रियाँ सुव्यवस्थित अपने-अपने कार्य संपन्न कर रही हैं। ब्रह्मांड व प्राणियों के अंगों के स्व-संचालन में ये ही शक्तियों, जिन्हें 33 करोड़ देवी-देवता कहा गया है, नियमन करते हैं। ऐसा पुराणों व ऋग्वेद में भी वर्णन है।

ऋषि कहते हैं कि जिन्होंने इन ऊँचे अंतरिक्ष और पृथ्वी को अपने-अपने निर्धारित स्थानों पर कुशलतापूर्वक स्थापित किया है। जिन्होंने स्वर्गलोक को स्थिर किया है और सूर्य को अंतरिक्ष में केंद्रित किया है, जो अंतरिक्ष में तेजस्विता अथवा रज की तरह अनंत पिंडों के रचयिता हैं, उन अद्वितीय परमात्मा की हम उपासना करते हैं (ऋग्वेद 10-121-2 से 6)।

इस प्रकार उपर्युक्त उल्लेखों से सृष्टि विकास के संदर्भ में भारतीय चिंतन एवं उसकी गहन समझ का तो परिचय मिलता ही है, साथ ही हिरण्यगर्भ की प्राचीन व अनादि अवधारणा की ही आधुनिक विज्ञान भी बात करता है।

अद्वैत ब्रह्म के प्रारंभिक एकत्व या 'सिंगुलैरिटी', अर्थात् एकत्व की स्थिति में पदार्थ एवं ऊर्जा का पृथक् अस्तित्व भी नहीं था। ऐसा आज के वैज्ञानिक भी मानते हैं। वेद में हिरण्यगर्भ की अवधारणा पूर्णरूपेण महाविस्फोट के सिंग्युलैरिटी अथवा एकत्व की अवस्था की ही परिचायक है। अद्वैत ब्रह्म की यह भी एक अवधारणा है।

अनुपूरक स्पष्टीकरण

व्यंजनात्मक रूपकों में संकलित उन्नत ज्ञान

(विशेष संदर्भ : अध्याय 9 व 10)

प्राचीन भारतीय वैदिक व पौराणिक शास्त्रों में अधिकांश ज्ञान प्रतीकात्मक रूपकों में मिलता है, इसलिए उसकी व्याख्या, निर्वचन व उसे समझ पाना अत्यंत दुष्कर या कठिन प्रतीत होता है। यथा भगवान् विष्णु द्वारा राक्षस का सिर सुदर्शन चक्र से काट दिया, तब उसके ये दोनों भाग राहु-केतु रूपी राक्षस क्रमशः सूर्य व चंद्रमा को ग्रस लेते हैं, तब सूर्यग्रहण व चंद्रग्रहण होते हैं। अति उन्नत खगोलीय घटनाक्रमों को समझाने के लिए ऐसे व्यंजनात्मक रूपकों में विवेचित किए गए हैं।

विदेशी आक्रांताओं से हमारे ग्रंथों को बचाने या उन्हें जलाकर नष्ट कर देने के बाद उन्हें मौखिक कथा कहानियों के रूप में संकलित किया गया।

इसी प्रकार चंद्रमा की 27 नक्षत्र रूपी पत्नियाँ हैं। सूर्य के रथ का सारथी विकलांग है, उसके रथ के पहिए में सात अरें हैं या उसके रथ में सात घोड़े जुते हुए हैं। ये वर्णन भी प्रतीकों व लौकिक वार्त्तालाप, कहानी या काव्यात्मक रूप में विवेचित किए हैं। चूँकि जेहादी आक्रमणों एवं यूरोपीय मिशनरियों का लक्ष्य हिंदू धर्म को विनष्ट करना रहा है। उन्होंने हमारी करोड़ों पांडुलिपियों को कई वर्षों तक जलाया है।

इन 1200 वर्षों में मंदिरों, गुरुकुलों व ग्रंथागारों को दुर्भावनापूर्वक नष्ट किया व जलाया जाता रहा है। एक-एक मंदिर संकुल, विश्वविद्यालय व ग्रंथागार को जलाने में कई-कई माह व वर्ष लगे हैं। कहीं कोई आचार्य, शास्त्री, उपाध्याय, गुरु, शिक्षक या विदुषी शिक्षिकाएँ थोड़ा-बहुत भी शास्त्रोक्त ज्ञान देते दिखलाई देते तो उन्हें अत्यंत यातनापूर्ण मृत्यु दंड दिया जाता। शिक्षक व शिष्य दोनों को ही अपने प्राणों से हाथ धोने पड़ते थे।

औरंगजेब प्रतिदिन सवा मण (50 सेर अर्थात् 50 किलो यज्ञोपवीत तुलवाकर भोजन करता था। अर्थात् प्रतिदिन इतनी बड़ी संख्या में ज्ञान साधनारत जनेऊधारियों का सिर धड़ से अलग करवाता था या उन्हें इसलाम कबूल करवाता था, इसलिए ऐसे लोमहर्षक आतंक के दौर में हमारे प्राचीन दिव्य ज्ञान को कहानी-किस्सों की प्रतीकात्मक अभिव्यजंनाओं के रूप में पीढ़ी-दर-पीढ़ी दिए जाने की परंपरा डाली। मंत्रों व श्लोकों को लौकिक कहानियों के रूप में पढ़ाने, सुरक्षित करने और उत्तरोत्तर उसे पीढ़ी-दर-पीढ़ी परिवार में ही हस्तांतरित करने हेतु इन्हें कहानी-कविता आदि व्यंजनात्मक रूपकों में रूपांतरित कर संरक्षित किया।

यदि यहाँ पर एक उदाहरण सूर्य का और लें तो हमारे ऋषियों की रूपकात्मक वर्णन की शैली और स्पष्ट हो जाएगी।

निष्कर्ष: विदेशी आक्रांताओं व यूरोपीय मिशनरियों के आघातों से बचाने के लिए हमारे शास्त्रोक्त विवेचनों को जिस प्रकार व्यंजना व रूपक की भाषा में संरक्षित किया था। आज अब इन्हें पुनः सहज समझने योग्य बनाने की आवश्यकता

है। इन रूपकात्मक वर्णनों की पुनर्व्याख्या की दृष्टि से आगामी तीन अध्यायों में इसे स्पष्ट किया जा रहा है।

इनमें नवें अध्याय में चंद्र व नक्षत्रों के पति–पत्नी होने व रोहिणी पर चंद्र के विशेष स्नेह के रूपक को समझाया जा रहा है। दसवें अध्याय में विष्णु भगवान् के सुदर्शन चक्र से राक्षस का सिर काटे जाने पर उसके सिर व धड़ से राहू व केतु का निर्माण। उन राहू व केतू द्वारा सूर्य व चंद्र को ग्रास लेने या निगल लेने से सूर्यग्रहण व चंद्रग्रहण होने का। वैज्ञानिक व व्यावहारिक विवेचनों के साथ स्पष्टीकरण किया जा रहा है।

□

अध्याय-9

चंद्र व नक्षत्रों के खगोल का पौराणिक विमर्श

चंद्रमा द्वारा पृथ्वी की परिक्रमा करने में वह 27 नक्षत्रों के सामने से निकलता दिखलाई देता है। हमारे शास्त्रों में चंद्र व नक्षत्रों के बीच इस संबंध को समझाने के लिए चंद्रमा के 27 नक्षत्र रूपी पत्नियों के सामने से एक-एक दिन में आगे बढ़ने की व्याख्या की गई हैं। चंद्रमा की नक्षत्र मंडल में भ्रमण की गति एवं चंद्रमा की पृथ्वी की परिक्रमा के वैदिक व पौराणिक रूपक का खगोलीय विवेचन इस अध्याय में किया जा रहा है। वस्तुतः चंद्रमा पृथ्वी की परिक्रमा करता है और पृथ्वी सूर्य की परिक्रमा करती है। पृथ्वी से हमें इनकी भू-केंद्रित गति दिखलाई देती है। प्रतिदिन चंद्रमा एक-एक नक्षत्र के सामने से आगे बढ़ता दिखलाई देता है।

चंद्र व 27 नक्षत्रों के पौराणिक एवं वैदिक विमर्श के खगोलशास्त्रीय रूपक

शिव पुराण की कोटि रुद्र संहिता सहित विविध पौराणिक व वैदिक संदर्भों में चंद्र के भ्रमण मार्ग में आने वाले इन 27 नक्षत्रों का चंद्रमा के 27 पत्नियों के रूपक से समझाया जाता है। चंद्रमा की 27 नक्षत्र रूपी पत्नियों के रूपक के साथ ही यह भी कहा जाता है कि चंद्रमा के परिक्रमा मार्ग के चौथे नक्षत्र के रूप में उसकी चौथी पत्नी संज्ञक रोहिणी नक्षत्र पर विशेष अनुराग करता है। चंद्र के अपनी चौथी

पत्नी रूपी रोहिणी नक्षत्र पर विशेष स्नेह करने से इस रूपक पर पौराणिक विमर्श का विवेचन किया जाएगा।

रूपक के रूप में वर्णन का कारण

पूर्व में पिछले अध्याय में भी वर्णन किया जा चुका है कि आठवीं सदी से हुए बाहरी आक्रमणों में देश भर में लाखों गुरुकुलों, सैकड़ों विश्वविद्यालयों सहित करोड़ों पांडुलिपियों से युक्त ग्रंथागारों को जला दिया गया था। देश के अधिकांश भागों में प्राचीन शास्त्रों का अध्ययन भी निषिद्ध हो गया था। उस कालखंड में सायण जैसे वेद के भाष्यकारों तक को नवस्थापित विजय नगर साम्राज्य के अमात्य व प्रधान सेनापति के दायित्व निर्वहन करने पड़े थे। संत संप्रदायों को भी अखाड़ों का रूप लेकर शताब्दियों तक युद्धरत रहना पड़ा था। ऐसे में शास्त्रोक्त खगोलीय ज्ञान को अनौपचारिक पारिवारिक विमर्श के माध्यम से रूपकों में बदलने का कौशल विकास कर जीवित रखना पड़ा था। इसी क्रम में चंद्रमा व 27 नक्षत्रों के खगोल को समझाने व रोहिणी नक्षत्र के पृथ्वी के क्रांतिवृत्त से 5° 47′ विचलन की तर्क सम्मत व्याख्या करने हेतु यह रूपकात्मक व्याख्या निरूपित करनी पड़ी कि चंद्रमा के परिक्रमा पथ के 27 नक्षत्र चंद्रमा की पत्नियों के रूप में है। उनमें रोहिणी नामक नक्षत्र के प्रति चंद्र का विशेष अनुग्रह अन्य 26 नक्षत्र रूपी पत्नियों से विभेदकारक है।

खगोलीय विवेचन

भारतीय खगोलशास्त्रों में वृषभ राशि, जिसका 360° के चंद्र के राशि वृत्त में 30° विस्तार है और उसमें 13° 20′ का रोहिणी का समावेश है, का चित्र यहाँ दिखलाया गया है। वस्तुतः चंद्रमा की जो वृत्ताकार घूमने की कक्षा है, उसे चंद्र विमंडल वृत्त कहा जाता है। पृथ्वी जिस कक्षा में सूर्य की परिक्रमा करती है, उसमें धरती से सूर्य गति करता दिखलाई देता है और उसे क्रांति वृत्त या इक्लिप्टिक कहा जाता है। क्रांतिवृत्त के धरातलीय स्थिति से चंद्र विमंडल वृत्त 5-6 डिग्री झुका हुआ है। क्रांतिवृत्त से चंद्र विमंडल वृत्त ने यह झुकाव अर्थात् टिल्ट सौरमंडल के निर्माण के बहुत बाद में आया कहा जाता है। पाँच अरब वर्ष पूर्व सौरमंडल के

निर्माण के 1-2 अरब वर्ष बाद किसी महाभीषण ऊर्जापात से यह झुकाव आया बतलाया जाता है। इसका विशेष विवेचन आगामी राहू, केतू व ग्रहण वाले अध्याय में किया जाएगा।

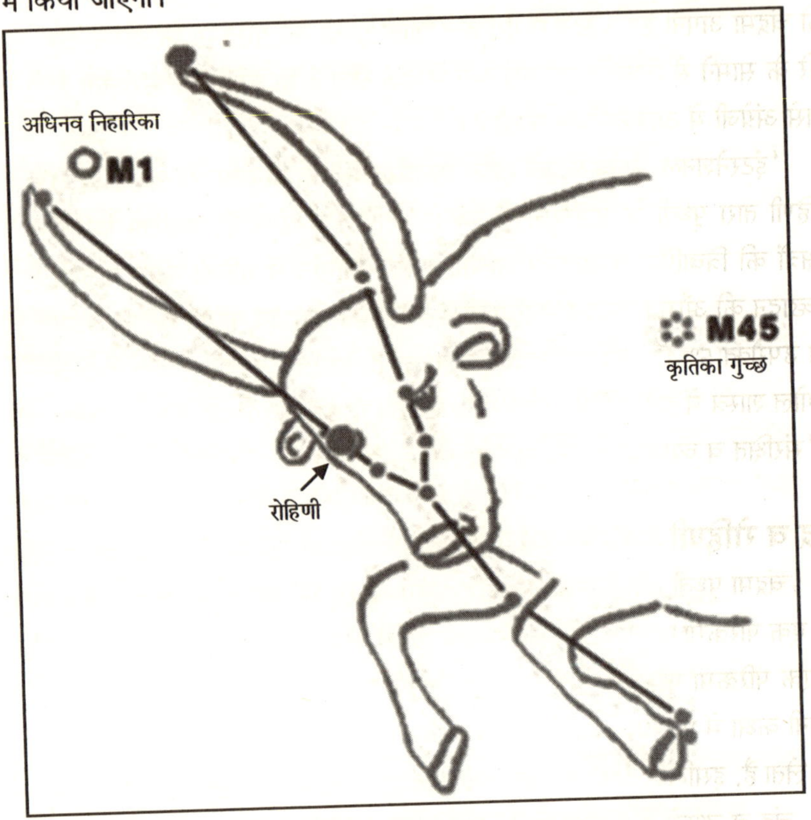

चंद्रमा के परिक्रमा पथ का क्रांतिवृत्त से विचलन व रोहिणी की 5°47' दक्षिण में स्थिति की समीक्षा

पूर्व में यह उल्लेख भी किया जा चुका है कि पृथ्वी द्वारा सूर्य की एवं चंद्रमा द्वारा पृथ्वी की परिक्रमा की जाती है। पृथ्वी द्वारा वर्ष भर में की जाने वाले सूर्य की 'परिक्रमा के पथ' को 'क्रांतिवृत्त' कहते हैं। चंद्रमा पृथ्वी का उपग्रह है, जो औसत प्रति 27.3 दिन में पृथ्वी की एक परिक्रमा करता है। प्रतिवर्ष सूर्य व चंद्रग्रहणों की संख्या न्यूनतम व परिमित रहे और पृथ्वी को न्यूनतम व नगण्य उल्कापातों का

सामना करना पड़े, इस हेतु चंद्रमा का यह परिक्रमा मार्ग पृथ्वी के क्रांतिवृत्त से 5° झुका हुआ है। चंद्रमा के परिक्रमा मार्ग में इस 5° झुकाव के कारण, जिस नक्षत्र का कोई भी वह नक्षत्र या तारा, जो क्रांतिवृत्त से 5-6° दक्षिण में स्थित है, उस नक्षत्र को चंद्रमा अपनी 27.3 दिन में पूरी होने वाली पृथ्वी की परिक्रमा के दौरान उस तारे के सामने से निकलते हुए पूर्ण रूप से ढक लेता है या प्रच्छादित कर लेता है, जिसे अंग्रेजी में आक्कल्टेशन करते हैं।

'इंटरनेशनल आक्कल्टेशन टाइम एसोसिएशन' के अनुसार 27 नक्षत्रों में से रोहिणी तारा पृथ्वी के क्रांतिवृत्त से 5° 47' दक्षिण में स्थित है, इसलिए विविध नक्षत्रों की त्रिवार्षिक प्रच्छादन (आक्कल्टेशन) आवृत्ति में रोहिणी नक्षत्र के पूर्ण प्रच्छादन की औसत आवृत्ति सर्वोच्च होती है। इसका एकमात्र कारण रोहिणी नक्षत्र का उपरोक्त 5° 47' का क्रांतिवृत्त से विचलन है, इसलिए पुराणों, संहिता ग्रंथों व खगोल शास्त्र में इसे रोहिणी नामक पत्नी के प्रति विशेष अनुराग के रूपक के रूप में 'संरक्षित व व्याख्यायित' किया गया है।

चंद्र व रोहिणी का खगोलीय विवेचन

चंद्रमा पृथ्वी का एकमात्र प्राकृतिक उपग्रह है, जो औसत 27.3 दिन में पृथ्वी की एक परिक्रमा कर लेता है। इसके साथ ही अपने अक्ष या धुरी पर भी 27.3 दिन में एक परिक्रमा पूरी कर लेता है। चंद्रमा अपने अक्ष या धुरी पर एक परिक्रमा व अपनी कक्षा में पृथ्वी की भी एक परिक्रमा 27.3 दिन की समान अवधि में ही पूरी कर लेता है, इसलिए चंद्रमा का वही एक भाग ही सदैव पृथ्वी से दिखलाई देता है।

चंद्र व नक्षत्रों की तुलना करें तो चंद्रमा से पृथ्वी पर प्रकाश को पहुँचने में 1.3 सेकंड लगता है, सूर्य से 8.3 मिनट लगते हैं, वहीं रोहिणी से 65.23 वर्ष और कृत्तिकाओं से 400 वर्ष का समय लगता है। चंद्रमा अपनी 27.3 दिन में पूरी कर ली जाने वाली परिक्रमा में 27.3 में से एक-एक नक्षत्र को औसत एक-एक दिन में पार करता है। उसका ठहराव सभी नक्षत्रों के सम्मुख औसत रूप में समान है। रोहिणी के सम्मुख भी उसके भ्रमण की औसत गति वही है, जो अन्य नक्षत्रों को पार करने में लगती है। सभी नक्षत्र चंद्र से अति दूर, अनेक प्रकाशवर्ष की दूरी पर स्थित व अति विशाल नक्षत्र हैं। रोहिणी, केसरिया रंग का सितारा है, जो सूर्य से 65

प्रकाशवर्ष दूर व पृथ्वी से 65.23 प्रकाशवर्ष दूर है, सूर्य से भी यह 44 गुना विशाल व 400 गुना अधिक प्रकाशमान है।

रोहिणी का पूर्ववर्ती नक्षत्र जो कृत्तिका पुंज है, वह इससे भी 400 प्रकाशवर्ष दूर है। लगभग 2500 ई.पू. शतपथ ब्राह्मण के रचना काल में वसंत विषुव बिंदु कृत्तिका नक्षत्र में आता था व कृत्तिका का उदय तब पूर्व में होता था। ध्रुवतारे के संदर्भ में अयन चलन व पृथ्वी के अक्ष परिवर्तन की यह चर्चा भी की जा चुकी हैं कि 26,000 वर्षों में वसंत विषुव बिंदु भी 50 कला की गति से 27 ही नक्षत्रों में भ्रमण कर जाता है। भारतीयों ने इसकी भी गणना हजारों वर्ष पूर्व कर ली गई थी। इसके विवरण अथर्ववेद, तैत्तिरीय संहिता, शतपथ ब्राह्मण व ऐतरेय ब्राह्मण आदि में दिए हैं। दूसरी ओर पश्चिमी खगोलविद् 19वीं सदी तक 26,000 वर्ष में पूरी होने वाली इस अयन गति से अनभिज्ञ थे।

चंद्र विमंडल वृत्त में 5 डिग्री झुकाव का औचित्य

चंद्र विमंडल वृत्त में सौरमंडल की उत्पत्ति के बाद कभी आए इस 5 डिग्री के झुकाव से ही चंद्रमा अपने भ्रमण की गति में रोहिणी को पूर्व आच्छादित कर लेता है। यदि यह झुकाव नहीं आता तो वर्ष की सभी 12 पूर्णिमाओं को चंद्रग्रहण व सभी 12 अमावस्याओं को सूर्यग्रहण आ जाता और पृथ्वी पर वर्ष भर में कई उल्कापात झेलने पड़ते। इस दृष्टि से इस झुकाव की भी विशेष सार्थकता है। चंद्र विमंडल वृत्त का क्रांति वृत्त से 5 डिग्री झुकाव से राहू-केतू रूपी कटाव बिंदुओं का नोड्स और ग्रहण के गणित की चर्चा आगामी अध्याय में की जाएगी।

□

अध्याय-10

ग्रहण व राहू-केतु पर खगोलसिद्ध प्राचीन विमर्श

सूर्यग्रहण व चंद्रग्रहण होते हैं, राहू व केतु नामक दो राक्षसों द्वारा सूर्य व चंद्र को ग्रसने से होने के हमारे प्राचीन विमर्श को अंधविश्वास आधारित कह दिया जाता है, लेकिन हमारे शास्त्रों में इनका उन्नत खगोलसम्मत विमर्श मौजूद है। हमारे शास्त्रों में चंद्रमा व पृथ्वी के परिक्रमा मार्गों द्वारा एक-दूसरे को काटने से बनने वाले दो कटान बिंदुओं के खगोलसिद्ध चाप या संपात बिंदुओं को राहू-केतु कहा है, जिस अमावस्या व पूर्णिमा पर इनकी (कटान बिंदुओं की) सूर्य से निकटता होने पर ग्रहण होते हैं। आधुनिक खगोल भौतिकीय विमर्श भी यही है। दो रेखाओं द्वारा एक-दूसरे को काटने से बनने वाले 'कटान बिंदु' चाप या संपात कहलाते हैं। चंद्र व पृथ्वी के भ्रमण मार्ग वृत्ताकार/अंडाकार हैं, जहाँ एक वृत्त के दूसरे को काटने का बिंदु 'कटान बिंदु' चाप या संपात कहलाता है। चंद्र विमंडल वृत्त एवं क्रांति वृत्त एक-दूसरे को दो आमने-सामने के बिंदुओं पर जहाँ काटते हैं, वे ही राहू व केतू कहे जाता हैं, इसलिए ज्योतिष शास्त्र में राहू व केतू को छाया ग्रह, कटाव बिंदु या नोड्स (गाँठ) रूप में विवेचित किया गया है।

आधुनिक खगोल भौतिकीय विमर्श

आधुनिक खगोल-भौतिकीविदों (एस्ट्रो-फिजिस्ट्स) के अनुसार राहू व केतु जो चंद्र के परिक्रमा पथ व सूर्य के क्रांतिवृत्त के दो कटान बिंदुओं के रूप में

सौरमंडल की उत्पत्ति के अवसर पर नहीं थे। ये कटाव के बिंदु भी सौरमंडल की उत्पत्ति के 200–300 करोड़ वर्ष बाद किसी भीषण ऊर्जापात से चंद्रमा की कक्षा में आए 5 डिग्री के झुकाव से बने थे। सौरमंडल की उत्पत्ति के अवसर पर चंद्र विमंडल वृत्त व क्रांतिवृत्त का धरातल एक समान था। इस प्रकार से कटाव बिंदु अर्थात् चाप या संपात 5 अरब वर्ष पूर्व सौरमंडल के निर्माण के उपरांत कभी चंद्र के परिक्रमा पथ में हुए किसी भीषण ऊर्जापात से उत्पन्न 5 डिग्री के धरातलीय झुकाव से उत्पन्न हुए हैं। ग्राहम जोन्स आदि खगोल भौतिकीविदों ने कंप्यूटर प्रतिरूपणों (साइम्यूलेशंस) से स्पष्ट किया है कि इस ऊर्जापात के अभाव में चंद्र के परिक्रमा पथ में यह 5 डिग्री झुकाव नहीं आने पर राहू–केतु कहे जाने वाले दो कटान बिंदु नहीं बनते, लेकिन तब प्रत्येक अमावस्या व पूर्णिमा को अनिवार्यतः अर्थात् प्रतिवर्ष 12–12 सूर्य व चंद्रग्रहण होते।

एरिजोना विश्वविद्यालय के खगोल भौतिकीविद् 'कावेह पहलेवन' के अनुसार 5 अरब वर्ष पूर्व हमारे सौरमंडल के निर्माण व चंद्र की उत्पत्ति के उपरांत कभी चंद्रमा के परिक्रमा पथ में उपजे इस अप्रत्याषित झुकाव के अभाव में पृथ्वी के परिक्रमा पथ, अर्थात् क्रांतिवृत्त पर कटान बिंदु रूपी राहू–केतु के अस्तित्व में नहीं आते, लेकिन तब पृथ्वी व चंद्र को अनेक उल्कापातों का सामना करना पड़ता। ड्यूक विश्वविद्यालय की खगोल भौतिकीविद् रॉबिन केनप के 25 नवंबर के विज्ञान की शीर्षस्थ पत्रिका 'नेचर' के लेख 'दी मून्स टिल्ट फार गोल्ड' के अनुसार पृथ्वी की ऊपरी सतह पर उपलब्ध स्वर्ण, प्लैटिनम आदि लौह प्रिय श्रेणी की मूल्यवान धातुएँ भी तब पृथ्वी की अतल गहराइयों में ही मिल पातीं, जो आज भू–सतह के नीचे मिल जाती हैं।

जापानी खगोल भौतिकीविद् ग्राहम जोन्स के 2017 के कंप्यूटर साइम्यूलेशन आधारित लेख 'मिस्टरी ऑफ दी मून्स टिल्टेड ऑरबिट' के अनुसार भी कथित रहस्यपूर्ण व भीषण ऊर्जापात से चंद्र विमंडल वृत्त में आए धरातलीय झुकाव के अभाव में राहू–केतु रूपी उत्तरी व दक्षिणी कटान बिंदुओं का निर्माण संभव नहीं था। चंद्रमा के 24 लाख किमी. के परिक्रमा वृत्त की तुलना में 390 गुने बड़े 94 करोड़ किमी. के पृथ्वी के परिक्रमा वृत्त को चंद्रमा के परिक्रमा वृत्त के लिए इस झुकाव के बिना काटना संभव नहीं था। और इस कटान अभाव में राहू–केतु की

उत्पत्ति अकल्पनीय है। परिक्रमा पथों को काटने से राहू के कथित विच्छेद से बने आरोही व अवरोही दो पात के रूप में राहू व केतु के निर्माण का पौराणिक विमर्श भी यही है।

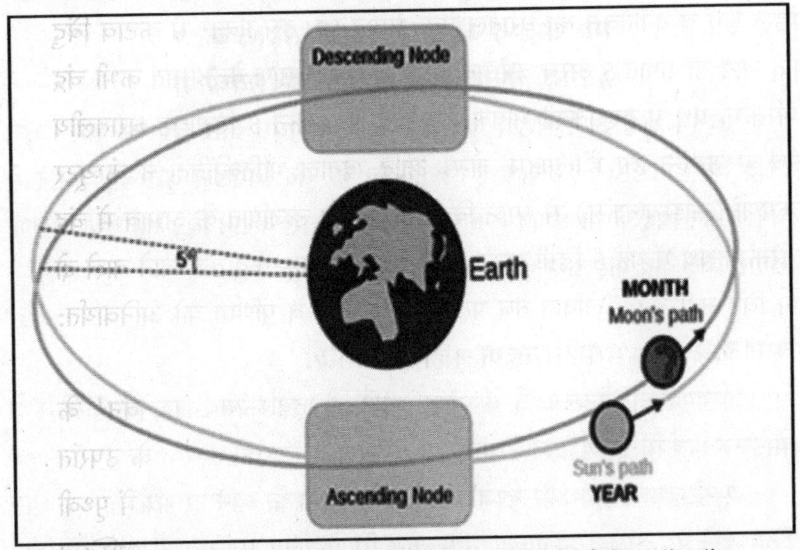

चित्र-1 : चंद्र के परिक्रमा पथ का धरातलीय झुकाव (साभार मेंगलोरमिरर डॉट कॉम)

राहू-केतू रूपी कटान बिंदुओं का उत्पत्ति काल व पौराणिक रूपक

पाँच अरब वर्ष पूर्व चंद्र की उत्पत्ति हो जाने के बाद चंद्र के परिक्रमा मार्ग में भीषण ऊर्जापात-जनित इस 5 डिग्री धरातलीय झुकाव के खगोल-भौतिकी के अनुमान के अनुरूप ही भारतीय पौराणिक विमर्श में भी क्रांतिवृत्त के विभाजन से राहू-केतु रूपी दो संपातों की उत्पत्ति का कथन है। पौराणिक विमर्शों के अनुसार 1.95 अरब वर्ष पूर्व घटना वर्तमान श्वेत वाराह कल्प के आरंभ से लेकर इसी कल्प में 47.72 करोड़ वर्ष पूर्व आरंभ हुए चाक्षुष मन्वंतर की रही हो सकती है।

ग्रहण गणना की भारतीय परंपरा

ग्रहण का विमर्श वैदिक संहिताओं, वाल्मीकि रामायण, महाभारत एवं प्रमुख खगोल ग्रंथों में है। महाभारत में द्वारकावासियों ने सूर्यग्रहण की अग्रिम गणना करके

ही कुरुक्षेत्र के लिए द्वारका से प्रस्थान किया होगा। 'गोल परिभाषा' नामक ग्रंथ में भी राहू व केतू का यही विमर्श उद्धृत है—

विमण्डले भवृत्तस्य सम्पातः पात उच्यते।
एव चन्द्रस्य यौ पातौ तत्राद्यौ राहुसंज्ञकः॥
द्वितीयः केतुसंज्ञस्तौ ग्राहकौ चन्द्रसूर्ययोः॥

अर्थ—सूर्य का विमंडल वृत्त क्रांतिवृत्त या भवृत्त और चंद्र का भ्रमण वृत्त 'चंद्र विमंडल वृत्त' कहलाता है। क्रांतिवृत्त के चंद्र विमंडल वृत्त को काटने से बने कटान बिंदुओं या संपात (पात) स्थानों में उत्तरी कटान बिंदु राहू तथा दक्षिणी संपात बिंदु केतु कहलाता है।

भारतीय वाङ्मय में ग्रहण संबंधी विमर्श

ईसापूर्व तीसरी शताब्दी के सूर्य सिद्धांत से लेकर आर्यभट्ट, वराहमिहिर व भास्कराचार्य के ग्रहण विमर्श अग्रानुसार है—

सूर्यग्रहण : सूर्य और पृथ्वी के बीच में चंद्रमा के आने पर सूर्य का एक भाग छिप जाने पर आंशिक सूर्यग्रहण और कुछ देर के लिए सूर्य के पूरी तरह से चंद्रमा के पीछे छिप जाने पर पूर्ण सूर्यग्रहण होता है।

चंद्रग्रहण : पूर्णिमा की रात में सूर्य और चंद्रमा के बीच पृथ्वी के आने पर सूर्य की रोशनी चंद्रमा पर नहीं पड़ने पर चंद्रग्रहण होता है। सूर्य, पृथ्वी और चंद्रमा के एक रेखा में आने पर पूर्णिमा की रात में आंशिक अथवा पूर्ण चंद्रग्रहण होता है।

पौराणिक व आधुनिक खगोलीय विमर्श में समानता

प्राचीन वाङ्मय व आधुनिक खगोलशास्त्र के अनुसार चंद्रमा के परिक्रमा मार्ग में आए झुकाव से चंद्र विमंडल वृत्त एक बार क्रांतिवृत्त को काटकर दक्षिण से उत्तर एवं दूसरी बार उत्तर से दक्षिण की ओर जाता है। इन कटावों के आरोही पात (Ascending Node) को राहू एवं अवरोही पात (Descending Node) को केतु कहते हैं। ये क्रांतिवृत्त पर आमने-सामने 180° के अंतर पर ही रहते हैं। अमावस्या अथवा पूर्णिमा को इनके सूर्य के पास होने से सूर्यग्रहण एवं चंद्रग्रहण होते हैं।

□

अध्याय-11

प्रकाश की गति और वेद

वैदिक व पौराणिक साहित्य में प्रकाश की गति न्यूटन के गति के नियमों आदि जैसे भौतिकी के कई सिद्धांतों का विवेचन मिल जाता है। विद्युत्, आयनीकरण, हाइड्रोजन गैस निर्माण, उसके गुब्बारे आदि जैसे भौतिकी के अनुप्रयोग भी मिल जाते हैं।

प्रकाश की वैदिक गति

आधुनिक विज्ञान के अनुसार सर्वप्रथम प्रकाश की गति की गणना 1676 में रोमर ने की थी। विज्ञान के मतानुसार यह 1,86,000 मील प्रति सेकंड थी, लेकिन उससे पूर्व 14वीं सदी में ऋग्वेद के सायण भाष्य में सायणाचार्य ने ऋग्वेद की ऋचा क्रमांक 1/50/4 की व्याख्या में आदिशंकर की व्याख्या को जोड़कर प्रकाश की गति का उल्लेख किया है, जिसे उन्होंने आदिशंकराचार्य के संदर्भ से ही उद्धृत किया है। इसे चौदहवीं सदी में उन्होंने सायण भाष्य लिखा था। यही उल्लेख भविष्योत्तर पुराणांतर्गत सूर्य हृदय स्तोत्र व भविष्य पुराण (ब्राह्म पर्व) अध्याय 53 के श्लोक क्रमांक 44-47 व कई अन्य पुराणों में भी है। यथा—

तरणिर्विश्वदर्शतो ज्योतिष्कृदसि सूर्य।
विश्वमा भासि रोचनम्॥ (ऋक्. 1/50/4)
(सायण)—हे सूर्य त्वं तरणिः तरिता अन्येन
गन्तुमशक्यस्य महतोऽध्वनो गन्ता असि।

तथा च स्मर्यते-योजनानां सहस्त्रे द्वे द्वे शते द्वे च योजने।
एकेन निमिषार्धेन क्रममाण नमोऽस्तुते।

अर्थ—हे सूर्य, एक निमेष के आधे भाग में आपका प्रकाश 2202 योजन गति करता है, उसे नमस्कार है। एक निमेष लगभग 0.212 सेकंड का होता है। अतएव आधा निमेष औसत 0.106 सेकंड का होगा। एक योजना में औसत 9 मील की दूरी मानी गई है। इस प्रकार एक सेकंड में 9.4339 अर्द्ध निमेष हुए। इसलिए 2202 × 9 × 9.4339 = 1,86,961 मील प्रति सेकंड आती है। वैसे योजन के मान में यत्किंचित् अंतर भी हो सकता है। कुछ ग्रंथों के अनुसार योजन की लंबाई 9.09 मील भी आती है। इसी प्रकार कुछ ग्रंथों के अनुसार निमेष का मान 0.212 सेकंड व आधे निमेष का मान 0.01056 सेकंड भी आता है। पाठ भेद से इन गणनाओं में इस गति में मात्र 0.5 प्रतिशत (आधा प्रतिशत) तक का अंतर आ जाता है। दो ग्रंथों में दी इन गणनाओं का उदाहरण भी यहाँ प्रस्तुत किया जाएगा।

महर्षि सायणाचार्य वेदों के महान् भाष्यकार थे, उन्होंने 8वीं शताब्दी में आदिशंकराचार्य द्वारा की गणना के अनुरूप 14वीं शताब्दी में प्रकाश की गति की गणना ऋग्वेद के भाष्य में प्रस्तुत की थी। यथा—

'तरणिर्विश्वदर्शतो ज्योतिष्कृदसि सूर्य।
विश्वमा भासि रोचनम्॥'

ऋग्वेद 1.50.4

अर्थात् हे सूर्य! तुम तीव्रगामी एवं सर्वसुंदर तथा प्रकाश के दाता और जगत् को प्रकाशित करने वाले हो।

इसी पर भाष्य करते हुए महर्षि सायण ने लिखा है—

'तथा च स्मर्यते योजनानां सहस्रं द्वे द्वे शते-द्वे
च योजने एकेन निमिषार्धेन क्रममाण नमोऽस्तुते॥'

(सायण का ऋग्वेद भाष्य 1.50.4)

अर्थात् आधे निमेष में 2202 योजन का मार्गक्रमण करने वाले प्रकाश तुम्हें नमस्कार है।

उपर्युक्त सिद्धांत के आधार पर सूर्य के प्रकाश की गति निकालने से पहले हमें निमेष तथा योजन के बारे में जानने की आवश्यकता है।

निमेष की गणना

महाभारत के शांतिपर्व के आधार पर

15 निमेष = 1 काष्ठा

30 काष्ठा = 1 कला

30.3 कला = 1 मुहूर्त

30 मुहूर्त = 1 अहोरात्र

1 अहोरात्र = 1 दिन–रात

1 दिन–रात = 24 घंटे

अत: 24 घंटा = 30 × 30.3 × 30 × 15 निमेष = 24 × 60 × 60 सेकंड

अर्थात् 409050 निमेष = 86,400 सेकंड

अत: 1/2 निमेष = 0.1056 सेकंड अथवा एक भिन्न गणनानुसार 1/2 निमेष का मान 0.108 सेकंड भी आता है

योजन की गणना

जहाँ तक दूरी का सवाल है तो हमारे पुराणों में योजन को एक प्रामाणिक इकाई माना गया है। इसकी गणना इस प्रकार होती है—

10 परम अणु = 1 परमसूक्ष्म

10 परमसूक्ष्म = 1 त्रषेणु

10 त्रषेणु = महिराजस (धूल का कण)

10 महिराजस = 1 बलाग्रा

10 बलाग्रा = लिख्षा

10 लिख्षा = 1 युका

10 युका = 1 यवोदरा

10 यवोदरा = 1 यव (मध्यम आकार के जौ के दाने की लंबाई)

10 यव = 1 अंगुल (1.89 बउ या लगभग 3/4 इंच)

6 अंगुल = 1 पदा

2 पदा = 1 विष्टि

1 विष्टि = 1 हस्त (क्यूबिट)

4 हस्त = 1 धनु (मनुष्य की लंबाई)

5 धनु = 1 रज्जु

2 रज्जु = 1 परिदेश

100 परिदेश = 1 कोस = 2.25 मील

4 कोस = 1 योजन = 9.09 मील

या धनु के बाद की गणना इस प्रकार कर सकते हैं—

2000 धनु = 1 गवयुति (लगभग 12,000 फीट)

4 गवयुती = 1 योजन

1 योजन = 48,000 फीट = 9.09 मील

अर्थात् 1 योजन = 9.09 मील या 9 मील

महर्षि सायण ने जो सूत्र दिया, अर्थात् सूर्य का प्रकाश 1/2 निमेष में 2202 योजन चलता है। तदनुसार—

प्रकाश की गति = 2202 योजन प्रति 1/2 निमेष

= 2202 योजन प्रति 0.1056 सेकंड

= 2202 × 9.09 मील प्रति 0.1056 सेकंड = 1,89,547.15909 मील प्रति सेकंड

अथवा

2202 × 9 × 1 ÷ 0.1056 = 1,87,670

अथवा

2202 × 9.09 × 1 ÷ 0.108 = 1,85,924

(भारत सरकार के किंचित् मानकों के अनुसार 1 योजन = 9 मील 110 गज तदनुसार 1 योजन होगा 9.0625 मील। इसके अनुसार प्रकाश की गति आएगी 1,87,084 मील प्रति सेकंड)

(माईकेलसन ने इसकी गणना 1,87,372.5 मील प्रति सेकंड निकाली है)

इस प्रकार ऋग्वेद के आधार पर सूर्य के प्रकाश की गति = 1,85,924 से 1,89,547 मील प्रति सेकंड आती है।

आधुनिक विज्ञान के आधार पर भी सूर्य के प्रकाश की गति = 1,86,286 मील प्रति सेकंड है।

□

अध्याय-12

भारतीय काल की सार्वभौमिकता व खगोल सिद्धता

विश्व में प्रचलित विविध काल-गणनाओं में भारतीय तिथियाँ ही सार्वभौम संदर्भ योग्य दिनक्रम प्रदान करती हैं। इन तिथियों का आरंभ व समाप्ति काल पृथ्वी पर सभी स्थानों पर एक सामान होने से उनका सार्वभौम संदर्भ सरलतापूर्वक दिया जा सकता है। दूसरी ओर अंग्रेजी तारीखें मध्य रात्रि से बदलती हैं और मध्य रात्रि का समय भिन्न-भिन्न स्थानों पर अलग-अलग होता है, जिसमें 24 घंटे तक का अंतर आ जाता है। उदाहरणत: भारत व अमरीका में मध्य रात्रि में साढ़े बारह घंटे तक का अंतर होने पर भी हिंदू तिथियों में परिवर्तन तो एक ही समय होता है, लेकिन तारीख बदलने के समय में सदैव 12 घंटे 30 मिनट तक का अंतर आ जाता है और 'अंतरराष्ट्रीय तारीख रेखा' अर्थात् इंटरनेशनल डेट लाइन के पूर्व एवं पश्चिम में तो तारीखों में सदैव ही एक दिन अंतर रहता है। पृथ्वी पर न्यूजीलैंड में मध्यरात्रि सबसे पहले प्रारंभ होने से अंग्रेजी तिथि से नववर्ष का समारोह सर्वप्रथम वहीं प्रारंभ होता है, लेकिन अंतरराष्ट्रीय दिनांक रेखा की उलटी दिशा में कुक द्वीप पर जाकर 23 घंटे बाद पुन: नववर्ष की पूर्व संध्या मना सकते हैं। इसी प्रकार समोआ व अमेरिकी समोआ एक-दूसरे से मात्र 165 किमी. दूरी पर हैं। लेकिन समोआ विश्व में सबसे पहले नववर्ष मनाता है और उससे 165 किमी. दूर अमेरिकी सामोआ में एक दिन बाद जनवरी 1 को नववर्ष मनाया जाता है।

भारतीय तिथियों की दृष्टि से यदि अभी ईसवी सन् 2022 के हिंदू नववर्ष के प्रथम दिन का ही विचार करें, अर्थात् नववर्ष या नव संवत्सर को शनिवार 2 अप्रैल, 2022 को मनाया जाएगा। उसके पूर्ववर्ती दिन 1 अप्रैल को दिन में 11:53 बजे तक अमावस्या समाप्त होकर प्रतिपदा तिथि का प्रवेश हो जाएगा। इस समय पृथ्वी पर चाहे कहीं रात्रि हो या दिन अथवा चाहे वहाँ प्रातःकाल हो या सायंकाल, चैत्र शुल्क प्रतिपदा सभी स्थानों पर उस एक ही समय पर एक साथ प्रारंभ होगी। इस क्रम में 2 अप्रैल को दिन में 11:58 बजे चाहे कहीं दिन हो या रात अथवा प्रभात हो या सायंकाल, उस एक ही समय पर प्रतिपदा समाप्त होकर द्वितीय या तिथि एक साथ ही प्रारंभ होगी। इस प्रकार 1 अप्रैल को प्रातः 11:53 मिनट तक अमावस्या होने व उसके बाद से दूसरे दिन 2 अप्रैल को 11 बजकर 58 मिनट तक प्रतिपदा या एकम अर्थात् पहली तिथि रहेगी, इसलिए नववर्ष आरंभ 2 अप्रैल को होगा। उसी दिन 2 अप्रैल को वर्ष प्रतिपदा व नवरात्रि का प्रारंभ माना जाएगा। तदुपरांत 3 अप्रैल को द्वितीया तिथि होगी। उस दिन द्वितीया तिथि दिन में 12:38 तक रहेगी। उसके बाद तृतीया तिथि लग जाएगी, जो 4 अप्रैल मध्याह्न 1:54 तक रहेगी व फिर चतुर्थी लग जाएगी और इसलिए 5 अप्रैल, 2022 को चतुर्थी रहेगी। इस प्रकार इन तिथियों के उपरोक्त प्रारंभ व समाप्तिकाल संपूर्ण भूमंडल पर सम किसी भी सामयिक होने से समय का संदर्भ तिथि प्रवेश के उपरांत के व्यतीत समय अवधि के रूप में दिए जाने पर वह सार्वभौम संदर्भ होगा, अर्थात् प्रतिपदा तिथि प्रवेश के 2 घंटे उपरांत संदर्भ देने पर वह सार्वभौम होगा, चाहे उस समय किसी भी देश या देशांतर रेखा पर दिन हो या रात अथवा प्रभात हो या सायंकाल। दूसरी ओर यदि अंग्रेजी तारीख को संदर्भित कर यह लिखा जाए कि मार्च 31, 2014 को भारतीय समयानुसार प्रातः 7 बजे, तो उस समय अमरीका में 30 मार्च सायंकाल 6:30 बजे का समय होगा, इंग्लैंड में 30 मार्च का मध्य रात्रि 1:30 का समय होगा। बेकर द्वीप पर 30 मार्च का मध्याह्न 1:30 का समय व थाईलैंड में 31 मार्च का प्रातः 10:30 बजे का संदर्भ आएगा। यह अत्यंत उलझाने वाला होता है।

हिंदू काल गणना की ये तिथियाँ सूर्य व चंद्रमा के बीच प्रति 12 कोणीय दूरी बढ़ने या घटने पर एक-एक कर बदलती हैं। पृथ्वी पर कहीं से भी चंद्रमा व सूर्य के बीच की कोणीय या चापीय दूरी नापी जाए, वह सदैव एक समान ही दिखलाई

देती है या नापने में एक समान ही आती है। अतएव संपूर्ण भू-मंडल पर प्रत्येक हिंदू तिथि एक साथ या एक ही समय परिवर्तित होती है। दूसरी ओर चंद्रोदय में भी स्थान भेद से एक दिन तक का अंतर होने से अरब हिजरी तिथियों में भी विविध स्थानों की तिथियों व पर्वों या त्योहारों में एक दिन तक का अंतर आ जाता है। हिंदू गणनाओं के अंतर्गत संपूर्ण भू-मंडल पर अमावस्या का आरंभ व अंत एक ही समय होता है, उसमें 1 मिनट का भी अंतर स्थान भेदवश नहीं आता है। तिथियों में अमावस्या को सूर्य व चंद्रमा एक ही रेखांश पर होते हैं। वहाँ से उनके (सूर्य व चंद्र के) बीच कोणीय अंतर 12 तक होने तक शुक्ल प्रतिपदा रहती है व 12 से 24 का अंतर होने तक द्वितीया, 24° से 36° की कोणीय दूरी होने तक तृतीया व इसी प्रकार 168-180° के बीच पूर्णिमा व उसके बाद 180-192° तक कृष्ण प्रतिपदा होगी। पृथ्वी से सूर्य व चंद्र की दूरी इतनी अधिक है कि सूर्य व चंद्रमा के बीच की कोणीय दूरी कहीं से भी नापने पर वह एक समान ही दिखाई देती है।

भारतीय काल गणना में मासों की रचना व नामकरण भी वर्ष भर में आने वाली 12 पूर्णिमाओं के नक्षत्रों को दृष्टिगत रखकर पूर्ण वैज्ञानिकता के आधार पर किया गया है। यथा चित्रा नक्षत्र में पूर्णिमा वाले मास का नामकरण चैत्र, विशाखा नक्षत्र में पूर्णिमा आने वाले मास का नाम वैशाख, ज्येष्ठा नक्षत्र में पूर्णिमा वाले मास का नाम ज्येष्ठ, उत्तराषाढ़ा में पूर्णिमा आने वाले मास का नाम आषाढ, श्रवण नक्षत्र में पूर्णिमा आने पर श्रावण, अश्विनी में पूर्णिमा आने पर आश्विन और इसी प्रकार फाल्गुनपर्यंत बारह मासों के नाम उन मासों की पूर्णिमा के नक्षत्र के अनुसार निर्धारित किए गए हैं।

आंग्ल या अंग्रेजी मासों पर विचार करें तो 450 ईसापूर्व तक रोमन कलेंडर में 10 महीने ही होते थे। इसके बाद जनवरी व फरवरी 2 माह जोड़े गए थे। सम्राट् ज्यूलियस सीजर ने एक मास का नाम अपने नाम पर जुलाई कर दिया तो उसके भतीजे अगस्टस ने सम्राट् बनने पर 'सेक्सटिनिल' नामक आठवें मास का नाम अपने नाम पर अगस्त कर लिया था। जुलाई में 31 दिन होते थे तो उसने भी यह सोचकर कि 'मैं किसी से कम नहीं' के भाव से अगस्त में भी 30 के स्थान पर 31 दिन करवा दिए। इसके लिए फरवरी में तब 29 दिन होते थे, वे घटाकर 28 करवा दिए। रोमन सम्राट् क्लाडियस ने भी मई का नाम परिवर्तन कराकर अपने नाम पर

क्लाडियस और नीरो ने अप्रैल मास का नाम अपने नाम पर नीरोनियस भी करवा लिया था, लेकिन ये नाम अधिक दिन नहीं चल पाए और वापस अप्रैल व मई के नाम से ही संबोधित किए जाने लगे।

हिंदू मासों के नाम के प्रणेता ऋषियों ने इन सभी मासों के नाम खगोलीय संयोगों के अनुरूप चैत्र, वैशाख, ज्येष्ठ, आषाढ, श्रावण, भाद्रपद आदि भी इन सभी मासों की पूर्णिमाओं की नक्षत्रों की अनुसार 5000 वर्ष पूर्व तब ही किए, जब इन महीनों की पूर्णिमाएँ इन नक्षत्रों में आने लगी थीं। वस्तुतः प्रति 25,765 वर्षों में अयन चलन की एक आवृत्ति पूरी होती है। अयन चलन वस्तुतः पृथ्वी के घूर्णन की धुरी में, विविध ग्रहों के आकर्षण के कारण आने वाला लघु वृत्ताकार विचलन है, और इसी कारण प्रतिवर्ष बसंत संपात कुछ विकलाओं में पीछे सरकता जाता है। अयन चलन के कारण ही निरयन ग्रह गणनाओं में मकर संक्रांति 22 दिसंबर से 14 जनवरी तक आगे बढ़ गई है और उसके बाद 15, 16 व 17 जनवरी इसी क्रम में आगे बढ़ती जाएगी। पाश्चात्य खगोलज्ञ आरंभ में अयन चलन से अनभिज्ञ थे, लेकिन उन्होंने अब मान लिया है कि अयन चलन होता है व भारतीयों द्वारा प्रयुक्त अयन चलन का मान खगोल शुद्ध है। इस अयन चलन के कारण जब ये पूर्णिमाएँ चित्रा, विशाखा, ज्येष्ठा आदि मासों में आने लगीं, तब ही इस खगोलीय क्रम के अनुसार विद्वान् ऋषियों ने खगोलीय घटनाचक्र के अनुरूप मासों का चैत्र, वैशाख, ज्येष्ठ, आदि नामकरण किया है। इससे पूर्व वैदिक काल में चैत्र, वैशाख आदि मासों के नाम मधु, माधव, शुक्र, नभ, नभस्य, ईश, ऊर्जा, सह, सहस्य, तप, तपस्या आदि प्रचलित थे। इसलिए प्राचीन यजुर्वेद वाजसनेयी संहिता और तैत्तिरीय संहिता आदि में मासों के यही नाम मधु, माधव आदि मिलते हैं। यही कारण है कि रामचरितमानस में भी चैत्र मास में रामनवमी के दिन भगवान् राम के जन्म के मास का नाम 'मधु मास' लिखा है, यथा "नौमी तिथि मधुमास पुनीता, शुक्ल पच्छ अभिजीत हरी प्रीता" इस चौपाई में चैत्र मास के स्थान पर वैदिक कालीन व रामायणकालीन मास का नाम 'मधु मास' लिखा है।

पुरातात्त्विक अवशेषों की दृष्टि से अभी तमिलनाडू में कोडूमनाल में जिस 2500 वर्ष प्राचीन औद्योगिक नगर के पुरातात्त्विक अवशेष मिले हैं, वहाँ तो उच्च गुणवत्ता का लोहा व स्पात बनाने के उद्योगों, वस्त्रोद्योग व रत्न प्रविधेयन आदि के

महानुमाप उत्पादन के प्रचुर प्रमाण मिले हैं। वहाँ पर पश्चिम में स्थित रोम (इटली) व मिस्र के और पूर्व में थाईलैंड के सिक्के भी मिले हैं। अर्थात् ढाई से तीन हजार वर्ष पूर्व हमारा व्यापार वहाँ तक फैला हुआ था। वह उत्तर व दक्षिण भारत के नामों के संयुक्त लेख भी मिले हैं, वे आर्य-द्रविड़ विभाजन को भी निर्मूल सिद्ध करते हैं। आज जिन यूरो विट्रीफाइड टाइलों का विकास हम 21वीं सदी में यूरोप में हुआ मानते हैं, वैसे स्पात उत्पादन की 2500 वर्ष पुराने विट्रीफाइड क्रूसिबल (कड़ाह) भी कोडूमनाल में मिले हैं। इनके साथ ही वहाँ पद्मासन की अवस्था में मिले प्राचीन 2500 वर्ष पुराने नर कंकाल उस काल में योग के प्रचुर चलन का भी प्रमाण देते हैं। आज हमारे प्राचीन शास्त्र, वाल्मीकि रामायण में वर्णित 10 लाख वर्ष प्राचीन चार दाँत वाले हाथियों के वर्णनों से लेकर कोडूमनाल तक के औद्योगिक अवशेषों के अध्ययन के साथ-साथ कोडूमनाल की तमिल ब्राह्मी लिपि से लेकर सिंधुघाटी सभ्यता में मिली लिपि और दक्षिणी अमेरिका में पेरू, चिली व बोलीविया के प्राचीन शिलालेखों की लिपि में यत्किंचित् सभ्यता (समानता) के जो-जो प्रारंभिक अध्ययन हुए हैं, उन्हें भी आगे बढ़ने की आवश्यकता है। इनसे हम वैदिक, पौराणिक, रामायणकालीन, महाभारत कालीन और उसके परवर्ती कालीन इतिहास पर अधिक प्रकाश डाल सकेंगे। ढाई हजार वर्ष पुराने कोडूमनाल नगर की तमिल ब्राह्मी लिपि व सिंधु घाटी की 5000 वर्ष पुरानी लिपि में संबंध तो महाभारत काल से हमारी सभ्यता की निरंतरता को भी प्रतिपादित करेगा।

पुनः हिंदू काल गणना की वैज्ञानिकता पर आते हुए यदि मासों व वर्ष मान पर विचार करें तो चंद्र मासों के साथ-साथ हमारे प्राचीन ऋषियों ने राशियों के नाम पर सौर मासों, यथा संक्रांति से संक्रांतिपर्यंत राशि, कला व विकला में सौर मास व मास के दिनक्रम के अंतर्गत 24-24 मिनट की घटियों तक के समय तक का अंकन एक साथ करने की जो परंपरा विकसित की थी, वह आज सौर वर्ष का ऋतुचक्र से समायोजन की अंग्रेजी दिनांक से भी अधिक व्यवस्थित व सूक्ष्म पद्धति रही है। यह अंकन आज भी पंचांगों व जन्म पत्रिकाओं में महादशा व अंतर्दशा के आरंभ व समाप्ति काल को इंगित करने हेतु किया जाता है। पुनः इन सौर मासों से चंद्र मासों का संतुलन करने के साथ-साथ करोड़ों वर्ष बाद भी चंद्र मासों का ऋतु चक्र से कुसमायोजन या पृथक्करण नहीं हो जाए, इस हेतु संक्रांति रहित मास को

'अधिक-मास' की संज्ञा देकर प्रति तीन वर्ष में एक अधिक मास का प्रावधान कर दिया। इससे हमारे सभी पर्व और त्योहार एवं वर्षों का प्रारंभ करोड़ों वर्षों से सदैव उसी ऋतु में होता रहा है व आगे भी होता रहेगा। अरब हिजरी वर्ष मान भी 354 दिन का ही होने से प्रति तीन वर्ष में हिजरी नववर्ष व सभी त्योहार लगभग, एक माह आगे बढ़ जाते है और 9 वर्ष में एक ऋतु से दूसरी ऋतु में चले जाते हैं। इस प्रकार 1400 सौर वर्षों में हिजरी वर्ष 1442 आ गया है।

पृथ्वी जिस गति से सूर्य की परिक्रमा करती है, उसकी सटीक परिभ्रमण गति को भी पृथ्वी की दैनंदिन गति के रूप में आर्यभट्ट ने 2000 वर्ष पूर्व ही आर्यभटियम् में दे दिया था। अर्थात् प्राचीन काल से ही भारतीयों को यह ज्ञान था कि पृथ्वी सूर्य की परिक्रमा करती है। पृथ्वी की गति के संबंध में ऐतरेय ब्राह्मण में भी लिखा है कि सूर्य न उदित होता है और न अस्त होता है। सूर्य पृथ्वी के एक भाग को आलोकित करता है, तब दूसरे में व जब दूसरे को आलोकित करता है, तब पहले में अंधकार होता है। यही नहीं, पुराणों में वर्णित प्रमुख पाँच विषयों सर्ग (सृष्टि) प्रति सर्ग (प्रलय) आदि में सर्ग या सृष्टि खंड में यह भी वर्णन आता है कि सूर्य भी एक महा सूर्य की परिक्रमा 49 हजार योजन प्रति-घटी की गति से कर रहा है। आधुनिक खगोलवेत्ताओं के अनुसार, सूर्य हमारी इस आकाशगंगा में एक अति शक्तिशाली कृष्ण विवर (ब्लैक होल) की लगभग 7.45 लाख किमी. प्रतिघंटा की गति से परिक्रमा कर रहा है और 21 करोड़ 60 लाख वर्ष में वह उसकी एक परिक्रमा पूरी करता है। इतनी अवधि में 50 चतुर्युगियाँ व्यतीत हो जाती हैं। हमारी पौराणिक काल गणनाओं के अनुसार 43.20 लाख वर्ष में एक चतुर्युगी पूरी होती है, जिसमें 4.32 लाख वर्ष का कलयुग, 8.64 लाख वर्ष का द्वापर, 12.96 लाख वर्ष का त्रेता और 17.28 लाख वर्ष का सतयुग होता है। इकहत्तर चतुर्युगियों का एक मन्वंतर और 14 मन्वंतर अर्थात् 1000 चतुर्युगियों का ब्रह्माजी का एक दिन, ऐसे 360 दिन का ब्रह्माजी का एक वर्ष व 100 वर्ष की एक ब्रह्माजी की आयु होती है। एक ब्रह्मा के बाद दूसरे ब्रह्मा जन्म लेते हैं व सृष्टिक्रम चलता रहता है। इस क्रम में हमारी आकाशगंगा की, इस सृष्टि के ब्रह्माजी के 50वें वर्ष के स्वेत्वाराहा कल्प के वैवस्वत मन्वंतर का 28वाँ कलयुग चल रहा है। तदनुसार हमारी इस आकाशगंगा की वर्तमान सृष्टि से युक्त यह 195,58,85,115वाँ वर्ष पूर्ण हो गया।

हमारे पुराणों के अनुसार हमारी इस सृष्टि से युक्त यह जो आकाशगंगा, अर्थात् तारामंडल हमें दिखाई देता है, वैसे असंख्य तारामंडल या आकाशगंगाएँ अनंत ब्रह्मांड में विस्तीर्ण हैं। देवी भगवत में आध्या शक्ति द्वारा त्रिदेवों को या रामायण में भगवान् राम द्वारा काकभुशुंडि को मन की गति से भ्रमण कराते हुए एक के बाद एक जिन आकाशगंगाओं का कही अंत नहीं होने के दिग्दर्शन का वर्णन किया गया है। इन वृत्तांतों की अब वैज्ञानिक पुष्टि हो रही है कि ब्रह्मांड में 20 खरब से अधिक आकाशगंगाएँ हैं, एक आकाशगंगा का विस्तार लगभग 1,00,000 प्रकाशवर्ष है। इस प्रकार पूरे ब्रह्मांड के विस्तार का भी सटीक वर्णन पुराणों में किया है।

□

अध्याय-13

हृदय के विद्युत् स्पंदनों के वैदिक संदर्भ

मानव हृदय, मस्तिष्क, अस्थि, मज्जा, रक्त आदि पर वेद, वेदांग, वैदिक साहित्य (ब्राह्मण ग्रंथ, आरण्यक व उपनिषद् आदि) आयुर्वेद संहिताओं, योग के ग्रंथों आदि में प्रचुर सामग्री है। हृदय की धड़कनों के नियामक विद्युत् स्पंदनों आदि पर भी पर्याप्त सामग्री मिलती है। उस संपूर्ण जटिल विषय को छोड़ हृदय के स्पंदनों के नियमन में विद्युत् आवेश के उपयोग के यजुर्वेदीय संदर्भ का विवेचन प्रस्तुत अध्याय में किया जा रहा है।

हृदय की धड़कनों में विद्युत् आवेश का महत्त्व

तनावपूर्ण जीवन में बढ़ते हृदय रोगों में एरिथिमिया से हृदय की धड़कनों में अनियमितता के कारण आजकल हृदय में पेसमेकर लगाने की आवश्यकता तेजी से बढ़ रही है। सर्कुलेशन जर्नल के अनुसार प्रति 1000 में 272 हृदयरोगी एरिथिमिया के होते हैं, जिनको बैटरी चलित कृत्रिम पेसमेकर लगाकर उनके हृदय के अग्रभाग में विद्युत् पूर्ति से धड़कनों का नियमन किया जाता है। हृदय के अग्रभाग में विद्युत् पूर्ति का स्पष्ट उल्लेख यजुर्वेद (39.8) में हजारों वर्ष पूर्व कर दिया था। यह हमारे उन्नत प्राचीन ज्ञान का प्रमाण है। आज कृत्रिम पेसमेकर से भी हृदय के अग्रभाग में ही विद्युत् की पूर्ति की जाती है।

वर्ष 1958 में आविष्कृत पेसमेकर के वैदिक संदर्भ

हृदय के प्राकृतिक पेसमेकर के अक्षम होने पर विद्युत् स्पंदन युक्त कृत्रिम

पेसमेकर का आविष्कार विल्सन ग्रेटबेच ने 1958 में किया था। पेसमेकर द्वारा हृदय के अग्रभाग में विद्युत् आवेश का संदर्भ हजारों वर्ष पूर्व यजुर्वेद में किया जा चुका है। आज जहाँ विज्ञान अब मानता है कि हृदय की धड़कनों को नियमन हृदय में स्थित प्राकृतिक पेसमेकर ही करता है। उस बात को चार हजार वर्ष पूर्व भेल संहिता में व पाँच हजार वर्ष पूर्व शतपथ ब्राह्मण में किया जा चुका है। इन तथ्यों की चर्चा आगामी अध्याय में की जा रही है।

बैटरी चलित पेसमेकर के संदर्भ में यजुर्वेद में हृदय के अग्रभाग में विद्युत् का संदर्भ

हृदय के स्पंदनों में अनियमितता पर आज के समय में लगने वाले कृत्रिम पेसमेकर की छोटी 25-35 ग्राम की बैटरी को पसलियों के अंदर लगा, वक्षस्थल के अंदर ही तार से एक इलेक्ट्राड हृदय के बाहरी आवरण या झिल्ली, अर्थात् पेरिकार्डियम में प्रवेश करा देते हैं। इस बैटरी से हृदय के अग्रभाग में इतना विद्युत् आवेश दिया जाता है कि हृदय-गति 70 प्रति मिनट हो जाती है। बीसवीं सदी में हृदय में कृत्रिम पेसमेकर से विद्युत् आवेश की पूर्ति के अनुसंधान से हजारों वर्ष, कम-से-कम 5000 वर्षों से बहुत पूर्व ही यजुर्वेद में हृदय के अग्रभाग में विद्युत् के महत्त्व का स्पष्ट विवेचन है। सामान्यतः हृदय के प्राकृतिक पेसमेकर की जैव विद्युत् से हृदय के स्पंदनों का नियमन होता है। उन स्पंदनों में कमी पर बैटरी द्वारा कृत्रिम पेसमेकर से हृदय को अतिरिक्त विद्युत् आवेश दिया जाता है। यजुर्वेद में हृदय के अग्रभाग में वैसा ही विद्युत् का संदर्भ हमारे उन्नत प्राचीन ज्ञान का प्रमाण है।

यजुर्वेद का मंत्र

अग्निं हृदयेनाशनिं हृदयाग्रेण पशुपतिं कृत्स्नहृदयेन भुवं युक्ना।
शर्वं मतस्नाभ्यामीशानं मन्युना महादेवमन्तः पर्शव्येनोग्रं देवं वनिष्ठुना
वसिष्ठहनुः शिङ्गीनि कोश्याभ्याम्॥ 8॥

(यजुर्वेद 39-8)

अर्थ—"मैं हृदय में अग्नि एवं हृदय के अग्रभाग में विद्युत् को धारण करूँ, और पसलियों के अंदर ऊर्जा के आवेश की वृद्धि के स्रोत को धारित करता हूँ।"

वैदिक संस्कृत में अशनि का अर्थ विद्युत् होता है : सभी वैदिक निघंटु ग्रंथों में एक मत से अशनि का अर्थ या पर्यायवाची विद्युत् है। निघंटु ग्रंथों में वैदिक शब्दावली के पर्यायवाची शब्दों का वैसा ही संग्रह होता है, जैसा अंग्रेजी के पर्यायवाची शब्द-संग्रह 'थिसोरस' में होता है।

सातवलेकरजी की 100 वर्ष पुरानी व्याख्या का भावार्थ : मनुष्य हृदय में अग्नि एवं हृदय के अग्रभाग में अशनि अर्थात् विद्युत् को धारण करे। (कृत्स्नहृदयेन पशुपतिम्) समस्त हृदय के अवयवों, अर्थात् सभी भागों में इंद्रियों के पोषक प्राण को धारण करे, कलेजे से वह सर्वत्र विद्यमान आकाश तत्त्व एवं गुर्दों से वह जल को धारण करे। मन्यु से सब पर शासनकर्ता ऐश्वर्यवान् ईशान को धारण करे और पसलियों में त्रिनेत्रधारी परमेश्वर को धारण करे। (स्थानाभाव से मंत्रार्थ यथावत् न देकर संक्षिप्त भावार्थ दिया है।)

दयानंद सरस्वती का 150 वर्ष प्राचीन पदान्वय : हे मनुष्यो! जो वे मरे हुए जीव (हृदयेन) हृदयरूप अवयव से (अग्निम्) अग्नि को (हृदयाग्रेण) हृदय के ऊपरले अग्रभाग से (अशनिम्) बिजली को (कृत्स्नहृदयेन) संपूर्ण हृदय के अवयवों से (पशुपतिम्) पशुओं के रक्षक जगत् धारणकर्ता सबके जीवन हेतु परमेश्वर को (यक्ना) यकृद्रूप शरीर के अवयवों से (भवम्) सर्वत्र होने वाले ईश्वर को (मतस्नाभ्याम्) हृदय के इधर-उधर के अवयवों से (शर्वम्) विज्ञानयुक्त ईश्वर को (मन्युना) दुष्टाचारी और पाप के प्रति वर्तमान क्रोध से (ईशानम्) सब जगत् के स्वामी ईश्वर को (अन्त:पर्शव्येन) भीतरली पसुरियों के अवयवों में हुए विज्ञान से (महादेवम्) महादेव (उग्रम् देवम्) तीक्ष्ण स्वभाव वाले प्रकाशमान ईश्वर को (वनिष्ठुना) आँत विशेष से (वसिष्ठहनुः) अत्यंत वास के हेतु राजा के तुल्य ठोडीवाले जन को (कोश्याभ्याम्) में दो मांसपिंडों से (शिङ्गीनि) जानने वा प्राप्त होने योग्य वस्तुओं को प्राप्त होते हैं, ऐसा तुम लोग जानो।

मंत्र की सामयिक व्याख्या

हृदय के अग्निमय तेज में कमी से उपजे जीवन-संकट की दशा में हृदय के अग्रभाग में अतिरिक्त विद्युत् आवेश की आपूर्ति की जाए। इस हेतु पसलियों में

विद्युत् स्रोत लगाकर हृदय के अग्रभाग में एक या दोनों निलयों (वेंट्रिकल्स) को विद्युत् आवेश की पूर्ति कर प्राण रूपी हृदय के स्पंदनों का नियमन करें।

दयानंद सरस्वती ने उपरोक्त पदान्वय में 'अशनि हृदयाग्रेण' शब्दों से हृदय के अग्रभाग में विद्युत् धारण करने का उल्लेख है। मंत्र में द्विकोष्ठ लिखकर आवश्यकता पर दोनों निलयों में भी विद्युत् स्पंदन दिए जाने का संदर्भ है। इसके लिए कोश्याभ्याम् लिखकर से दोनों मांसपिंडों, अर्थात् हृदय के दोनों निलयों में विद्युत् स्पंदन का भी स्पष्ट उल्लेख है। आजकल कभी-कभी दो कोष्ठ वाले कृत्रिम पेसमेकर भी लगाए जाते हैं। रोग की गंभीरता की दशा में दाहिने आलिंद व दोनों निलयों में भी विद्युत् स्पंदन देने पड़ते हैं। उस दृष्टि से मंत्र में भी कृत्स्नहृदयेन एवं मत्सनाभ्याम शब्दों से, "संपूर्ण हृदयायवों में विद्युत् की पूर्ति" का उल्लेख भी अत्यंत सटीक व महत्त्वपूर्ण प्रतीत होता है। विद्युतपूर्ति के लिए बैटरी को पसलियों के अंदर लगाने की आज के चलन को देखते हुए मंत्र में 'अन्तः पर्शर्व्यन', अर्थात् पसलियों के अंदर शब्दों का प्रयोग भी सार्थक लगता है।

वस्तुतः 'हृदयाग्रेण अशनि' शब्दों से हृदय के अग्रभाग में विद्युत् धारण का उल्लेख, कोश्याभ्याम् शब्द से दो मासपिंडों (दोनों निलयों) में द्विकोष्ठ पेसमेकर लगाकर विद्युत् आपूर्ति देने का निर्देश, कभी-कभी 'हृदय के दाहिने आलिंद व दोनों निलयों में विद्युत् आपूर्ति देने के आज के चलन के अनुरूप मतस्नाभ्याम् व कृत्स्नहृदयेन शब्दों का उपयोग कर 'हृदय के सर्वावयवों' (सभी अंगों में विद्युत् पूर्ति) का संकेत और पसलियों के अंदर बैटरी लगाने के चलन के संदर्भ में आन्तःपर्शव्येन अर्थात् 'पसलियों के अंदर' शब्दों का उपयोग कुछ लोगों का संयोग मात्र लग सकता है, लेकिन संयोग न होकर इन शब्दों का उपयोग सप्रयोजन लगता है व संभवतः आज जैसे पेसमेकर प्राचीन काल में चलन में रहे भी हो सकते हैं। वैसे यजुर्वेद में हृदय के अग्रभाग में विद्युत् धारण का उल्लेख ही हमारे उन्नत प्राचीन ज्ञान को दरशाता है।

□

अध्याय–14

हृदय का विज्ञानसम्मत वैदिक विमर्श

हृदय के विद्युत् आधारित स्पंदन तंत्र के वैदिक संदर्भों की चर्चा के उपरांत पाँच हजार वर्ष में भी पूर्व संकलित वैदिक व संस्कृत वाङ्मय के विमर्श की सत्रहवीं सदी से आरंभ हुए आधुनिक अनुसंधानों से तुलना का विमर्श इस लेख में किया जा रहा है। हृदय शब्द की 4000 वर्ष प्राचीन यास्क के निरुक्त में दी व्याख्या और 5000 वर्ष प्राचीन शतपथ ब्राह्मण में की व्याख्या में ही हृदय की व्यापक वैज्ञानिक व्याख्या मिल जाती है। इनसे भी प्राचीन ग्रंथ यजुर्वेद में हृदय के विद्युत् स्पंदनों व पेसमेकर की भूमिका का विवेचना पिछले अध्याय में भी किया जा चुका है।

वैदिक वाङ्मय की शब्दावली में हृदय के प्रमुख स्थूल कार्य : हृदय शब्द की संरचना अर्थात् निर्वचन में ही हृदय को रक्त-संचारकर्ता व नाड़ी-गति नियामक बताया है। यथा—"हरतेर्ददातेरयतेर्यमः इति हृदय शब्दः"। हृदय शब्द के चार अक्षरों ह+र+द+य में 'ह' से 'हरते' अर्थात् हरता है या रक्त को लेता अर्थात् आहरित करता है, 'द' से ददाते अर्थात् शरीर को रक्त देता है, 'र' से रयते अर्थात् शरीर में रक्त को घुमाता है और 'य' से यमम् अर्थात् धड़कनों को नियमन करता है। हृदय की धड़कनों का नियमन हृदय का ही पेसमेकर करता है, यह जानकारी 5000 वर्ष प्राचीन शतपथ ब्राह्मण में थी, जिसका पता विज्ञान ने बीसवीं सदी में लगाया।

हृदय पर आधुनिक अनुसंधानों का 17वीं सदी से सूत्रपात

विलियम हार्वे ने प्रथम बार 1628 में बतलाया कि हृदय शरीर में मस्तिष्क

सहित विविध अंगों में रक्त प्रवाहित करता है। इटालियन वैज्ञानिक मार्शेलो मल्फीगो ने 1669 में रक्त-संचार में हृदय की भूमिका को और स्पष्ट किया था। तदुपरांत हृदय की रचना व कार्य पद्धति, रोग निदान व सूक्ष्म शल्य क्रियाओं सहित चिकित्सादि की जानकारी बीसवीं सदी व उसके बाद की है। हृदय की धड़कनों का नियमन हृदय द्वारा किया जाता है और उसके शिथिल होने पर लगने वाले कृत्रिम पेसमेकर का आविष्कार 1958 में हुआ है। इसकी चर्चा पिछले अध्याय में भी की गई है।

हृदय पर प्राचीन भारतीय विमर्श

तीन सहस्राब्दी ईसापूर्व के शतपथ ब्राह्मण उससे भी प्राचीन यजुर्वेद और कुछ 2500 वर्ष पहले के ग्रंथों में मिलाकर हृदय के आठ कार्यों का प्रत्यक्ष उल्लेख मिल जाता है—(1) हृदय शरीर से रक्त का आहरण करता है, (2) यह शरीर के सभी अवयवों को रक्त के माध्यम से पोषण व ओज देता है, (3) शरीर में रक्त को घुमाता या उसका परिभ्रमण करता है, (4) आजन्म धड़कनों का स्वतंत्र रूप से नियमन करता है, (5) ये धड़कनें हृदय में विद्युत् आवेश के स्पंदनों से जनित हैं, (6) इन धड़कनों में शिथिलता पर हृदय के अग्रभाग में विद्युत् आवेश की पूर्ति उपयोगी है, (7) रक्त व पोषक तत्त्वों क़ो महाधमनियाँ व धमनियाँ संपूर्ण शरीर में ले जाती हैं और (8) अशुद्ध रक्त को शिराएँ वापस लाती हैं। सत्रहवीं सदी तक वैज्ञानिकों को केवल ऊपर के क्रमांक 3 की ही जानकारी थी। उपरोक्त क्रमांक 5 व 6 के हृदय के कार्यों का विवेचन पिछले लेख में हो चुका है। हृदय के उपरोक्त 4 कार्यों के अनुरूप ही 'ह', 'र', 'द' व 'य' इन चार अक्षरों से हृदय शब्द की रचना की गई है।

भारतीय वाङ्मय में हृदय

प्राचीन वाङ्मय में शतपथ ब्राह्मण, बृहदारण्यक उपनिषद्, भेल संहिता, नाड़ी ज्ञानम् एवं चरक संहिता व भेल संहिता सहित कई आयुर्वेदिक ग्रंथ ईसापूर्व के हैं। इनमें से चरक व भेल संहिताओं का बौद्धकालीन त्रिपिटकों में उल्लेख होने से ये भी 2500 वर्ष से भी अधिक प्राचीन सिद्ध होते हैं। वस्तुतः ये लगभग 4000 वर्ष पुराने हैं या और भी प्राचीन हैं। नाड़ी ज्ञानम् ग्रंथ भी 14वीं सदी के माधव निदान से

प्राचीन है। शतपथ ब्राह्मण 3000 ईसापूर्व, 5000 वर्ष पहले जब कृतिका नक्षत्र में बसंत संपात होता था, उसमें भी हृदय का विवेचन है।

शतपथ ब्राह्मण : शतपथ ब्राह्मण में हृदय का अत्यंत विज्ञानसम्मत वर्णन है। यथा "एषः प्रजापतिर्यद् हृदयमेतद् ब्रहमैतत सर्वम्। तदेतत् त्र्यक्षरं हृदयमिति हृ इत्येकमक्षरमभिहरन्त्यस्मै स्वाश्चान्ये च य एव वेद। द इत्ययेकमक्षरं ददन्त्यस्मै स्वाश्चान्ये च य एव वेद। यमित्येकमक्ष यमं नियमनम् स्वर्ग लोकं च य वेद॥ (शतपथ ब्राह्मण 18/84/1)

अर्थ—'ह' से आशय रक्त का हरण या आहरण करना, अर्थात् संपूर्ण शरीर से रक्त को लेना है। 'द' का अर्थ है ददाते या देना, अर्थात् शरीर के अवयवों को रक्त देना। 'र' का अर्थ है, रयते अर्थात् शरीर में रक्त को घुमाना, अर्थात् शरीर में रक्त संचरित या परिभ्रमित करना। 'य' अर्थात् यमम् या नियमपूर्वक निरंतर नियमित गति से धड़कनों का नियमन। हृदय की धड़कनों का नियमन हृदय में स्थित प्राकृतिक पेसमेकर करता है। यह जानकारी वैज्ञानिकों को भी बीसवीं सदी में ही हुई थी।

बृहदारण्यक उपनिषद् (5/3/1) : शरीर का नियंता हृदय सर्वस्व है। इसके 3 अक्षर में हृ (ह+ऋ) में 'ह' से आशय रक्त व पोषक रसों का आहरण, 'र' से रयते अर्थात् घुमाना या संचार करना, 'द' से रक्त—रसादि शरीर को देना एवं 'यम्' से नियमन, अर्थात् धड़कनों के नियमन से भूलोक व स्वर्ग लोक सहित सर्वत्र आत्म तत्त्व का नियमन।

यास्ककृत निरुक्त : हरतेर्दतातेरयतेर्हृदय शब्द—निरुक्त

धड़कनों का स्वतंत्र व स्वायत्त नियमन

आधुनिक अनुसंधानों के अनुसार हृदय की धड़कनों का नियंत्रण प्राकृतिक पेसमेकर करता है और हृदय जीवन भर अपने आप ही धड़कता रहता है, जिसमें मस्तिष्क की सक्रिय भूमिका नहीं होती है।

हृदय के चारों प्रकोष्ठों (दोनों आलिंद व दोनों निलय) के बीच स्थित प्राकृतिक पेसमेकर द्वारा प्रेषित कम तीव्रता के विद्युत् स्पंदनों से हृदय प्रति मिनट में 72 बार धड़कता है। विद्युत् संदेशों से आलिंद या ऐट्रिया व निलय या वेंट्रिकल्स

के सिकुड़ने को सिस्टॉल एवं सिकुड़न के बाद की अल्प अंतराल के फैलाव को डाएस्टॉल कहते हैं। सिस्टॉल और डाएस्टॉल क्रियाओं का यह क्रम नियमित रूप से स्वतः जीवन भर चलता है। हृदय में इस विद्युत् आवेश के महत्त्व को यजुर्वेद में भी बतलाया है, इसकी चर्चा पिछले अध्याय में की जा चुकी है।

नाड़ी ज्ञानम् और धड़कनों का स्वनियमन : नाड़ी ज्ञानम् की प्राचीन पांडुलिपि के अनुसार भी हृदय एक स्वतः संचालित मांसपेशीय अंग है, जो रक्त-संचारार्थ स्वयमेव ही संकोच व फैलाव की क्रिया आजन्म बार-बार व निरंतर करता है—

"तत्संकोचं च विकासः च स्वतः कुर्यात् पुनः पुनः" (नाड़ी ज्ञानम्)

भेल संहिता : चरक के समकालीन 4000 वर्ष पूर्व महर्षि भेल रचित भेल संहिता के अध्याय 21, श्लोक 3 में भी "हृदय से रक्त निकलकर शरीर के समस्त अंगों को पोषक तत्त्व युक्त रसों से पोषित कर पुनः हृदय के आवर्ती स्वसंकुचन से शिराओं के माध्यम से पुनः हृदय में जाता है—

हृदो रसो निस्सरित तस्मादेति च सर्वशः।
सिराभिर्हृदयं वैति तस्मात्तत्प्रभवाः सिराः॥ (भेल संहिता 21.3)

धमनियों व शिराओं के आधुनिक भेद के प्राचीन विमर्श : धमनियाँ हृदय से रक्त शरीर के अवयवों में ले जाती हैं और शिराएँ पुनः हृदय तक लाती हैं। धमनियों व शिराओं के इस कार्य विभेद की जानकारी भेल संहिता में शिराओं द्वारा रक्त को हृदय में लौटाने के साथ ही चरक संहिता (अध्याय 30) में हृदय की महाधमनियों, धमनियों व शिराओं का वर्णन है। हृदय पर चरक संहिता सहित कई प्राचीन ग्रंथों में परोक्ष निरुक्तिपरक शब्दों में व विगत 20 वर्षों के सूक्ष्म अनुसंधानों का भी सम्यक् विमर्श है।

□

अध्याय-15

मन, चित्त, हृदय और हृदयगत स्मृति का वैदिक व आधुनिक विमर्श

आधुनिक विज्ञान 17वीं सदी के बाद भी लंबे समय तक हृदय को रक्त-संचार का केंद्र ही मानता रहा है, लेकिन अब वह भी वेदों व अन्य प्राचीन ग्रंथों की भाँति हृदय को चेतना, मन, बुद्धि, स्मृति, चित्त की वृत्तियों, इच्छाओं, अभिरुचियों और अच्छी-बुरी प्रवृत्तियों का प्रेरक और धारणा शक्ति का आश्रय मानने लगा है। इस प्रकार हजारों वर्ष पूर्व वेदों व योग आदि सहित उपनिषद् व पुराणों में हृदय का धारणा शक्ति मन की प्रवृत्तियों व आदतों का केंद्र एवं अच्छे-बुरे विचारों, संकल्प-विकल्प आदि का उद्गम बतलाया था, उसकी आज के विज्ञान द्वारा पुष्टि की जा रही है।

स्मृति, भावनाओं और मन का हृदय से संबंध वैज्ञानिक विमर्श

अमेरिकी पब्लिक हेल्थ सर्विस, नेशनल हार्ट, लंग ऐंड ब्लड इंस्टीट्यूट, एरिजोना विश्वविद्यालय के प्रोफेसर गैरी श्वार्ट्ज व लिंड रूसेक एवं हवाई विश्वविद्यालय के प्रोफेसर पॉल पियर्सन, डेनिस व प्रोफेसर ब्रुस लिप्टन सेल्यूलर बायोफिजिक्स मिनर्वा केंद्र और क्लीव बैकस्टर के प्रयोगों के अनुसार स्मृति हृदयगत एवं मस्तिष्कगत होने के साथ ही विविध जैविक प्रणालियों व कोशिकाओं की भी साझी निधि है। इसी कारण हृदय प्रत्यारोपण के उपरांत प्रत्यारोपित हृदय प्राप्तकर्ताओं के व्यक्तित्व, रुचि व प्रवृत्तियों में ऐसे परिवर्तन

व उन स्मृतियों का प्रादुर्भाव हो जाता है, जो कभी हृदय के दाताओं में रही हैं। उस हृदय के प्राप्तकर्ता व्यक्ति में उसका अंशमात्र भी नहीं रहा होने पर भी हृदय प्रत्यारोपण के बाद आ जाती है। ये स्मृतियाँ व प्रवृत्तियाँ उस हृदय प्रत्यारोपण के बाद आ जाती हैं। ये स्मृतियाँ व प्रवृत्तियाँ उस हृदय के साथ आ जाती हैं। हृदयगत स्मृति व सेलुलर मेमोरी के हस्तांतरण के चार प्रकार हैं—एपिजेनेटिक मेमोरी, डी.एन.ए. मेमोरी, जेड मेमोरी और प्रोटीन मेमोरी। मानव चेतना के वैदिक, पौराणिक व उपनिषदों के विमर्श की व्याख्या अब हृदयागत, कोणिकागत व डी.एन.ए. स्मृति से संभव है।

हृदय प्रत्यारोपण में दाताओं की स्मृतियों का अंतरण

स्वाद, पसंद और रुचि : हृदय प्रत्यारोपण बाद क्लेयर सिल्विया बीयर पीना और मिर्च तथा के.एफ.सी. नगेट्स पसंद करने लग गई, क्योंकि हृदय दाता टिम एल बीयर, हरी मिर्च और के.एफ.सी. नगेट्स पसंद करता था। एक संगीत व वॉयलिन प्रेमी श्याम किशोरी का हृदय प्रत्यारोपण में प्राप्त करने के बाद 47 वर्षीय फाउंड्री कार्यकर्ता शास्त्रीय संगीत व वायलिन पसंद करने लग गया।

प्राप्तकर्ता में हृदय दाता की हत्या की स्मृति : हत्या की शिकार एक लड़की का हृदय प्रत्यारोपित किए जाने पर उस हृदय की प्राप्तकर्ता ने पुलिस को उस मृतका के हत्यारों का सुराग (समय, हथियार, जगह, कपड़े) देकर उस हृदय दाता मृतका के हत्यारे को पकड़वा दिया।

हृदय में भी स्मृतियों, रुचियों व व्यक्तित्व के लक्षणों का संग्रह

ऐरिजोना विश्वविद्यालय के गैरी श्वाट्र्ज के अनुसार हृदय में 'फीडबैक लूप्स' सूचना और ऊर्जा को संगृहीत करते हैं। गियाना एब्सटी व हार्वर्ड मेडिकल स्कूल के अनुसार भी स्मृतियाँ एवं व्यक्तित्व के लक्षण हृदय में संगृहीत होते हैं एवं कोशिकागत स्मृति संग्रह एक सतत प्रक्रिया है।

प्राचीन वाङ्मय के अनुसार हृदय बुद्धि व स्मृति संग्राहक

प्राचीन वैदिक व संस्कृत ग्रंथों में हृदयगत चेतना व स्मृति का प्रचुर विमर्श है। हृदय के स्थूल कार्यों के अनुसार हृदय शब्द की एक निरुक्ति की चर्चा 'हरते,

ददाते, रयते, यमम्' के रूप में की जा चुकी है। उसके अनुरूप हृदय के रक्त-संचार व धड़कनों के नियमन आदि का ज्ञान प्राप्त होता है। हृदय की सूक्ष्म चेतना व स्मृति के अनुरूप एक और निरुक्ति की यहाँ चर्चा की जा रही है। इससे स्पष्ट होता है कि हमारे ऋषि व निरुक्तिकार कितने बड़े वैज्ञानिक थे।

1. हृदय शब्द निर्वचन : हृदय=हञ् हरणे+दुक्+कयन् (उणादिकोष 04।100) पर महर्षि दयानंद ने लिखा है—हरति विषयानिति हृदयं मनो वा, अर्थात् जो विषयों को ग्रहण करता है, वह हृदय अर्थात् मन कहलाता है। महर्षि ने यहाँ हृदय को रक्तसंचार-यंत्र नहीं कह सीधा मन बता दिया।

अमरकोष के अनुसार—

चित्तन्तु चेतो हृदयं स्वान्त हृन्मानसं मन:

अर्थ चित्त, चेतस् हृदय, स्वांत, हृत् मानस और मन—ये सब एकार्थक हैं।

2. हृदय निर्णयात्मिका बुद्धि का आश्रय :

स यथा सर्वेषामपाँ समुद्र एकायतनमेवँ
सर्वेषां संकल्पानां मन एकायतनमेवँ सर्वासां विद्यानाँ हृदयमेकायतनम्" ॥

बृहदा. 2।4।11

अर्थ—जल के आश्रय समुद्र की भाँति सारे संकल्पों का आयतन अकेला मन और विद्याओं का धारक हृदय है। बुद्धि में ही सारी विद्याएँ समाविष्ट हैं, इसलिए यहाँ 'हृदय' से 'बुद्धि' ही अभिप्रेत है।

तम एव यस्यायतनं हृदयं लोको मनोज्योतिर्यो वै तं पुरुषं विद्यात् सर्वस्यात्मन: परायणँ स वै वेदिता स्या याज्ञवल्क्य। वेद वा अहं तं पुरुषँ सर्वस्यात्मन: परायणं यमात्थ य एवायं छायामय: पुरुष:''' ॥ बृहदा. 3।1।14॥

शाकल्य कहते हैं—हृदय बुद्धि एवं ज्ञान का साधन और मन इंद्रियों की प्रेरक व प्रकाशक ज्योति एवं ममता व अपनत्व का आश्रय है।

3. वेदों में हृदय :

अथर्ववेद

इमानि यानि पञ्चेन्द्रियाणि मन:षष्ठानि मे हृदि ब्रह्मणा संशितानि।
यैरेव ससृजे घोरं तैरेव शान्तिरस्तु न: ॥ अथर्व. 19।9।4

अर्थात् पाँच इंद्रियाँ और छठा मन मेरे हृदय में है, जिनसे घोर पाप भी संभव हैं, उनसे हमारे लिए शांति का सृजन हो। यहाँ पुनः मन का आशय 'हृदय' व बुद्धि से निर्दिष्ट है, जिसमें अंतःकरण भी संयुक्त है।

यजुर्वेद

सुषारथिरश्वानिव यन्मनुष्यान्नेनीयतेऽभीशुभिर्वाजिन इव।
हृत्प्रतिष्ठं यदजिरं जविष्ठं तन्मे मनः शिवसङ्कल्पमस्तु॥

यजु. 34।6॥

अर्थात् मन मनुष्यों को विषयों में बार-बार उसी प्रकार ले जाता है, जैसे अच्छा सारथि रथ के घोड़ों को ले जाता है। वह हृदय में स्थित मन, कभी वृद्ध या शिथिल नहीं होकर मन को सदा कल्याणकारी सत्संकल्प करें। यहाँ मन को हृदय, अर्थात् बुद्धि में स्थित बताया है। मन या चित्त सत्संकल्पवान रहे और चित्त की शक्तियों को साधने के लिए शिव संकल्प सूक्त में छह मंत्र हैं। ऊपर उद्धृत यजुर्वेद का मंत्र क्रमांक 3616 उसी में से एक छठा मंत्र है।

ऋग्वेद

हृदा तष्टेषु मनसो जवेषु यद्ब्राह्मणाः संयजन्ते सखायः।
अत्राह त्वं वि जहुर्वेद्याभिरोहब्रह्माणो विचरन्त्यु त्वे॥

ऋग्. 10।71।8॥

अर्थात् हृदय स्थित बुद्धि और मन के संवेगों से वैदिक ज्ञान प्राप्त कर अज्ञान को त्यागने एवं अपनी तर्क क्षमता से हम ज्ञान प्राप्त करते हैं। यहाँ पुनः हृत् (हृदय) से बुद्धि अभिप्रेत है।

यजुर्वेद (36/2) मंत्र

यन्मे छिद्रं चक्षुषो हृदयस्य मनसो वाति तृण्णं बृहस्पतिर्मे तद्दधातु।
शं नो भवतु भुवनस्य यस्पतिः।

अर्थ—हमारे नेत्र व हृदय की न्यूनताएँ ही हमारी उन्नति में बाधक होती हैं। इसलिए परमेश्वर हमारे नेत्रों व हृदय की न्यूनताओं को दूर करें।

4. चरक व सुश्रुत का मत : चरक व सुश्रुत ने भी लिखा है 'चेतना

स्थानमुत्तमम्', अर्थात् यह (हृदय) चेतना का उत्तम आश्रय है। आज की कोशिकागत स्मृति के अनुसंधानों के अनुरूप इन आचार्यों ने सारे शरीर को भी चेतना का स्थान कहते हुए हृदय को चेतना का मुख्य स्थान बताकर हृदय को आत्मा का स्थान भी कहा है।

हृदय अंत:करण-चतुष्ट्य से युक्त है, जिसमें मन, बुद्धि, चित्त व अहंकार का वास होता है, इन चारों के विकार रहित होने पर ही हम मन, बुद्धि, चित्त व अहंकार के सदुपयोग से ही इच्छित उद्देश्य प्राप्त कर सकेंगे।

5. उपनिषदों का मत : उपनिषदों में भी हृदय का अर्थ बुद्धि लिया गया है, यथा—'हृ' से ज्ञान को ग्रहण करना। 'द' से मन द्वारा कर्मेंद्रियों को आदेश व जीवात्मा को ज्ञान देना, और 'यम्' से अपनी निश्चयात्मक वृत्ति की सक्रियता है। इस प्रकार 'हृदयम्' के 3 अर्थ हैं—रक्तयंत्र, मन व बुद्धि। (बृहदा. 5।3।1। कंडिका)

यदा सर्वे प्रमुच्यन्ते कामा येऽस्य हृदि श्रिताः।
अथ मर्त्योऽमृतो भवत्यत्र ब्रह्म समश्नुते॥

(कठोपनिषद् 6/14)

हृदय में विद्यमान कामनाओं के छूट जाने पर मनुष्य अमर होकर ब्रह्मानंद में लीन व जीवनमुक्त हो जाता है। यहाँ हृदय को मन का वाचक व कामनाओं का आश्रय बताया है।

यदा सर्वे प्रभिद्यन्ते हृदयस्येह ग्रंथयः।
अथ मर्त्योऽमृतो भवत्येतावद्ध्यनुशासनम्॥

कठ. 6/15

जब हृदय की ग्रंथियाँ (गाँठें) खुल जाती हैं, तब मनुष्य अमर हो जाता है।

संस्कारों तथा अविद्या की गाँठें मन के ही एक भाग चित्त में हैं, जहाँ हृदय शब्द चित्त का वाचक है।

कामः सङ्कल्पो विचिकित्सा
श्रद्धाऽश्रद्धधृतिरधृतिर्ह्रीर्धीर्भीरित्ये तत्सर्वं मन एव।

कामनाएँ, संकल्प, संशय, श्रद्धा, अश्रद्धा, धैर्य अधीरता, लज्जा, बुद्धि, भय—यह सब मन ही है।

यदा सर्वे प्रमुच्यन्ते कामा येऽस्य हृदि श्रिताः।
अथ मर्त्योऽमृतो भवत्यत्र ब्रह्म समश्नुते॥

कठोपनिषद्

मनुष्य के हृदय की सारी कामनाएँ नष्ट हो जाने पर यह मरणधर्मा मनुष्य मुक्त हो मुक्ति को प्राप्त करता है।

श्रीमद्भगवद्गीता (8/12) में कहा है, मन को संयमपूर्वक हृदय में स्थित करें। यथा—

सर्वद्वाराणि सयम्य मनो हृदि निरुध्य च' (गीता 8/12)

6. ब्राह्मण ग्रंथ : मन का स्थान हृदय प्रदेश है। यथा—"मनो भूत्वा हृदय प्रविशन्प्रत्युरपानो भूत्वा" (ऐतरेय ब्राह्मण 1/2/4)

निष्कर्ष : इस प्रकार हृदय की रक्त-संचार व धड़कनों के नियमन में भूमिका के अतिरिक्त चित्त व मन के रूप में स्मृतियों, वृत्तियों व्यक्तित्व के लक्षणों आदि का संग्राहक होने का हमारे प्राचीन ग्रंथों में कई सहस्राब्दि पूर्व ही विवेचन कर दिया था, जिसकी स्वीकारोक्ति व उस पर अनुसंधान अब विज्ञान भी कर रहा है।

□

अध्याय–16

विज्ञान व प्रौद्योगिकी के प्राचीन अनुप्रयोग के संदर्भ

भारत में अनादि काल से ज्ञान, विज्ञान व प्रौद्योगिकी सहित विभिन्न क्षेत्रों में ज्ञान की उन्नत परंपरा विद्यमान रही है। प्राचीन भारतीय वाङ्मय में उन्नत प्रौद्योगिकी, धातु विज्ञान, रसायन शास्त्र, वैद्युतिकी, भौतिक विज्ञान, जीवन विज्ञान, रोग प्रतिरोधी टीकाकरण, परमाणु विज्ञान, नेनो तकनीक, मनोजैविकीय ज्ञान, स्वास्थ्य विज्ञान, शरीर विज्ञान, शल्य चिकित्सा, विमान शास्त्र, जलयान विनिर्माण, शस्त्रास्त्र प्रौद्योगिकी तक सभी क्षेत्रों में उन्नत प्रौद्योगिकी के अनुप्रयोगों के अनेक प्रमाण मिलते हैं। इनमें से कुछ उदाहरण अग्रलिखित हैं—

प्राचीन उन्नत धातु विज्ञान व सिविल अभियांत्रिकी के प्रामाणिक पुरावशेष

विश्व के प्राचीनतम ग्रंथ वेदों से लेकर वेदांग व अन्य संस्कृत ग्रंथों में उन्नत धातु विज्ञान के संदर्भों से लेकर प्राचीन पुरावशेषों में अनेक परिष्कृत धातु उपकरण प्राप्त हो रहे हैं। सात हजार वर्ष प्राचीन सिंधुघाटी सभ्यता आहाड़ की ताम्रवती नगरी, 5000 वर्ष प्राचीन द्वारका के अवशेषों के अतिरिक्त, विविध अन्य महाभारतकालीन पुरावशेषों, तमिलनाडू के कोडूमनाल के 2500 वर्ष पुरातन स्वात संयंत्रों, विट्रीप्लईड क्रुसिबल्स व अन्य अवशेषों और 6000 वर्ष प्राचीन जावर की खदानों सहित अनेक स्थानों पर विविध धातुओं के अनेक उपकरण एवं धातु परिद्रवण आदि के उपकरण प्रचुर मात्रा में मिले हैं। द्वारका व खंभात में 9000

वर्ष प्राचीन बंदरगाहों के अवशेष अति प्राचीन काल में समुद्र पार निर्यात के भी प्रमाण हैं।

द्वारका के समुद्र के गर्भ में मिली 5000 वर्ष प्राचीन 30 फीट चौड़ी दुर्ग रक्षा प्राचीर के अवशेष उस काल की उन्नत अभियांत्रिकी के प्रमाण हैं। त्रेतायुग के राम सेतु को नासा आदि द्वारा 17.5 लाख वर्ष प्राचीन मानव निर्मित सेतु कहना। सेतु की प्राचीनता की दृष्टि से रामायणकालीन प्राचीन 4 दाँत वाले हाथियों के जीवाष्म भी 10 लाख वर्ष से कहीं अधिक प्राचीन हैं। वाल्मीकि रामायण में 4 दाँत वाले जिन हाथियों के वर्णन मिलते हैं, वैसे हाथी 10 लाख वर्ष से बहुत पहले विलुप्त हो गए थे। ये प्रमाण भी रामायण काल को 10 लाख वर्ष से कहीं प्राचीन सिद्ध करते हैं।

वेदों व विविध प्राचीन ग्रंथों में धातुओं के खनन व उत्पादन के संदर्भ

ऋग्वेद, यजुर्वेद एवं अथर्ववेद सहित प्राचीन ग्रंथों में लौहा, सीसा, ताँबा, स्वर्ण, चाँदी, सीसा आदि धातुओं के उत्पादन, इनसे बने उपकरणों, इनसे बनने वाली मिश्र धातुओं और इनके अत्यंत ही परिष्कृत उपयोगों के संदर्भ मिलते हैं। ऋग्वेद में 10, 99.6, 10.101.8, 8.29.3, 5.62.7, 1.121.9, 1.58.8, 4.37.4, 6.71.4 अथर्ववेद में 10.1.20, यजुर्वेद में 18.13 आदि कई मंत्रों में धातुओं व धातुओं के उपकरणों के संदर्भ हैं। उदाहरण हेतु निम्न एक मंत्र का उदाहरण नीचे दिया जा रहा है।

मंत्र—

अश्मा च मे मृत्तिका च मे गिरयश्च मे पर्वताश्च मे वनस्पर्तयश्च मे
हिरण्यं च मेऽयश्च मे श्यामं च मे लोहं च मे सीसं च मे
त्रपुं च मे यज्ञेन कल्पन्ताम्।

यजुर्वेद 18/13

अर्थ—मेरी खनिज-संपदा, मूल्यवान पत्थर व मणियाँ, हीरा आदि रत्न मेरी सुपोषक मिट्टी, गिरि-पर्वत, मेघ और अन्न आदि पर्वतों में होने वाले पदार्थ मेरी बड़ी बालू और छोटी-छोटी बालू, मेरी वनस्पतियाँ, बड़े-बड़े वृक्ष (आम-बड़

आदि), मेरा स्वर्ण व सब प्रकार का धन, चाँदी, लोहा, शस्त्र, श्यामम्, नीलमणि, लहसुनिया और चंद्रकांतमणि आदि लोहा, कांतिसार, सीसा, लाख, जस्ता और पीतल आदि सब संग कल्पांत तक बढ़ते रहें॥ 13॥

स्टील निर्मित कृत्रिम पाँव का ऋग्वैदिक संदर्भ

अयस अर्थात् स्पात के उन्नत उपयोगों में लौह के अग्रकील युक्त तीरों से लेकर लौहे, ताँबे, पीतल, काँसे आदि से बनी तलवारें, पात्र व शल्य चिकित्सा (सर्जरी) सहित अन्य अनगिनत उपकरणों के निर्माण में परिष्कृत धातुओं व मिश्र धातुओं का प्रचुर उपयोग व व्यापक अनुप्रयोग होते रहे हैं।

ऋग्वेद में विष्पला नामक योद्धा नारी का युद्ध में पैर कट जाने पर अयस अर्थात् उच्च श्रेणी के स्पात का कृत्रिम पैर लगाने व उस स्पात (स्टील) के कृत्रिम पैर के प्रत्यारोपण के बाद उसके पुनः युद्ध में भाग लेकर विजयी होने का वर्णन मिलता है। ऐसे ही अन्य संदर्भों से मेडिकल इंप्लांट श्रेणी के उन्नत स्पात व मिश्र धातुओं तक के उत्पादन की प्रौद्योगिकी का होना प्रमाणित होता है। प्रत्यारोपण योग्य हाथ-पाँव, दाँत व अन्य अंगों का व्यापक स्तर पर विनिर्माण व उपयोग होना सिद्ध होता है। इन धात्त्विक अंगों के उत्पादन में इतनी उत्कृष्टता रही होगी कि ऋग्वेद में वर्णित विष्पला उस स्पात निर्मित पाँव के साथ पुनः युद्ध में संलग्न हो गई थी। आज जिस प्रकार के 'इंटरनेट ऑफ थिंग्स' (आई.ओ.टी.) से स्वचालित पैर व हाथ का निर्माण होता है। संभवतः यह वैसा ही या और उन्नत स्वचलित पैर रहा होगा। जिससे विष्पला के लिए उस स्टील के कृत्रिम पाँव के साथ युद्ध में भाग लेकर उसे जीतना संभव हुआ।

धातु के नेनो कण की उन्नत प्रविधियाँ

प्राचीन वास्तु ग्रंथों और आयुर्वेद के ग्रंथों में धातुओं के उपकरणों, उनका औषधियों के उपयोग व उनके परिशोधन व प्रसंस्करणों के विस्तृत विवरण मिलते हैं। आयुर्वेद के ग्रंथों में विविध धातुओं व हीरा सहित रत्नों के शोधन व उनके परिशोधित नेनो कण रूपी भस्मों के निर्माण व चिकित्सकीय उपयोगों पर हो रहे आधुनिक अनुसंधानों से आधुनिक विज्ञान भी उनकी पुष्टि कर रहा है व उन

औषधियें के भी बहुत अच्छे परिणाम आ रहे हैं। विविध धातुओं व रत्नों की भस्म के चिकित्सकीय उपयोगों पर व्यापक आयुर्वैदिक साहित्य उपलब्ध है।

उन्नत रसायन के नागार्जुन के संदर्भ

प्राचीन रसायनज्ञ व आयुर्वेदज्ञ नागार्जुन के ग्रंथ रसरत्नाकर में रसायन शास्त्र के उन्नत ज्ञान पर दृष्टिपात करें तो इस ग्रंथ में जिंक के उत्पाद की इस पद्धति तक का वर्णन है। रसरत्ननाकर पुस्तक विभिन्न धातुकर्म विषयों का सम्यक् विवेचन करती है। इसमें पारा जैसे तरल पदार्थ के रस रसायन तैयार करना, सोना, चाँदी, टिन और ताँबा जैसी धातुओं का उनके अयस्कों से निष्कर्षण और उनका शुद्धीकरण, द्रवीकरण, आसवन, उर्ध्वपातन और भूनने की प्रक्रिया आदि के वर्णन हैं। रस रसरत्नसमुच्चय, जो ईसापूर्व 13वीं शताब्दी का ग्रंथ है, उसमें तिर्यकपतन यंत्र (अवरोही द्वारा आसवन) द्वारा आसवन प्रक्रिया का विवरण है। इस सरल विधि को कंडेनसर और भट्ठियों के साथ विशेष रूप से डिजाइन किए गए रिटॉटर्स का उपयोग करके जस्ता अयस्क को गलाने के बाद बनने वाले जस्ता वाष्प के नीचे की ओर आसवन के लिए तैयार किया गया था, ताकि पिघलते जस्ता वाष्प को पिघलाने के बाद बिना ठंडा करके उसके ऑक्सीकरण के धातु प्राप्त किया जा सके। प्राचीन काल में जस्ते का उत्पादन भारत में ही होता था।

उत्कृष्ट धात्त्विक पुरावशेष

सिंधुघाटी सभ्यता व उतनी ही प्राचीन आहाड़ की 6–8 हजार वर्ष प्राचीन सभ्यता के पुरावशेषों में विविध धातुओं के पात्रों, आभूषणों, रथों व नौकाओं के अवशेषों आदि का मिलना भी हमारे देश में विगत 8–10 हजार वर्षों में उन्नत धातु विज्ञान असंदिग्ध प्रमाण है। तमिलनाडू के कोडूमनाल में लगभग 2000 वर्ष पुराने औद्योगिक नगरी के अवशेषों में स्पात (स्टील) उत्पादन, वस्त्र उत्पादन, रत्न संवर्द्धन आदि कि कारखानों के अवशेष मिले हैं। वहाँ पर उस काल के चमकीली सतह के (विट्रीफाइट) कड़ाह मिले हैं, जिनका जंग-मुक्त (वूट्ज) श्रेणी के स्टील के उत्पादन के अवशेष मिले हैं। अनेक स्थानों ने 3000 एवं पीतल, कांस्य व ताँबे आदि के उपकरण व टुकड़े मिले हैं।

दिल्ली के महरौली क्षेत्र में 5वीं सदी से भी प्राचीन लौहस्तंभ में आज तक जंग नहीं लगना यह हमारे उन्नत धातु विज्ञान का प्रमाण है। इससे भी प्राचीन समुद्र तट पर स्थित मूकांबिका के मंदिर पर स्थित स्तंभ पर आज 3700 वर्ष बाद भी जंग नहीं लगना महरौली के स्तंभ से भी उन्नत धातु विज्ञान के प्रमाण है। सुश्रुत द्वारा शल्य चिकित्सा में प्रयुक्त 200 से अधिक प्रकार के उपकरणों के वर्णन भी भारत के उन्नत धातु विज्ञान के प्रमाण हैं।

उन्नत जहाज निर्माण व जहाजरानी

ईस्ट इंडिया कंपनी सत्रहवीं सदी अपने भारत में 1856 तक अपने जहाज भारतीय जहाज निर्माताओं से बनवाती रही है। भारतीय जहाज इग्लैंड में बने जहाजों की तुलना में बेहतर रहे हैं। ब्रिटिश कंपनियों को समर्थन देने के लिए अंग्रेज सरकार ने भारतीय जहाज निर्माण को बाधित किया था। द्वारका व खंभात के क्षेत्र में 9000 वर्ष पुराने बंदरगाह और वहाँ समुद्रतल में मिले 1500 से अधिक विशाल लंगर (जहाज बाँधने के उपकरण) 2000 वर्ष प्राचीन विशाल बंदरगाह व जेटी के प्रमाण हैं। ऋग्वेद में विशाल पालदार जलयानों में, सौ चप्पुओं वाले जलयानों (शतरित्रों) और यांत्रिक जलयानों (पदभ्याम्) के भी संदर्भ मिलते हैं।

जलयान से समुद्र गमन, नौवहन व समुद्र पार व्यापार के वैदिक संदर्भ

जलमार्ग से व्यापार करने हेतु जलयानों के संदर्भ ऋग्वेद में हैं। ऋग्वेद में शतरित्र अर्थात् सौ अरित्र या सौ पाल वाले जलयान, अति ऐसे द्रुतगामी सौ पाल वाले, सौ 'तक' चप्पू वाले जलयान ही नहीं सौ 'कल' अर्थात् नौवहन यंत्र वाले जलयानों का भी वर्णन मिलता है। (ऋग्वेद 5/59/2)

मंत्र—

अमादेषां भियसा भूमिरेजति नौर्न पूर्णा क्षरति व्यथिर्यती।
दूरेदृशो ये चितयन्त एमभिरन्तर्महे विदथे येतिरे नरः ॥ 2 ॥

ऋग्वेद में जल, थल व नभचारी यानों का वर्णन है। छह घोड़ों की शक्ति तुल्य कल (यंत्रों) से युक्त जलयान और वैसे एक से अधिक 'कल' अर्थात् (यंत्र) युक्त

यानों के भी वर्णन है, जो बिना थके व बिना रुके 3 दिन व 3 रात्रि तक चलकर गंतव्य तक पहुँचते थे (ऋग्वेद 1.116.4)।

मंत्र—

तिस्रः क्षपस्त्रिरहातिव्रजद्भिर्नासत्या 'भुज्युमूहथुः पतङ्गैः।
समुद्रस्य धन्वन्नार्द्रस्य पारे त्रिभी रथैः शतपद्भिः षणश्वैः॥

ऋग्वेद 1.116.4

अर्थ—हे सत्यप्रिय व्यापारी व नाविक! तुम दोनों तीन रात्रि व तीन दिन अतीव गति से चलते हुए इन पदार्थों के साथ छह घोड़ों के तुल्य बल व गति से युक्त जल्दी ले जाने में सक्षम हो, छह कलों (यंत्रों) के धारक विद्यमान उन (शतपद्भिः) सैकड़ों पग के समान या जल कालने में सक्षम वेगयुक्त पहियों के साथ (त्रिभिः) भूमि, अंतरिक्ष और जल में चलने वाले रमणीय सुंदर मनोहर वाहनों सागर, अंतरिक्ष बालुई भूमि वा कीच के सहित समुद्र के पार पहुँचाओ। ॥4॥

अनारम्भणे तदवीरयेथामनास्थाने अग्रभणे समुद्रे।
यदश्विना ऊहथुर्भुज्युमस्तं शतारित्रां नावमातस्थिवांसम्॥ 1.116.5

भावार्थ—व्यवसाय के लिए चतुर्दिक् प्रवासरत अग्रचेता उद्यमी! तुम दोनों आने-जाने व ठहरने की जगह के ज्ञान के साथ अंतरिक्ष व सागर में सौ वल्ली वा सौ पाल या नौवहन यंत्रचप्पू लगे हुए जलयान को बिजली और पवन के वेग से बढ़ाओ और जिससे हम सभी धन व मूल्यवान वस्तुओं के अभाव को दूर करें।

वेदों में शतपद्भि अर्थात् पानी काटने के सौ पहिए या पंखे, अर्थात् प्रोपेलर यांत्रिक जलयान होने का भी प्रमाण मिलता है।

प्रष्ति और व्यापार के लिए की जाती थी। यथा—

उवासोषा उच्छाच्च नु देवी जीरा रथानाम्।
ये अस्या आचरणेषु दध्रि समुद्रे न श्रवस्यवः।

ऋग्वेद 1.48.3

तं गूर्तयो नेमन्निषः परीणसः समुद्र न संचरणे सनिष्यवः।
पतिं दक्षस्य विदथस्य नू सहो गिरिं न वेना अधि रोह तेजसा॥

ऋग्वेद 1.56.2

वैदिक शब्दावली ज्ञान-विज्ञान का विश्वकोष

वैदिक वाङ्मय का प्रत्येक शब्द उन्नत ज्ञान-विज्ञान का कोष है। इस दृष्टि से वन शब्द, यशद शब्द व हृदय शब्द के उदाहरण यहाँ समीचीन हैं।

यशद शब्द के निर्वचन में जस्ते या जिंक की उत्पादन प्रौद्योगिकी संबंधी धातु रसायन : जस्ते का उत्पादन अत्यंत जटिल होने से भारतीय विद्वान् ही इसके जानकार थे, जिन्होंने जस्ते का नामकरण 'यशद' भी इसकी धातु रसायन आधारित उत्पादन अभियांत्रिकी के अनुरूप किया—

"ताम्रः यश प्रदायते इति यशदः"

अर्थ—ताम्र अर्थात् ताँबे को यश प्रदान करने के कारण यह 'यशद' कहलाता है।

जस्ता 910° सेंटीग्रेड पर उबलने व जिंक ऑक्साइड में बदल जाने से उसे धातु रूप में प्राप्त करना कठिन था। भारत ने ताम्र के उपयोग से जस्ते के परिद्रवण की प्रक्रिया विकसित की थी। ताम्र की सहायता से बिना ऑक्सीडेशन से जस्ता प्राप्त होने से 4000 वर्ष पूर्व 'यशद' शब्द की रचना या निर्वचन इस जटिल प्रौद्योगिकी के सूत्र रूप में किया था। इसका वर्णन ऊपर नागार्जुन के रसरत्न समुच्चय में किया जा चुका है।

'वन' शब्द का आधुनिक मौसम विज्ञानपरक निर्वचन : इस प्रकरण का वर्णन अध्याय-15 में किया जा रहा है। निरुक्त के अनुसार वर्षा में सहायक होने से इन्हें वन कहा जाता है।

"वन्यते याचते वृष्टि प्रदानायते इति वनाः"

अर्थात् प्रकृति से "वर्षा प्रदान करने की जो माँग करता है, उसकी संज्ञा वन है"—निरुक्त

यास्क द्वारा 4000 वर्ष पूर्व किए निर्वचन/शब्द रचना के अनुरूप 2012 में सेंटर फॉर इंटरनेशनल रिसर्च के 'रियो+20' मौसम संबंधी सम्मेलन में डेविड एलिसन आदि कई वैज्ञानिकों के अनुसार महासागरों के बाद वर्षा का दूसरा प्रमुख कारण वन हैं, जो वाष्पोत्सर्जन द्वारा वर्षा के लिए आवश्यक 40 प्रतिशत तक आर्द्रता प्रदान करते हैं।

हृदय : आधुनिक व वैदिक विमर्श

हृदय शब्द की संरचना अर्थात् निर्वचन में ही हृदय को रक्त-संचारकर्ता व

नाड़ी-गति नियामक बताया है। यथा—"हरतेर्ददातेरयतेर्यम: इति हृदय शब्द: "। हृदय शब्द के चार अक्षरों ह+र+द+य में 'ह' से 'हरते' अर्थात् हरता है या रक्त को लेता, अर्थात् आहरित करता है, 'द' से ददाते अर्थात् शरीर को रक्त देता है, 'र' से रयते अर्थात् शरीर में रक्त को घुमाता है और 'य' से यमम् अर्थात् धड़कनों को नियमन करता है। आधुनिक विज्ञान में विलियम हार्वे ने प्रथम बार 1628 में बतलाया कि हृदय शरीर में मस्तिष्क सहित विविध अंगों में रक्त प्रवाहित करता है। इसका विमर्श अध्याय-12 में प्रस्तुत किया जा चुका है।

तीन सहस्राब्दी ईसापूर्व के ग्रंथों यथा शतपथ ब्राह्मण, बृहदारण्यक उपनिषद्, भेल संहिता, नाड़ी ज्ञानम्, चरक संहिता व यास्ककृत निरुक्त में हृदय के आठ कार्यों का प्रत्यक्ष उल्लेख है—(1) हृदय शरीर से रक्त का आहरण, (2) सभी अवयवों को रक्त के माध्यम से पोषण व ओज देता है, (3) शरीर में रक्त को घुमाना या उसका परिभ्रमण करना, (4) आजन्म धड़कनों का स्वतंत्र रूप से नियमन, (5) ये धड़कनें हृदय में विद्युत् आवेश के स्पंदनों से जनित हैं, (6) इन धड़कनों में शिथिलता पर हृदय के अग्रभाग में विद्युत् आवेश की पूर्ति, (7) रक्त व पोषक तत्त्वों को महाधमनियाँ व धमनियाँ ले जाती हैं और (8) शिराएँ रक्त को वापस लाती हैं।

हृदय के विद्युत् स्पंदनों के वैदिक संदर्भ : हृदय की धड़कनों में अनियमितता के कारण आजकल हृदय में पेसमेकर लगाने की आवश्यकता तेजी से बढ़ रही है। बैटरी चलित कृत्रिम पेसमेकर लगाकर उनके हृदय के अग्रभाग में विद्युत् आवेश की पूर्ति से धड़कनों का नियमन किया जाता है। हृदय के अग्रभाग में विद्युत् पूर्ति का स्पष्ट उल्लेख यजुर्वेद (39.8) में हजारों वर्ष पूर्व कर दिया था। यह हमारे उन्नत प्राचीन ज्ञान का प्रमाण है।

अग्निं हृदयेनाषानिं हृदयाग्रेण पशुपतिं कृत्स्नहृदयेन भुवं युक्ना।
शर्वं मतस्नाभ्यामीषानं मन्युना महादेवमन्त: पर्शव्येनोग्रं देवं वनिश्ठुना
वसिष्ठहनु: शिङ्गीनि कोश्याभ्याम्॥ 8॥

(यजुर्वेद 39-8)

वस्तुत: 'हृदयाग्रेण अशनि' शब्दों से हृदय के अग्रभाग में विद्युत् धारण का उल्लेख, कोश्याभ्याम् शब्द से दो मासपिंडों (दोनों निलयों) में द्विकोष्ठ पेसमेकर लगाकर विद्युत् आपूर्ति देने का निर्देश, कभी-कभी 'हृदय के दाहिने अलिंद व

दोनों निलयों में विद्युत् आपूर्ति देने के आज के चलन के अनुरूप मतस्नाभ्याम व कृत्स्नहृदयेन शब्दों का उपयोग कर 'हृदय के सर्वावयवों' (सभी अंगों में विद्युत् पूर्ति) का संकेत और पसलियों के अंदर बैटरी लगाने के चलन के संदर्भ में आन्त:र्पशव्येन अर्थात् 'पसलियों के अंदर' शब्दों का उपयोग मिलता हैं। इससे सिद्ध होता है कि कृत्रिम पेसमेकर जैसे उपकरणों की प्रौद्योगिकी भारत में विदित थी। इसका वर्णन 11 में किया जा चुका है।

आधुनिक टीकाकरण के प्राचीन भारतीय स्त्रोत

इतिहासकार डॉ. धर्मपाल की पाँच खंडों में प्रकाशित पुस्तक 'इंडियन साइंस एंड टेक्नोलॉजी इन एटींथ सेंचुरी' के अनुसार, 1731 से बंगाल से रॉबर्ट काउल्ट नामक ब्रितानी नागरिक डॉ. ओलिवर ने रोजनामचे में लिखा है कि भारत में वैद्य एक बड़ी पैनी व नुकीली सुई से चेचक के घाव की पीब लेकर उसे टीके के रूप में लोगों के शरीर में कई बार चुभोते थे। इस उपचार को संपन्न करने के बाद वे उबले चावल की लेई बनाकर रोगी के घाव पर चिपका देते थे। इसके तीसरे या चौथे दिन व्यक्ति को बुखार आता था और वह चेचक मुक्त रहता था।

डॉ. ओलिवर ने लिखा है कि यह काम ज्यादातर उड़िया भाषी ब्राह्मण करते थे। डॉ. धर्मपाल के अनुसार भारत से यह पद्धति कालांतर में ब्रिटेन पहुँची और 1796 में अंग्रेज चिकित्सक डॉ. एडवर्ड जेनर ने चेचक के टीका का आविष्कार इसी पद्धति से किया।

सुश्रुत के समय की उन्नत शल्य-क्रिया और (सर्जरी) के उन्नत यंत्र व उपकरण : सुश्रुत ने उन्नत शल्य चिकित्सा सहित कुल 200 से अधिक सर्जरी के उपकरणों का वर्णन किया है—इनमें स्वास्तिक (फोर्सेप्स), 24 प्रकारकी संडासियाँ (टोन्गस), दो प्रकार ताल यंत्र (एकस्ट्रेक्सन फोर्सेप्स), दो प्रकार के नाडी यंत्र-(केथेटर आदि), 20 प्रकार के शलाक्य (बूझी आदि), 30 प्रकार के उपयंत्रमरहम पट्‌टी आदि के सामान्य सहित कुल 105 मुख्य यंत्रशल्यक लिखे हैं। अन्य उपकरण 20 और ये सभी इंस्ट्रूमेंट्स परिष्कृत लौह (स्टील के बने होते थे। किनारे तेज, धार-युक्त होते थे, वे लकड़ी के बक्से में, अलग-अलग भाग बनाकर सुरक्षित रखे जाते थे।

बेहोशी के लिए निश्चेतना व सम्मोहिनी नामक औषधियों व बेहोशी दूर करने के लिए संचेतनी नामक औषधियों प्रयोग के सुश्रुत सहित सभी प्रमुख आयुर्वेद संहिताओं में हैं।

विमान शास्त्र सहित समग्र अभियांत्रिकीय प्रबोध

महर्षि भरद्वाज के 'यंत्र सर्वस्व' नामक ग्रंथ में सभी प्रकार के यंत्रों को बनाने और चलाने की विधि संकलित है। इस ग्रंथ के आठ अध्यायों में विमान बनाने की प्रक्रिया है और इन आठ अध्यायों में 100 खंड हैं, जिनमें विमान बनाने की टेक्नोलॉजी है। वेदों में भी विमान संबंधी उल्लेख अनेक स्थलों पर मिलते हैं। वाल्मीकि रामायण में तीन अध्यायों में पुष्पक विमान विस्तृत वर्णन के अतिरिक्त ऋगवेद में कम-से-कम 100 से अधिक बार विमानों का उल्लेख किया है।

अमेरिकी अंतरिक्ष एजेंसी नासा ने 1973 से ही भारत में महर्षि भरद्वाज रचित 'यंत्र सर्वस्व' ग्रंथ की बड़ी खोजबीन की है, जिसका एक भाग वैमानिक शास्त्र है। वैमानिक शास्त्र के पहले प्रकरण में प्राचीन विमान विज्ञान विषय के 25 ग्रंथों की सूची भी है। इस ग्रंथ में भरद्वाज मुनि ने विमान की परिभाषा, विमान का पायलट, आकाश मार्ग, वैमानिक के कपड़े, विमान के कलपुर्जे, ऊर्जा, यंत्र तथा उन्हें बनाने के लिए विभिन्न धातुओं का वर्णन किया है। विद्या वाचस्पति पं. मधुसूदन सरस्वती 'इंद्र विजय' नामक ग्रंथ में ऋग्वेद के 36वें सूक्त के प्रथम मंत्र का अर्थ लिखते हुए कहते हैं कि ऋषियों ने तीन पहियों वाला ऐसा रथ बनाया था, जो अंतरिक्ष में उड़ सकता था।

भरद्वाज मुनि ने विमान शास्त्र के उनसे पूर्व में हुए आचार्य व उनके निम्न ग्रंथों के बारे में भी लिखा हैं—

(1) नारायणकृत विमान चंद्रिका (2) शौनककृत व्योमयान तंत्र (3) गर्ग-यंत्रकल्प (4) वायस्पतिकृत-यान बिंदु (5) चाक्रायणीकृत खेटयान प्रदीपिका (6) धुंडीनाथ-व्योमयानार्क प्रकाश

प्राचीन भारतीय बैटरी और विद्युत् विज्ञान

ऋग्वेद में बैटरी और बिजली का उल्लेख मिलता है, इससे लगभग 10,000-8,000 ईसापूर्व बिजली और बैटरी का उपयोग सिद्ध होता है। ऋग्वेद के पंचम मंडल में विद्युत् का उल्लेख किया गया है कि हे लोगो! दिन और रात आराम से

काटे जा सकते हैं, अगर बिजली और आग का ठीक वैसे ही उपयोग किया जाए जैसे सूर्यदेव का किया जाता है। यथा—

सुपेशसं माव सृजन्त्यस्तं गवां सहस्रै रुशमासो अग्ने।
तीव्रा इंद्रममंदुः सुतासोऽक्तोर्व्यूष्टौ परितक्म्यायाः॥

ऋग्वेद 5.30.13

ऋग्वेद में प्रकाश और ऊर्जा के 4 मुख्य स्रोत वर्णित हैं—सूरज, बिजली, अंतरिक्ष (आयनोस्फियर की ऊर्जा) और भूगर्भीय ऊर्जा। यथा—

त्री रोचना वरुण त्रींरूत द्यून्त्रीणि मित्र धारयथो रजांसि।
वावृधानावमतिं क्षत्रियस्यानु व्रतं रक्ष्माणावजुर्यम्॥

ऋग्वेद 5.69.1

ऋषि अगस्त्य ने अगस्त्य संहिता (लगभग 8000 ईसापूर्व) में बैटरी बनाने की प्रक्रिया का उल्लेख किया है। यथा—

संस्थाप्य मृणमये पात्रे ताम्रपत्रं सुसंस्कृतम्।
धादयेच्छिखिग्रीवेण चार्दुभिः कष्ठपांशुभिः॥
दस्तालोष्टो निधातव्यः पारदाच्छादितस्ततः।
संयोगाज्जायते तेजो मित्रावरुणसंज्ञितम्॥

अर्थ—एक साफ मिट्टी का बरतन लें, उसमें ताम्रपत्र और शिखिग्रीवा अर्थात् नीला थोथा डालें। बीच-बीच में झरझरा गीला बुरादा डालें। इसके ऊपर पारा मिलाकर जिंक की चादर डाल दें। इन सभी को एक साथ मिलाकर फिर एक तार से जोड़कर बिजली पैदा की जाती है। यहाँ श्लोक में विद्युत् का नाम 'मित्रावरुण शक्ति' (मित्रवरुण शक्ति) रखा गया है।

हाइड्रोजन, उड़न साधन व इलेक्ट्रोप्लेटिंग

अगस्त्य संहिता में हीजल का हाइड्रोजन व ऑक्सीजन में आयनीकरण उस हाइड्रोजन का गुब्बारों में उपयोग और आयनीकरण से इलेक्ट्रोप्लोटिंग का भी वर्णन मिलता है। यहाँ पर प्रोटोन व इलेक्ट्रान को क्रमशः मित्र व वरुण कहा गया है। अगस्त्य संहिता में आगे लिखा है—

अनेन जलभंगोस्ति प्राणो दानेशु वायुशु एवं शतानां
कुंभानांसंयोगकार्यकृत्स्मृत॥

अर्थात् सौ कुंभों (अर्थात् उपरोक्त प्रकार से बने तथा शृंखला में सौ सेलों को जोड़े) उनकी शक्ति का पानी में प्रयोग करने पर पानी अपना रूप बदलकर प्राण वायु (ऑक्सीजन) और उदान वायु (हाइड्रोजन) में परिवर्तित हो जाएगा। आगे लिखा है—

वायुबन्धकवस्त्रेण निबद्धो यानमस्तके उदान स्वलघुत्वे
बिभर्त्याकाशयानकम्।

अर्थात् उदान वायु (हाइड्रोजन) को बंधक वस्त्र (air tight cloth) द्वारा निबद्ध किया जाए, वह विमान विद्या (aerodynamics) के लिए प्रयुक्त किया जा सकता है—

अगस्त्य संहिता में विद्युत् का उपयोग इलेक्ट्रोप्लेटिंग के लिए करने का भी विवरण मिलता है। उन्होंने बैटरी द्वारा ताँबा या सोना या चाँदी पर पॉलिश चढ़ाने की विधि बतलाई है। अगस्त्य को कुंभज ऋषि भी कहते हैं। प्राचीन भारत में Electroplating द्वारा सोना चाँदी को शुद्ध करने की कला ज्ञात थी, जिसमें बैटरी की आवश्यकता होती है। इसका वर्णन 'शुक्रनीति' में भी आता है।

कृत्रिमस्वर्णरजतलेपः सत्कृतिरूच्यते-शुक्र नीति
यवक्षारमयोधानौ सुशक्तजलसन्निधो॥
आच्छादयति तत्ताम्रंस्वर्णेन रजतेन वा।
सुवर्णलिप्तं तत्ताम्रं शातकुंभमिति स्मृतम्॥ 5॥

(अगस्त्य संहिता)

अर्थात् कृत्रिम स्वर्ण अथवा रजत के लेप को सत्कृति कहा जाता है। लोहे के पात्र में सुशक्त जल, अर्थात् तेजाब का घोल इसका सान्निध्य पाते ही ही यवक्षार (सोने या चाँदी का नाइट्रेट) ताम्र को स्वर्ण या रजत से ढक लेता है। स्वर्ण से लिप्त उस ताम्र को शातकुंभ अथवा स्वर्ण कहा जाता है।

प्राचीन भारतीय ग्रंथों व विविध पुरावशेषों में हमारे उन्नत विज्ञान व प्रौद्योगिकी के इतने प्रमाण मिलते हैं कि उस पर कई खंडों में एक विश्वकोश लिखा जा सकता है। इनमें से केवल कुछ नाम मात्र के तथ्यों का ही इस अध्याय में वर्णन करना संभव हुआ है।

□

अध्याय–17

ज्ञान की निधि समग्र वैदिक शब्दावली

वस्तुतः हमारी प्राचीन शब्दावली में ही विविध विषयों के गूढ़ रहस्य छिपे हुए हैं। विज्ञान व प्रौद्योगिकी के भी अनेक रहस्य इनमें छिपे हैं। वैदिक व पौराणिक साहित्य में शब्दों की रचना ही अत्यंत गूढ़ अर्थ के साथ की गई प्रतीत होती है। आज अनेक प्राचीन निरुक्त व व्युत्पत्तिमूलक शब्दकोशों के विलोपन के कारण उन शब्दों का निर्वचन कठिन होता जा रहा है। वेदों व प्राचीन संस्कृत ग्रंथों में हमारी संस्कृति व अध्यात्म के अतिरिक्त सामाजिक विज्ञान, मानविकी, भाषाविज्ञान, भौतिक विज्ञान, शरीर विज्ञान, जहाजरानी, धातु रसायन सहित उत्पादन प्रौद्योगिकी के अगणित संदर्भ हैं। इन ग्रंथों के शब्दों के निर्वचन, अर्थात् उनके उद्भव या उत्पत्तिपरक (एटमालॉजी आधारित) अर्थ से ही इन्हें समझना संभव है। विगत अध्यायों में हृदय शब्द के निर्वचन, 'हरतेर्ददातेरयतेर्यमम्' में हृदय के चार प्रमुख कार्य संदर्भित थे कि हृदय रक्त को लेता है (हरते) देता है (ददाते) घुमाता है (रयते) और धड़कनों का नियमन करता है (यमम्)। ऐसा अधिकांश संस्कृत शब्दों का व्युत्पत्तिमूलक अर्थ रहा है। इनमें से कुछ का विवेचन यहाँ किया जा रहा है।

शब्दों के निर्वचन अर्थात् उत्पत्ति के सामान्य उदाहरण

इन ग्रंथों की शब्दावली के निर्वचन/उत्पत्ति के कुछ उदाहरण निम्नानुसार है—

मंत्र शब्द का निर्वचन : संस्कृत के सामान्य शब्द 'मंत्र' पर ही विचार करें तो इसमें भी गुरु अर्थ विद्यमान है। मननात् त्रायते इति मन्त्रः, अर्थात् मनन करने वाले की रक्षा करे वही मंत्र है।

शंकर अर्थात् 'शं तनोतु इति शकरः', अर्थ : संकटों से रक्षा करे या संकट हरे, वह शंकर है।

'वन' शब्द का आधुनिक मौसम विज्ञानपरक निर्वचन

निरुक्त के अनुसार वर्षा में सहायक होने से इन्हें वन कहा जाता है।

"वन्यते याचते वृष्टि प्रदानाय इति वनाः"

अर्थात् "वर्षा प्रदान करने की जो माँग करता है, उसकी संज्ञा वन है"—निरुक्त

यास्क द्वारा 4000 वर्ष पूर्व किए निर्वचन/शब्द रचना के अनुरूप 2012 में सेंटर फॉर इंटरनेशनल रिसर्च के 'रियो+20' मौसम संबंधी सम्मेलन में डेविड एलिसन आदि कई वैज्ञानिकों के अनुसार महासागरों के बाद वर्षा का दूसरा प्रमुख कारण वन हैं, जो वाष्पोत्सर्जन द्वारा वर्षा के लिए आवश्यक 40 प्रतिशत तक आर्द्रता प्रदान करते हैं।

यशद शब्द के निर्वचन में जस्ते या जिंक की उत्पादन प्रौद्योगिकी संबंधी धातु रसायन

जस्ते का उत्पादन अत्यंत जटिल होने से भारतीय विद्वान् ही इसके जानकार थे, जिन्होंने जस्ते का नामकरण 'यशद' भी इसकी धातु रसायन आधारित उत्पादन अभियांत्रिकी के अनुरूप किया था। जस्ते कर ताम्र के साथ मिश्र धातु पीतल बनाकर जस्ता प्राप्त किए जाने की परंपरावश जस्ते का नाम यशद रखा था। इसकी व्युत्पत्ति—

"ताम्रः यश प्रदायते इति यशदः"

अर्थ—ताम्र अर्थात् ताँबे को यश प्रदान करने के कारण यह 'यशद' कहलाता है।

जस्ता 910° सेंटीग्रेड पर उबलने लगता है एवं उसके जिंक ऑक्साइड में बदल जाने से उसे धातु रूप में प्राप्त करना अत्यंत कठिन था, इसलिए जस्ते का उत्पादन प्राचीन काल में केवल भारत में ही होता था। भारत से ही जस्ते का विश्वभर में निर्यात होता था। भारत ने ताम्र पट्टिकायुक्त ऐसी आसवन भट्ठियाँ

(डिस्टीलेशन फर्नेस) विकसित की थीं, जिनसे शुद्ध जस्ता प्राप्त करना संभव था। चित्र–1 की मिट्टी की मूस में शीर्ष पर लगी ताँबे की पट्टिका जस्ते की वाष्प का बिना ऑक्सीकरण के आसवन कर चित्र–2 की आसवन भट्ठी यशद धातु प्रदान कर देती थी। ताम्र या ताँबे की पट्टिका बिना ऑक्सीडेशन से जस्ते के आसवन (डिसिटलेशन) से जस्ता प्राप्त होने से 4000 वर्ष पूर्व 'यशद' शब्द की रचना या निर्वचन इस जटिल प्रौद्योगिकी के सूत्र रूप में किया था।

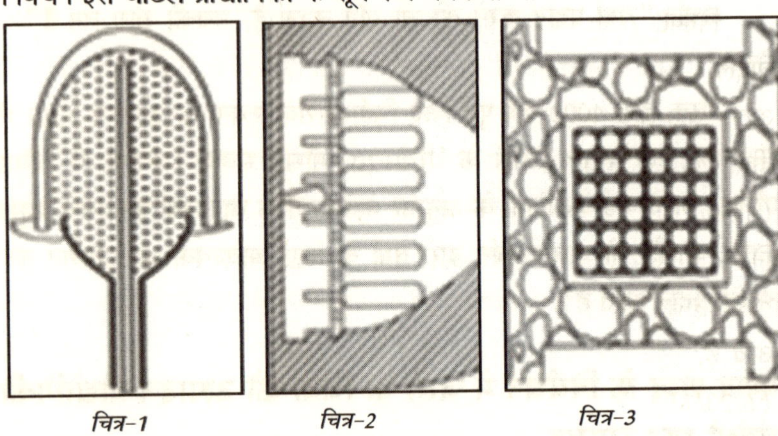

चित्र–1 चित्र–2 चित्र–3

निर्वचन रहित व्याख्याएँ अनर्थकारी

प्राचीन ग्रंथों के शब्दों के निर्वचन को समझे बिना उनकी व्याख्या अनर्थकारी भी हो जाती है। ऋग्वेद के मंत्रों—1/101/1, 1/130/8, 2/20/7, 4/16/13, 6/47/21 और 7/5/3 में 'कृष्ण' शब्द का अर्थ, वेद विरोधी, असुर व मूल निवासी करना भेदमूलक है। ऋग्वेद (1/101/1) में कृष्णगर्भा का निरुक्तानुसार अर्थ मेघ की काली घटा है। सायण ने ऋग्वेद (7/17/14) में कृष्ण का अर्थ काला बादल ही किया है। ऋग्वेद (1/130/8) में त्वच कृष्णामरन्ध्यतः का अर्थ काले मेघ छाने पर अंधकार होने से है। ऋग्वेद 2/20/7 में 'अतरू कृष्णयोनी' का अर्थ दासीपुत्र न होकर मेघ की काली घटाएँ हैं। ऋग्वेद (4/16/13) में कृष्णवर्णाः मेघः योनीरासा ताः कृष्णयोन्य दास्यः कृष्ण का अर्थ काला मेघ है। ऋग्वेद 6/47/21 का 16वीं सदी में महीधर ने भी कृष्ण का अर्थ व्यक्ति के लिए नहीं कर 'काली अँधेरी रात्रि' किया है।

ऋग्वेद 7/5/3 में अस्किनी पद का अर्थ काले रंग की आदिम जाति न होकर निघंटु 1/7 के अनुसार अँधेरी रात मेघ रात्रि है। ऋग्वेद 5/29/10 के अनास शब्द का अर्थ चपटी नाक वाले आदिवासी न होकर नासते शब्द करोति धातुपाठ के अनुसार शब्द रहित अर्थात् बिना गरजने वाले मेघ से है। वैदिंक शब्दों शंबर, चुमुरि, धुनि, प्रिप्रू, वर्चिन, इलिविश आदि को आदिवासियों का मुखिया, शूद्र आदि बताना भ्रामक है।

निरुक्त 7/23 के अनुसार ऋग्वेद (1/59/6) में **शंबर** का अर्थ मेघ या बादल ('अभिनच्छंबर मेघम') है। ऋग्वेद (6/18/8) के **चुमुरि** शब्द का 'चमु अदने' धातु से अर्थ है वह मेघ, जो जल नहीं बरसाता। ऋग्वेद (7/99/5) में 'वर्च दीप्तो' धातु से बने वर्चिन का अर्थ है मेघ, जिसमें विद्युत् चमकती है। ऋग्वेद के (1/33/12) इलीविश शब्द कुरआन व बाइबिल का शैतान या इब्लीस न होकर निरुक्त 6/19 के अनुसार 'इलाबिल शयः', अर्थात् 'भूगर्भ का जल' है।

ऋग्वेद (6/20/7) में पिप्रु शब्द 'पृ पालनपूरणयोः' धातु से बना है, जिसका अर्थ है, ऐसा मेघ (बादल) जो वर्षा द्वारा प्रजा का पालन करता है। ऋग्वेद (6/20/13) के धुनि शब्द का निरुक्त 10/32 में अर्थ आदिवासी न होकर "धुनिमन्तरिक्षे मेघम्" अर्थात् धुनोति इति धुनिः अर्थात् ऐसा मेघ (बादल) जो काँपता व गर्जना करता है।

साधारण क्रियाओं में गूढ़ विज्ञान

प्राणायाम का अर्थ : प्राणायाम शब्द का भी अत्यंत गूढ़ अर्थ निकलता है। प्राणायान का व्युत्पत्तिमूल अर्थ है। श्वास प्रश्वासयोर्गति विच्छेदः, अर्थात् दीर्घ श्वसन या साँस लेने-छोड़ने में दीर्घ अंतराल है। घट्यर्द्धपरि अकालपलित रक्षैव च आयुर्बलं प्रदायते के अनुसार आधी घटी, अर्थात् 12 मिनट दीर्घ श्वसन असमय वृद्धावस्था से बचाता और आयु व बल में वृद्धि करता है। 'तनाव जनित वृद्धावस्था' पर 2009 की नोबल पुरस्कार विजेता एलिजाबेथ ब्लेकबर्न ने इस सूत्र के आधार पर एक प्रयोग।

व्यक्ति के क्रमोसोम पर लंबे टेलेमिअर्स होने पर, असमय वृद्धावस्था नहीं आती और छोटे होने पर तनाव से असमय वृद्धावस्था के लक्षण उत्पन्न हो जाते

हैं। उन्होंने व्यक्तियों के एक समूह के टेलोमिअर्स नाप कर उन्हें दो समूहों में बाँट दिया। एक समूह को 90 दिन तक 12 मिनट दीर्घ श्वसन व दूसरे समूह से एरोबिक व्यायाम कराया। नब्बे दिन बाद दीर्घ श्वसनकर्ताओं के टेलोमरेज में 43 प्रतिशत की वृद्धि पाई गई। इस प्रकार हमारे प्राचीन वाङ्मय के शब्दों के निर्वचन या व्युत्पत्ति को समझकर सम्यक् अनुसंधान की आज महती आवश्यकता है। इस हेतु प्राचीन पांडुलिपियों से शब्दों की निरुक्तिमूलक परिभाषाएँ खोजना अत्यंत महत्त्वपूर्ण है।

इसी प्रकार हृदय के स्थूल रक्त-संचार संबंधी कार्य के साथ उसके सूक्ष्म चेतना संबंधी कार्यों का विवेचन भी पूर्व में हृदय शब्द की भिन्न निरुक्ति के अनुसार अध्याय 11 व 13 में विवेचन किया जा चुका है।

□

द्वितीय सोपान

सार्वभौम भू-धरातलीय एकता

विश्व के विविध भागों का भू-धरातलीय व भू-सांस्कृतिक केंद्र भारत रहा है। इस सोपान में इस विषय पर चर्चा आगामी अध्याय 18-27 के बीच की जा रही है। पृथ्वी पर विद्यमान सृष्टि के विकास के पूर्व जलप्रलय अथवा वाटर होलोकास्ट के पौराणिक व वैज्ञानिक वर्णनों के अनुसार हिमालय क्षेत्र व वहाँ स्थित तिब्बत, हिमाचल व उत्तराखंड आदि के भू-भाग विश्व में सर्वाधिक ऊँचाई पर होने से जल से सर्वप्रथम उभरकर बाहर आए थे। तिब्बत के पठार को विश्व की छत कहा जाता है, जो सबसे पहले जल से प्रकट हुआ होगा। इसलिए ऋग्वेद व अथर्ववेद में भी उसे विश्व का सबसे ऊँचा स्थल बतलाकर उसके जल से सबसे पहले बाहर आने के उल्लेख मिलते हैं। कैलाश पर्वत जो पिरामिड की आकृति लिये हुए है, और हिमालय के तिब्बत क्षेत्र में ही समुद्र तल से 6714 मीटर की ऊँचाई पर है। उस पवित्र कैलाश पर्वत को भू-नाभिक कहा जाता है। उस पवित्र कैलाश पर्वत से भू-मंडल के अनेक स्थलों का पुरा-खगोलीय संबंध व अभिमुखीकरण है। कैलाश के दिशा विन्यास एवं विश्व के अनेक पुरास्थलों के दिशा विन्यास में विलक्षण साम्य भी बना हुआ है। चीन पर जवाहरलाल नेहरू के अनुचित उपकार व राष्ट्र-विरोधी अनुग्रह के कारण उस तिब्बत व कैलाश मान सरोवर पर चीन का नियंत्रण हो गया। तथापि, तिब्बत, कैलाश मान सरोवर, नेपाल, केदारनाथ, बदरीनाथ, मनाली आदि से अनेक वैश्विक स्थलों का पुरा खगोलीय अभिमुखीकरण व दिशा विन्यास का नियोजित अभिमुखीकरण (ऑरिएंटेशन) है।

मनाली वह स्थल है, जहाँ जलप्रलय के बाद मनु की नौका टिकी थी। मनु की नौका सदृश विवरण नूह की नौका व नूह के जहाज के वर्णन इसलाम में कुरान में व ईसाइयत में बाइबिल में भी न्यूनाधिक अंतर के साथ हैं। जलप्रलय व मनु के नौका का वर्णन मत्स्य पुराण सहित सभी पुराणों में का है। करोड़ों वर्ष पूर्व जिसके भिन्न-भिन्न वैज्ञानिक आकलन हैं, भू-मंडल पर जलप्रलय हुआ है। इस दृष्टि से किस प्रकार सृष्टि विकास-क्रम की भारत केंद्रित कुछ पुराखगोलीय भू-धरातलीय विशेषताओं का संक्षिप्त वर्णन इस सोपान में किया जा रहा है। लेखक के इस विषय से समय-समय पर प्रकाशित कुछ लेखों की चयनित जानकारियाँ इस सोपान में प्रस्तुत की जा रही हैं। इस संपूर्ण विषय का विश्लेषण एक स्वतंत्र ग्रंथ में ही संभव हो सकेगा, तथापि आगामी दस अध्यायों में भारतीय संस्कृति केंद्रित भू-धरातलीय एकता का संक्षिप्त विवेचन किया जा रहा है।

अध्याय-18

प्राचीन भू-धरातलीय ज्ञान एवं तिब्बत का वैदिक विमर्श

प्राचीन वैदिक व पौराणिक साहित्य में प्रचुर भू-धरातलीय जानकारियाँ हैं। तिब्बत विश्व की शीर्ष धरा है। इसका कथन वेदों में भी है। अठारहवीं सदी के अंत तक विश्व में कोई नहीं जानता था कि तिब्बत विश्व का सर्वोच्च स्थल है। तब भी अनादिकाल से वेदों में तिब्बत की इस शीर्ष स्थिति का विवेचन है। पुराणों व महाभारत में भी उस क्षेत्र का सम्यक् वर्णन है। इनके अतिरिक्त विश्व के अनेक पुराखगोलीय (आर्कियोएस्ट्रानामिकल) स्थल हमारे हिमालय स्थित कैलाश पर्वत या मोहनजोदड़ो आदि से अभिमुखित है। विश्व के कई पुराखगोलीय स्थल चुंबकीय दिशा-विन्यास के स्थान पर वेदोक्त वास्तविक उत्तर से अभिमुखित हैं। पृथ्वी के घूर्णन की धुरी, जो ध्रुवतारे से अभिमुखित है, उस वास्तविक उत्तर दिशा विन्यास भारतीय वाङ्मय में वर्णित वास्तविक उत्तर से अभिमुखित है। आगामी कुछ अध्यायों में इन विषयों की भी समीक्षा की जाएगी।

तिब्बत की शीर्ष धरा का वैदिक विमर्श

तिब्बत विश्व का सर्वोच्च पठार होने से पृथ्वी की छत कहलाता है। उन्नीसवीं सदी में ही हिमालय के सर्वोच्च शिखर 'गौरीशंकर' (माउंट एवरेस्ट) की ऊँचाई की त्रिकोणमितीय गणना संभव हुई थी। इसके पूर्व इस तथ्य से आधुनिक भूगोलवेत्ता

भी अनभिज्ञ थे कि तिब्बत की ऊँचाई क्या है। इससे कई सहस्राब्दि पूर्व वेदों व महाभारत आदि में तिब्बत अर्थात् त्रिविष्टप को पृथ्वी का शीर्ष धरातल और सभ्यता का उद्‌गम स्थल बतलाया है। कैलाश मानसरोवर का विस्तृत विवरण प्रस्तुत किया है। विश्व के अनेक पुराखगोलीय स्थल (आर्कियो-एस्ट्रानामिकल स्थल) कैलाश पर्वत से अभिमुखित हैं।

ऋग्वेद : विश्व के इतिहासकारों में ऋग्वेद के रचनाकाल पर मतभेद होने पर भी इस पर सभी एकमत हैं कि यह विश्व का प्राचीनतम ग्रंथ है। ऋग्वेद की 1800-1500 ईसापूर्व की 30 पांडुलिपियों को सयुक्त राष्ट्र आर्थिक व सामाजिक आयोग (यूनेस्को) ने विश्व विरासत में सम्मिलित किया है। इन पांडुलिपियों में से एक बर्च की छाल एवं 29 कागज पर लिखी हुई हैं। इन पर ऋग्वेद का पूर्ण और अक्षुण्ण पाठ पांडुलिपि संग्रह के इतिहास की दुर्लभ उपलब्धि है।

मंत्र—

इमानि त्रीणि विष्टपा तानीन्द्र वि रोहय।
शिरस्ततस्योर्वरामादिदं म उपोदरे॥

(ऋग्वेद 8/91/5)

मंत्रार्थ : हे श्रेष्ठ मानव! हजारों वर्ष पूर्व ऋग्वेद में स्पष्ट संदर्भ है कि "उस त्रिविष्टप नामक स्थान को प्राप्त कर, जो सारी पृथ्वी से ऊँचा व मनुष्यों के लिए परम सुखकारी है तथा माता के उदर के समान मनुष्यों व सभी जीवों का उत्पत्ति-स्थल है।"

अथर्ववेद : अथर्ववेद में भी त्रिविष्टप को पृथ्वी का शीर्ष स्थान व मानव सृष्टि का उद्‌गम बताया है—

"हे मनुष्य! जिस त्रिविष्टप को स्वर्ग तुल्य माना जाता है, उस पर तू चढ़। वह पृथ्वी का सबसे ऊँचा व परम सुख का देनेवाला स्थान है। वह पृथ्वी पानी से सबसे पहले बाहर आई और जिसमें सब एक साथ पैदा हुए, समान मनुष्य प्रकट हुए। महान् वीर्य प्राप्ति के लिए उसको तू प्राप्त कर।"

साकं सजातैः पयसा सहैध्युदुब्जैनां महते वीर्याय।
ऊर्ध्वो नाकस्याधि रोह विष्टपं स्वर्गो लोक इति यं वदन्ति॥

(अथर्ववेद 11/1/7)

भौगोलिक विमर्श

भूगर्भवेत्ताओं के अनुसार हिमालय का उद्भव 5 करोड़ वर्ष पूर्व हुआ था, इसलिए उसके उपरांत पृथ्वी के जल प्लावन या जलप्रलय के उपरांत पृथ्वी की छत कहे जाने वाले इस सर्वोच्च पठार का सबसे पहले जल से बाहर निकलने का वैदिक कथन सटीक ही लगता है। जलप्रलय व मत्स्यावतार का वर्णन मत्स्य पुराण सहित सभी पुराणों में है। वाटर होलोकास्ट का आधुनिक भौगोलिक विवेचन भी पृथ्वी के जलमग्न होने की पुष्टि करते हैं। उसके बाद गरमी से उठने वाली जल वाष्प के शीत प्रदेशों, यथा उत्तरी ध्रुव, दक्षिणी ध्रुव, हिमालय सहित विश्व के हिमनदों आदि में बर्फ निर्माण से लाखों वर्षों में पृथ्वी का धरातल प्रकट होने के वैज्ञानिक आकलन भी हैं, इसलिए वेदों व पुराणों में भी जलप्रलय के बाद सर्वप्रथम तिब्बत के उभरने का कथन एकदम सटीक है। मत्स्यावतार से संबंधित मनु की नौका का उस काल में जल के उतरने के बाद मनाली में धरातल पर उतरने का भी वर्णन लगभग सटीक है। मनाली आज भी समुद्र से 2050 मीटर की ऊँचाई पर है। जबकि हिमालय की पूरी शिवालक श्रेणियाँ 600-1500 मीटर की ऊँचाई पर ही हैं। देहरादून भी 640 मीटर की ऊँचाई पर ही है। मनु की नौका का वर्णन इसलाम व ईसाई ग्रंथों में भी क्रमश: नूह की नौका व नूह के शिप के रूप में मिलता है।

तिब्बत व कैलाश मानसरोवर के वर्णन

महाभारत में पांडवों के अंतिम समय में कैलाश प्रस्थान पर बदरीनारायण से कैलाश मानसरोवर मार्ग पर द्रौपदी के देहावसान स्थल पर स्थित प्राचीन द्रौपदी मंदिर है। वस्तुत: बदरीनाथ के आगे 'माना' गाँव में वेदव्यासजी व गणेशजी द्वारा महाभारत ग्रंथ के लेखन स्थान पर उनके निवास की गुफाओं व लेखन-स्थल के थोड़ा आगे, सरस्वती नदी के उद्गम के बाद दूसरी ओर कैलाश पर्वत के मार्ग पर द्रौपदी मंदिर का होना कैलाश पर्वत व तिब्बत के भारतीय भू-भाग होने का अच्छा पुरातात्त्विक प्रमाण है। इक्यावन शक्ति पीठों में से 'मानस' शाक्तिपीठ भी तिब्बत में है, जहाँ माता सती की दाहिनी हथेली का निपात हुआ था। इन सभी स्थलों का विस्तृत पौराणिक विवेचन है। महाभारत में भी इनका वर्णन है।

गर्ग संहिता में कैलाश-मानसरोवर का उल्लेख, 2500 वर्षों से अक्षुण्ण अस्कोट राज्य के पाल वंश के राजाओं व कुमाऊँ के राजाओं द्वारा कैलाश मानसरोवर मार्ग पर यात्रा व्यवस्था के उल्लेख और कैलाश यात्रा हेतु शुंग वंश सहित उत्तर भारत के राजाओं द्वारा व्यवस्था के प्रलेख भी उस क्षेत्र पर हमारे स्वामित्व के प्रमाण हैं। ईसापूर्व कालीदास-विरचित रघुवंश में कैलाश-मानसरोवर का वर्णन और अन्य कई प्राचीन राज्याज्ञाओं में भी कैलाश यात्रा हेतु राजकीय व्यवस्था के महत्त्वपूर्ण उल्लेख हैं।

चीन को तिब्बत का उपहार

उसी परंपरा में कैलाश-मानसरोवर मार्ग पर अंग्रेजों के काल व उसके बाद स्वाधीनता के बाद 1954 तक तिब्बत स्थित कैलाश पर्वत व कैलाश-मानसरोवर मार्ग भारत की प्रभुसत्ता एवं शासकीय व्यवस्था में रहा है। चीन से 1954 के पंचशील के समझौते में कैलाश-मानसरोवर और उस संपूर्ण मार्ग पर भारतीय नियंत्रण एवं उस पर स्थित अतिथिगृहों, डाकघरों व तारघरों पर स्वातित्व व नियंत्रण सौंपने का उल्लेख है। प्रधानमंत्री नेहरू द्वारा अदूरदर्शितावश देश के इस पारंपरिक अधिकार और वहाँ स्थित डाकघर, तारघर, अतिथिगृहों सहित विविध संपत्तियों, आधारित रचनाओं, रक्षा चौकियों, वहाँ की शासकीय व्यवस्थाओं सहित सहस्राब्दियों के पारंपरिक अधिकार एवं कैलाश-मानसरोवर व तिब्बत का चीन को इकतरफा समर्पण कर दिया था। उस 1954 के समझौते में संलग्न 'नोट्स एक्सचेंज्ड' में यह स्पष्ट रूप से उद्धृत है।

दुर्भाग्यवश 1950 में तिब्बत पर चीन के आक्रमण के बाद हमारे प्रधानमंत्री जवाहरलाल नेहरू ने संयुक्त राष्ट्र संघ में 24 नवंबर को तिब्बत पर चीन के आक्रमण के विरुद्ध होने वाली चर्चा को यह कहकर रुकवा दिया कि यह चीन का आंतरिक मामला है, जिसे वे आपस में सुलझा लेंगे और 1951 में तिब्बत पर चीन की प्रभुसत्ता की इकतरफा संधि करा दी। तिब्बती लामा भूटान की तरह ही तिब्बत को भारत का संरक्षित-राज्य (प्रोटेक्टोरेट स्टेट) बनाने का आग्रह करते रहे थे। दुर्भाग्यवंश वामपंथी रूस, जो तब चीन का संरक्षक भी था, के दबाव में जवाहरलाल नेहरू ने तिब्बती लामाओं के इस प्रस्ताव को ठुकरा दिया था। यहाँ

पर यह उल्लेखनीय है कि जिस प्रकार भारत ने 8 अगस्त, 1949 को भूटान से मैत्री संधि कर उसे अपना संरक्षित राष्ट्र (प्रोटेक्टोरेट) बना लिया था, उसी अवधि में तिब्बत ने भी भारत से उसे अपना संरक्षित राष्ट्र बना लेने का पुरजोर आग्रह किया, दुर्भाग्यवश उससे मना कर नेहरू ने तिब्बत वैसी संधि चीन से करने का सुझाव दे तिब्बत को चीन को हड़पने का अवसर दिला दिया। यही नहीं, 1950 के चीनी आक्रमण के विरुद्ध संयुक्त राष्ट्र में प्रस्ताव लाने का आग्रह नेहरू से कर चुके थे। तब चीन व तिब्बत दोनों ही संयुक्त राष्ट्र के सदस्य नहीं थे। भारत 1949-51 के बीच सुरक्षा परिषद् का भी सदस्य था। तब भी नेहरू ने कह दिया कि भारत की इतनी सामर्थ्य नहीं है, पर अन्य कोई देश इस विषय को उठाएगा तो भारत इसका पुरजोर समर्थन करेगा। तब 15,000 किमी. दूर स्थित मात्र 20 लाख जनसंख्या वाले अल सल्वाडोर ने इसे उठाया। विदेश विभाग के महासचिव गिरजाशंकर, उपप्रधानमंत्री सरदार पटेल, पूर्व गवर्नर जनरल राजगोपालचारी, सी.डी. देशमुख सहित अधिकांश केंद्रीय मंत्रियों के विरोध के उपरांत नेहरू ने तिब्बत को चीन का आंतरिक मामला कह दिया। दिसंबर 15 को सरदार पटेल की मृत्यु के पूर्व 12 दिसंबर को स्वास्थ्य कारणों से नेहरू ने पटेल से गृह मंत्रालय सहित सभी विभाग भी वापस ले लिये थे।

सांस्कृतिक भारत का अभिन्न अंग

तिब्बत सांस्कृतिक दृष्टि से भारत का ही भूभाग था। भारत व चीन के बीच स्थित उभय-प्रतिरोधी अर्थात् बफर राष्ट्र तिब्बत के होने से भारत उत्तर से पूर्ण सुरक्षित रहता। युगों-युगों से भारत का अंग रहा तिब्बत 1912 से 1951 तक स्वतंत्र राष्ट्र था। मई 1841 से अगस्त 1842 के बीच जम्मू के डोगरा शासक गुलाब सिंह की सेना मानसरोवर तक गई थी। तब सितंबर 16/17, 1842 की 'चुशूल की संधि' में तिब्बती संवत् के साथ भारतीय तिथि आसौज तृतीया लिखे होने से तिब्बती कलेंडर भी भारतीय कालगणना आधारित सिद्ध होता है। इससे भी तिब्बत भारत की सांस्कृतिक एकता सिद्ध होती है। वस्तुतः तिब्बत व कैलाश-मानसरोवर लाखों वर्षों से सभी युगों में भारत का अभिन्न अंग रहा है। कैलाश पर्वत एक प्रकार से पृथ्वी का नाभिक कहा जाता है। हमारे उस वैदिक-पौराणिक महत्त्व के स्थल के

भू-नाभिकीय स्थिति का विवेचन अगले अध्याय में किया जाएगा।

चौथी सदी में समुद्रगुप्त से 7वीं सदी में हर्षवर्द्धन के शासनपर्यंत तिब्बत से मैत्री संबंध रहे हैं। सातवीं सदी में तिब्बत नरेश स्त्रोंङगचन्स्त्राम् पो (626-98) का बौद्धमत ग्रहण किए जाने, थोवमी-सम्भोटा जैसे तिब्बती विद्वानों का भारत में अध्ययन एवं भारतीय बौद्ध आचार्यों शांतरक्षित व पद्मसंभव आदि की तिब्बत यात्राओं के परिणामस्वरूप तिब्बती वर्णमाला भी देवनागरी सदृश गुप्तकालीन 'पश्चिमी गुप्त लिपि' से विकसित हुई है। अनेक संस्कृत ग्रंथ, जो भारत में अनुपलब्ध हैं, उनकी मूल प्रतियाँ अथवा तिब्बती अनुवाद वहाँ उपलब्ध हैं।

शिव-पार्वती की मुद्रायुक्त कल्प विग्रह नामक विष्णु प्रतिमा, जो रेडियोकार्बन डेटिंग में 28450 वर्ष प्राचीन सिद्ध हुई, वह भी 1959 में तिब्बत के बौद्ध भिक्षु से ही सी.आई.ए के हाथ लगी थी। सी.आई.ए. के आर्मी बेस कैंप में ST Circus Mustang-0183 पर पंजीकृत उस प्रतिमा के 1996 में चोरी हो जाने के बाद आज भी इतना ही प्राचीन उसका भारी बॉक्स अमेरिका में सी.आई.ए के पास है। अन्य अनेक महत्त्वपूर्ण पुरावशेष व पांडुलिपियाँ आज भी तिब्बत में विद्यमान हैं, जो भारतीय इतिहास व संस्कृति पर प्रकाश डाल सकती हैं।

□

अध्याय-19

तिब्बत स्थित भू-नाभिक कैलाश पर्वत

पिछले अध्यायों में तिब्बत के वैदिक विमर्श एवं पवित्र कैलाश मानसरोवर के पौराणिक विमर्श के उपरांत कैलाश की भू-नाभिकीय स्थिति का विमर्श उचित है। हमारी संस्कृति के हृदय प्रदेश कैलाश मानसरोवर को किस प्रकार जवाहरलाल नेहरू ने सर्वथा राष्ट्र हित के विरुद्ध चीन को दे दिया था। वेदों पुराणों के विमर्श के अनुसार भारत का अभिन्न अंग रहा तिब्बत भारत का अंग रहा है। तिब्बत पृथ्वी का शीर्ष धरातल है और वहाँ स्थित कैलाश पर्वत शिवतत्त्व का धारक व भू-नाभिक माना जाता रहा है। कैलाश पर्वत की विश्व के विविध महाद्वीपों में स्थित कई स्मारकों से सुनियोजित दूरी एवं भू-ज्यामितीय सापेक्षता भी है।

कैलाश पर्वत की दिव्य, चामत्कारिक एवं रहस्यमयी विलक्षणता

भू-नाभिक अर्थात् एक्सिस मुंडी कहलाने वाले पिरामिडाकार कैलाश पर्वत को प्राचीन ग्रंथों में भी पिरामिडाकार व पवित्रतम तीर्थ बताया है। इसका पृथ्वी के अन्य पिरामिडों, पुरा-स्मारकों एवं इंग्लैंड स्थित प्राचीन संक्रांति उत्सव स्थल स्टोनहेंज से भी विशेष भू-ज्यामितीय संबंध है। इसकी ऊँचाई गौरीशंकर शिखर अर्थात् माउंट एवरेस्ट से 2210 मीटर कम एवं मात्र 6638 मीटर ही होने पर भी कोई पर्वतारोही इस पर नहीं चढ़ पाया है। इसके ऊपर से विमानों का निकलना भी कठिन है, जहाँ उनके नेवीगेशन संयंत्र ठीक से काम नहीं करते हैं। महाभारत में पाँचों पांडवों व द्रौपदी के अंतिम समय में कैलाश प्रस्थान पर केवल युधिष्ठिर ही कैलाश शिखर तक पहुँच सके थे।

कैलाश पर्वत एवं विश्व के अन्य स्मारकों की सुनियोजितता

ध्रुव प्रदेशों से नियोजित दूरी : पृथ्वी के नाभिक कैलाश पर्वत की ध्रुव प्रदेशों एवं इंग्लैंड स्थित 5000 वर्ष प्राचीन संक्रांति उत्सव स्थल महापाषाण शिलावर्त 'स्टोनहेंज' से भी सुनियोजित दूरी है।

तालिका : कैलाश पर्वत की अन्य प्रमुख स्थलों से दूरी के अनुपात

1	कैलाश पर्वत व उत्तरी ध्रुव की दूरी	6,666 किमी.
2	कैलाश पर्वत व दक्षिण ध्रुव की दूरी (6,666 × 2 = 13,332)	13,332 किमी.
3	कैलाश व इंग्लैंड के (5000 वर्ष प्राचीन) स्टोनहेंज की दूरी	6,666 किमी.

उत्तरी ध्रुव से कैलाश पर्वत की दूरी 6666 किलोमीटर है। वहीं दक्षिणी ध्रुव से इसकी दूरी ठीक दो गुनी 13,332 किलोमीटर (6,666 × 2 = 13,332) है। प्रतिवर्ष 21 जून को सूर्य के दक्षिणायन के अवसर पर आने वाले योग दिवस, अर्थात् ग्रीष्म अयनांत के सूर्योदय के अक्षांश से अभिमुखित, इंग्लैंड स्थित 5000 वर्ष प्राचीन प्रागैतिहासिक महापाषाण शिलावर्त स्टोनहेंज से भी कैलाश पर्वत की दूरी 6,666 किलोमीटर ही है।

प्राचीन सूर्य उपासक यूरोपवासियों का संक्रांति उत्सव-स्थल है स्टोनहेंज : इंग्लैंड स्थित स्टोनहेंज ईसाइयत के जन्म से पूर्व यूरोप में वैदिक देवता मित्र, अर्थात् सूर्य के उपासकों का संक्रांति उत्सव स्थल रहा है। सूर्य-उपासना की प्राचीन परंपरा के अंतर्गत ही वहाँ पर अयन संक्रांतियों, अर्थात् सायन कर्क व मकर संक्रांतियों के अवसर पर हजारों यूरोपवासी वहाँ सूर्य दर्शन व सूर्योपासना के लिए पहुँचते एवं संक्रांति मनाते हैं। यूरोपीय पुरातत्त्वविदों एडम्स एंड फीथिअन की पुस्तक 'मित्राइज्म इन यूरोप' में उन्होंने लिखा है कि यूरोप के सभी पुरातात्त्विक उत्खननों में मित्र देवता के अनगिनत पुरावशेष मिलते रहे हैं। ईसाइयत के उद्भव के पहले पूरा यूरोप वैदिक 'मित्र देवता' के उपासकों से भरा था। इस वैदिक देवता मित्र, अर्थात् सूर्य का स्वरूप ईरान में जाकर कुछ बदल गया और सीरिया व रोम तक पहुँचकर और बदल गया। इटली में तो हाल ही में एक 1600 वर्ष प्राचीन मित्र देवता का मंदिर भी मिला है।

वस्तुतः ईसा से 3,000 वर्ष पहले मित्र अर्थात् सूर्य उपासक समाज द्वारा बनाए स्टोनहेंज नामक इस शिलावर्त में 7 मीटर (23 फीट) से भी ऊँची व 20-25 टन भार

वाली शिलाओं को वृत्ताकार में भूमि में गाड़कर दो वृत्तों का निर्माण किया हुआ है। यह शिलावर्त सूर्य के दक्षिणायन, अर्थात् ग्रीष्म अयनांत के सूर्योदय के अक्षांश और उत्तरायण, अर्थात् शीत अयनांत के सूर्यास्त के अक्षांश पर केंद्रित या अभिमुखित है।

ग्रीष्म अयनांत अर्थात् दक्षिणायन के दिन 21 जून को ही 'योग दिवस' आता है, जब भगवान् शंकर ने सप्तऋर्षियों को कैलाश पर्वत पर योग ज्ञान देने की सहमति दी थी। स्टोनहेंज में प्रतिवर्ष प्राचीन योग दिवस वाले ग्रीष्म अयनांत, अर्थात् सूर्य के दक्षिणायन के दिन मेला लगता है। शीत अयनांत अर्थात् सूर्य के उत्तरायण के दिन भी सूर्योपासना का मेला लगता है। ईसाइयत के जन्म के 6,000 वर्ष पहले, वहाँ के सूर्य उपासकों में भारत की तरह अयन संक्रांतियों, अर्थात् कर्क व मकर संक्रांतियों का बड़ा महत्त्व रहा है। इस शिलावर्त का निर्माण भी 8000 वर्ष पूर्व तब किया था, जब इंग्लैंड के एंग्लोसेक्सन घुमक्कड़ जनजातीय समुदाय थे, और छाल से तन ढकते थे। इस स्मारक के निर्माताओं के दाह संस्कार से बची अस्थियों का डी.एन.ए. आज के इंग्लैंड निवासियों के डी.एन.ए. से भिन्न और किन्हीं पूर्वी भूभाग से गए कृषक वर्ग का लगता है। इस प्रकार कैलाश पर्वत से नियोजित दूरी, वहाँ के पुरातन सूर्य उपासक, प्राचीन यूरोपीय मित्र-संप्रदाय या सूर्योपासक संप्रदाय, सूर्य की प्रतीक मानसरोवर झील, भारत में मकर संक्रांति का बिहू, पोंगल, लोहड़ी, गंगासागर उत्सव आदि किसी एक ही संस्कृति की साझी विरासत लगती है।

कैलाश-मानसरोवर पर अनादिकाल से भारत का नियंत्रण : विगत अध्याय में यह चर्चा की चुकी है कि तिब्बत में सत्ता भी किसी राजा की रही हो, कैलाश मानसरोवर व वहाँ तक के मार्ग पर सदैव भारत का नियंत्रण रहा है। रूस व चीन के साथ दुरभिसंधिपूर्वक 24 नवंबर, 1950 को हमारे तत्कालीन प्रधानमंत्री जवाहरलाल नेहरू ने तिब्बत पर चीनी आक्रमण के विरुद्ध संयुक्त राष्ट्र संघ में चर्चा को स्थगित करवाकर 1951 में तिब्बत पर चीन की संप्रभुता स्थापित करवा दी थी, तथापि 1954 तक संपूर्ण कैलाश मानसरोवर एवं वहाँ तक के पूरे मार्ग पर भारत की प्रभुसत्ता व नियंत्रण पूर्ववत् था। वहाँ के अतिथि गृहों, विश्रांति गृहों, सुरक्षा चौकियों, शास्त्रागारों, डाकघरों, तारघरों, दूरसंचार केंद्रों आदि का समर्पण 1954 की चीन के साथ हुई संधि के अधीन जवाहरलालजी ने देशहित के विरुद्ध चीन को सुपुर्द कराए थे।

नेहरू ने तिब्बत के साथ विश्व का विशालतम जलस्रोत चीन को दिया : अपने तीन ओर 11 देशों के लिए जल-विटप इस त्रिविष्टप से ही ब्रह्मपुत्र, सिंधु, सतलज व घाघरा जैसी वैदिक नदियों सहित 10 हिमजल युक्त नदियाँ निकलती हैं। ध्रुव प्रदेशों के बाद सर्वाधिक बर्फयुक्त तिब्बत को पृथ्वी का तीसरा ध्रुव कहते हैं। इसका हिमजल 11 देशों के 1.5-2 अरब लोगों का जीवन आधार और पृथ्वी का विशालतम जलस्रोत है। कैलाश पर्वत के पास ही विश्व के सर्वोच्च धरातल पर स्थित शुद्ध पानी की सूर्याकार 'मानसरोवर झील' एवं खारे पानी की चंद्राकार 'राक्षस झील' है। इन झीलों व पर्वतों से एक स्वस्तिकाकृति बनती है। इस भू-नाभिक कैलाश पर्वत की दोनों ध्रुवों, स्टोनहेंज एवं अन्य पुरास्मारकों से सापेक्ष भू-ज्योमितीय स्थिति का विवेचन आगे किया जाएगा। आज तिब्बत पर नियंत्रण के कारण चीन ब्रह्मपुत्र को भी हड़पना चाहता है। यह चर्चा पूर्व में की ही जा चुकी है कि जवाहरलाल नेहरू ने देशहित के विरुद्ध तिब्बत पर चीन को अधिकार करने में सहयोग किया था, जबकि तिब्बत भूटान की भाँति ही भारत का संरक्षित राष्ट्र बनना चाहता था।

□

अध्याय-20

पवित्र भारतीय कैलाश केंद्रित वृहद भू-धरातलीय एकता

कैलाश पर्वत का दिशा विन्यास चुंबकीय उत्तर आधारित न होकर वेद-पुराणोक्त पृथ्वी की धुरी अभिमुखित वास्तविक उत्तर दिशा के अनुरूप है। पवित्र भारतीय तीर्थ कैलाश से भू-मंडल के अनेक पुराखगोलीय (आर्कियोएक्ट्रानॉमिकल) स्थलों से भू-धरातलीय व भू-ज्यामितीय एकता अत्यंत विलक्षण है। विश्व की ईसापूर्व काल की अनेक सभ्यताओं के पुरावशेषों की कैलाश पर्वत से नियोजित दूरियों व खगोलसिद्ध ज्यामिति के कुछ उदाहरणों का विवेचन विगत अध्याय में किया था। इस पवित्र तीर्थ एवं दिव्य भू-चुंबकीय ऊर्जा-केंद्र कैलाश से विश्व सभी सात महाद्वीपों के कुछ और स्मारकों की सुनियोजित दूरियों व ज्यामितिसिद्धता का भी यहाँ विवेचन समीचीन है। कैलाश केंद्रित यह वैश्विक ज्यामितीय नियोजन इतना खगोल-शुद्ध है कि आज के गूगल-अर्थ के सेटेलाइट चित्रों से भी इनमें कुछ किलोमीटर या 0.1° का विचलन खोजना भी संभव नहीं है। कई हजार किलोमीटर में फैले इन स्मारकों का कैलाश से इतना खगोल-शुद्ध स्थान चयन किसी अति उन्नत वैज्ञानिक पद्धति का ही परिणाम हो सकता है।

पिरामिडाकार कैलाश पर्वत की चारों सतहों का पूर्व आदि चारों दिशाओं से विचलन रहित व विलक्षण समायोजन है। कैलाश पर्वत की ही देशांतर रेखा पर मेक्सिको के पिरामिडों व मंदिरों के प्राचीन नगर टिआटिहुआकान की कैलाश से 15,000 किलोमीटर की दूरी का भूमध्य रेखा द्वारा 3:2 के अनुपात में विभाजन भी सर्वथा आश्चर्यजनक है।

कैलाश केंद्रित भू-भौगोलिक व भू-ज्योमितीय एकता के अतिरिक्त उदाहरण

पिछले अंक में कैलाश केंद्रित कई स्मारकों की चर्चा के उपरांत और कुछ उदाहरणों का विवेचन भी यहाँ आवश्यक है। लेबनान स्थित बालबेक की भारत से सांस्कृतिक एकता विशेष रूप से उल्लेखनीय है।

रूसी द्वीप वेरा से कैलाश व मोहनजोदड़ो के बीच और रूसी किले पोर बाजिन से कैलाश व चीनी श्वेत पिरामिड के बीच समबाहु त्रिभुज : इसी प्रकार रूसी किले पोर बाजिन से चीन के महा विशाल पिरामिड का कैलाश से समान दूरी पर होने से एक और समबाहु त्रिभुज बनता है (चित्र-1)। इतने दूरस्थ स्थलों का कैलाश पर्वत से जोड़े जाने पर समबाहु त्रिभुज एक विचित्र पर सुनियोजित भू-ज्यामिति किसी गूढ़ व दिव्य ऊर्जा विज्ञान का ही परिणाम हो सकता हैं। रूस स्थित पोर बाजिन से रूसी द्वीप बेरा और कैलाश पर्वत की दूरी भी सर्वथा एक समान क्रमश: 2535 व 2546 किमी. है।

कैलाश, चीनी श्वेत पिरामिड व ग्रेट जिम्बाब्वे के पुरावशेष की ज्यामिति : रूसी 'पोर बाजिन किला' और चीनी श्वेत पिरामिड क्विआनलिंग का भी कैलाश से समबाहू त्रिभुज बनता हैं और यह चीन का सबसे बड़ा पिरामिड है। यह रूसी पोर बाजिन किले व चीनी पिरामिड कैलाश से भी समान दूरी पर स्थित है, जिससे कैलाश पर केंद्रित समबाहु त्रिभुज बनाता है (देखें चित्र-1)। इसी समबाहू त्रिभुज की आधार रेखा के मध्य से कैलाश पर्वत पर होते हुए एक लंबवत् सीधी रेखा को आगे बढ़ाने पर वह ग्रेट जिम्बाब्वे के एक सहस्राब्दि से भी प्राचीन पुरावशेषों पर जाती है (देखे चित्र-1 व 2)। कैलाश पर्वत को आधार-बिंदु मानकर उससे रूसी पोर बाजिन, चीनी श्वेत पिरामिड और अफ्रीका स्थित ग्रेट जिम्बाब्वे का कई सहस्राब्दी पूर्व इतना शुद्ध भू-आनुपातिक स्थान अभिन्यास भी अत्यंत आश्चर्यजनक एवं कैलाश पर्वत की अति प्राचीन परम सत्ता का संकेतक है।

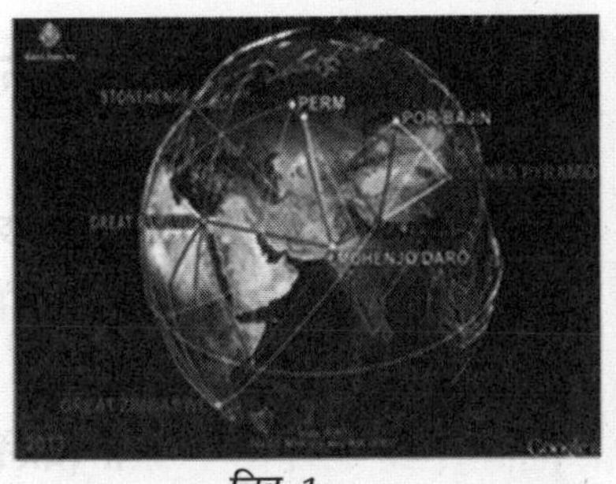

चित्र-1

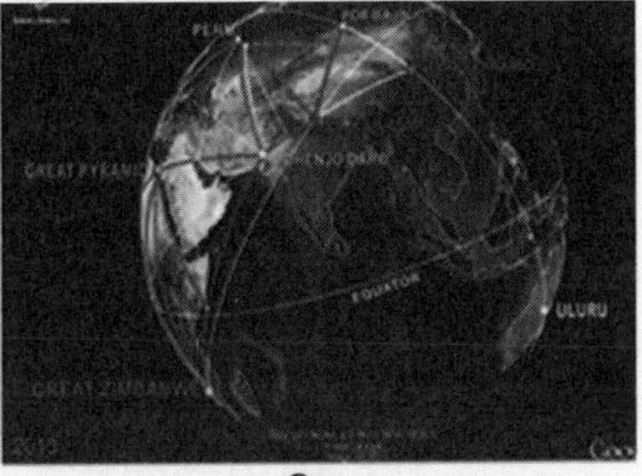

चित्र-2

चित्र साभार : https://geolines.ru/eng/publications/NEW-IN-HISTORY Mount-Kailash.html

रूसी पोरबाजिन, चीनी श्वेत पिरामिड, कैलाश पर्वत और ऑस्ट्रेलियाई उलुरू : कैलाश केंद्रित समबाहू त्रिभुज की आधार रेखा पर स्थित रूसी 'पोर बाजिन' व चीन श्वेत पिरामिड को जोड़ने वाली आधार रेखा को दक्षिण में आगे बढ़ाने पर ऑस्ट्रेलिया स्थित परम मनोरम शिलास्मारक 'उलुरू' पर जाती है, जो वहाँ के मूल निवासियों से 10,000 वर्ष पहले से आवासित है, जहाँ प्रचुर झरने, गुफाएँ, प्राचीन शैल चित्र (पेंटिंग्स) यूनेस्को की विश्व विरासत की सूची में भी है, और पास ही उलुरू-कटा ट्जुरा नेशनल पार्क है, जहाँ असंख्य दुर्लभ पादप व जंतु प्रजातियाँ हैं। झरनों व असंख्य गुफाओं से युक्त यह भारतीय प्रमापों के अनुसार कोई प्राचीन तप:स्थली रही होगी।

लेबनान स्थित बालबेक का कैलाश से संबंध : मध्य एशिया स्थित इसलामिक केंद्र लेबनान, जो मध्य युग में इसलामी जेहाद व ईसाई पांथिक युद्ध क्रुसेड की विभीषिका भी झेल चुका है, का बालबेक नगर भी केवल कैलाश पर्वत से अभिमुखित है। भारतीय संस्कृति के अति उन्नत व प्रचुर पुरावशेषों से युक्त बालबेक प्राचीन हिंदू मंदिरों का केंद्र प्रतीत होता है। इसी 'बालबेक' के अक्षांश पर ही कैलाश व मोहनजोदड़ो को जोड़ने वाली रेखा 'स्पर्श रेखा', अर्थात् टेंजेंट बनाती है (चित्र-3-4)। बालबेक का प्राचीन नाम ही हिलियोपोलिस, अर्थात् सूर्यनगरी था, जो वैदिक देवता मित्र उपारव्य सूर्य के उपासकों का केंद्र रहा है। यह प्राचीन सूर्याधिष्ठित नगर बालबेक लिट्टानी नदी के तीर पर 8-9 हजार वर्ष प्राचीन नगर है। वहाँ भव्य प्राचीन मंदिरों के अवशेष आज भी विद्यमान हैं। ईसापूर्व काल

के प्राचीन यूनानी 'मित्र उपासक संप्रदाय', अर्थात् वैदिक देवता सूर्य या मित्र के उपासक संप्रदाय से युक्त इस नगर में विशाल बृहस्पति अर्थात् जूपिटर मंदिर है। उसी मंदिर में दाढ़ी रहित और वज्र व पाश युक्त देवता की रथ पर सवार, 60 ईसवी की प्रतिमा भी है। यह प्रतिमा इंद्र की रही होगी। वज्र इंद्र का आयुध है। 'पाष' वरुण का आयुध है। वेदों में मैत्रा-वरण युग्म शब्दों का प्रयोग हुआ है और संदर्भ भेद से कहीं-कहीं मित्र को भी इंद्र का पर्याय कहा गया है। लेबनान में बालबेक स्थित यह प्राचीन मैत्रा-वरुण की प्रतिमा लगती है। वहाँ बिखरे पुरावशेष अंगकोरवाट से भी भव्य मंदिरों के प्रतीत होते हैं। अंगकोरवाट 400 एकड़ में कंबोडिया स्थित प्राचीन विष्णु मंदिर है, जो विश्व का विशालतम धर्मस्थल है।

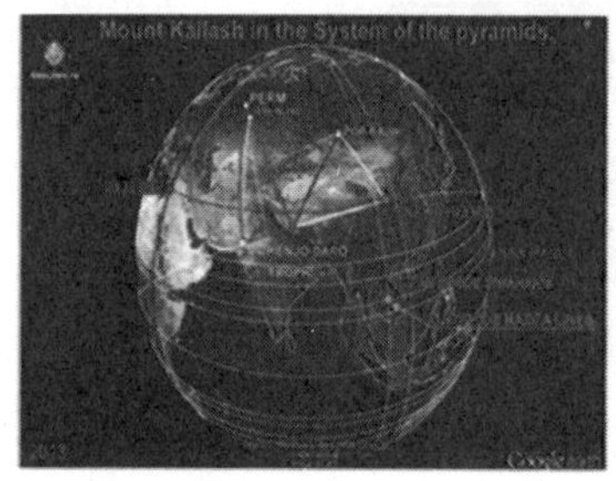

चित्र-3 *चित्र-4*

चित्र साभार : https://geolines.ru/eng/publications/NEW-IN-HISTORY/Mount-Kailash.html

कैलाश केंद्रित पुरावशेषों की सूची और वृहद है : इस वृहद सूची के कुछ उदाहरण अग्रलिखित हैं—पेरू स्थित ईसापूर्व पाँचवीं सदी के स्थल 'नाज्का लाइंस', बोलिविया स्थित ईसापूर्व 1580 की सभ्यता, जिसका इतिहास 11-17 हजार वर्ष पीछे जाता है, इथियोपियों का लाली बेला, जिसका अक्षांशीय संबंध अंगकोर वाट से भी होता है। बोलिविया का ही एमाएपर और प्रशांत महासागरीय 'नान मेडोल' (चित्र-4) का पाषाणकला का प्राचीन केंद्र आदि के ज्यामितीय विवेचन लेख को क्लिष्ट बना देगा। इसलिए उन्हें छोड़ा जा रहा है, तथापि इन सभी स्थलों की सांस्कृतिक एकता का भी संक्षिप्त विवेचन आगामी अंकों में अपेक्षित है। वस्तुत: कोलंबस द्वारा अमेरिका की खोज या ऑस्ट्रेलिया के यूरोपीय अतिक्रमण से कई हजार वर्ष पूर्व विश्व के सभी महाद्वीपों की अनेक संस्कृतियाँ कैलाश व भारत केंद्रित रही हैं। □

अध्याय-21

वैश्विक स्मारकों की पवित्र कैलाश-केंद्रित वृहत्तर भू-ज्यामिति

हमारे पवित्र एवं दिव्य धाम कैलाश पर्वत से अभिमुखित विविध स्थानों के ज्योमितीय संबंध की चर्चा विगत दो अध्यायों में की जा चुकी है। हिमालय स्थित कैलाश पर्वत की विश्व के कई पुरावशेषों व स्मारकों से ज्यामितीय सापेक्षता व दूरियों में समानुपातिकता कोई संयोग मात्र न होकर किसी बुद्धिमत्तापूर्ण नियोजन या सुनियोजित प्ररचना का अंग प्रतीत होती है। कैलाश पर्वत की इस विशिष्ट भू-ज्यामितीय स्थिति के आधार पर कई विद्वान् इसे 'भू-नाभिक' अथवा एक्सिस-मुंडी संबोधित करते हैं। इनमें से कई पुरावशेषों की सुनियोजित सूर्याभिमुखी खगोलसिद्धता भी गहन अध्ययन का विषय है। इन स्मारकों की परिधि में प्राचीन वैदिक देवता सूर्य जिनका एक वैदिक नाम मित्र देवता भी है, के पुरावशेषों की प्रचुरता भी ईसापूर्व की कालावधि में एक सभ्यतागत एकता का भी संकेत करती है। यह एकता प्राचीन हिंदू सभ्यता केंद्रित एकता थी। उस काल में संपूर्ण भू-मंडल पर यह भारतीय सनातन हिंदू संस्कृति ही प्रचलित थी। हिमालय के उद्‍भव के समय से, अर्थात् पाँच करोड़ वर्षों से भी प्राचीन इस पिरामिडाकार कैलाश पर्वत से सुनियोजित दिशाओं व दूरियों पर एशिया, यूरोप, दोनों अमेरिकी महाद्वीपों, अफ्रीका, ध्रुव-प्रदेशों व ऑस्ट्रेलिया आदि सभी महाद्वीपों में पिछली कई सहस्राब्दियों में विकसित अनेक पिरामिडों, मंदिरों, नगरों एवं अन्य स्मारकों का स्थान चयन किसी सुनियोजित भू-ज्यामितीय सापेक्षता एक विलक्षण संयोग है। हजारों किलोमीटर की दूरी में फैले इन स्मारकों

का कैलाश पर्वत-केंद्रित समबाहु त्रिभुज बनाना अथवा कैलाश केंद्रित दूरियों में समानुपातिकता किसी विलक्षण व सुनियोजित डिजाइन, अर्थात् प्रचना का अंग ही कही जा सकती है।

सभी महाद्वीपों में कैलाश सापेक्ष प्राचीन पुरास्मारक

आज के सैटेलाइट कैमरों के युग में भी किसी देश, प्रदेश या नगर के नियोजन में ऐसी समानुपातिकता पूर्ण भू-ज्यामितीय सापेक्षता नहीं दिखलाई देती है, जैसी इतने विशाल क्षेत्र में कैलाश पर्वत केंद्रित सापेक्षता विविध महाद्वीपों में फैले पचासों पुरास्मारकों के मध्य है। हजारों किलोमीटर की दूरी के उपरांत भी कैलाश केंद्रित दूरी या ज्यामितीय सापेक्षता में 40-50 किमी. का अंतर भी नहीं होना किन्हीं भू-चुंबकीय प्रवाहों या किन्हीं अन्य ऊर्जा प्रवाहों के आकलन के आधार पर ही संभव है। पृथ्वी के उत्तरी व दक्षिणी सिरों पर उत्तरी व दक्षिणी ध्रुव स्थित हैं और वृहत्तर भारत का अंग रहा एशिया स्थित कैलाश पर्वत करोड़ों वर्षों से सुस्थिर है। शेष सभी विगत सहस्राब्दियों में योजनापूर्वक निर्मित किए गए हैं। मोहनजादड़ो एवं अंकोरवाट (कंबोडिया) वृहत्तर भारत का अंग रहे हैं। मिस्र देश स्थित गिजा के पिरामिड और लेबनान स्थित बालबेक एशिया स्थित प्राचीन सौर संप्रदायों अर्थात् सूर्य आराधक संप्रदायों के प्राचीन केंद्र हैं। चीन के पिरामिड भी एशिया स्थित हैं। रूसी नगर पर्म, वेरा द्वीप, पोर बाजिन आदि रूस में स्थित हैं। टिऑटिहुआकान के सूर्य-चंद्र आदि के पिरामिड व वहाँ के नाग मंदिर उत्तरी अमेरिका के मेक्सिको में स्थित हैं। उलुरू की तप:स्थली ऑस्ट्रेलिया है। पेरू की 'नाज्का लाइंस' बोलिवया का 'टिवांकु' व 'समयपत' दक्षिणी अमेरिका में स्थित हैं। 'लालीबेला' व ग्रेट जिम्बाब्वे के पुरावशेष अफ्रीका में स्थित हैं। 'नान मेडोल' प्रशांत महासागर में स्थित है। इन विविध स्थलों की ईसापूर्व काल की, उस काल की प्राचीन सभ्यताओं में समरूपता भी गहन अन्वेषण व अध्ययन का विषय है। प्रस्तुत लेख व आगामी लेख में इन पुरास्मारकों की कैलाश सापेक्ष भू-ज्यामिति की चर्चा की जानी है।

कैलाश पर्वत व मेक्सिको स्थित टिऑटिहुआकान पिरामिड : अमेरिका स्थित देश मेक्सिको में 600 ईसापूर्व के अति विशाल सूर्य व चंद्र के पिरामिड ठीक

उसी देशांतर रेखा पर स्थित हैं, जिस देशांतर पर स्वयं पिरामिडाकार कैलाश पर्वत स्थित है (देखें चित्र क्रमांक 1)। इनमें मात्र 10 किमी. का अंतर है। यहाँ स्थित शेषनाग तुल्य क्वेट्जालकोटल नामक नाग मंदिर, सूर्य व चंद्र के पिरामिड, एक देवी मंदिर, गृह देवता तूफान के नियामक देवता आदि कई मंदिरों से युक्त 30 वर्ग किलोमीटर क्षेत्र में फैले इस नगर में 1.5–2.5 लाख की जनसंख्या रही होगी। वस्तुत: टिऑटिहुआकान के मंदिरों व पिरामिडों की सभ्यता का विवेचन एक पृथक् लेख की विषयवस्तु है।

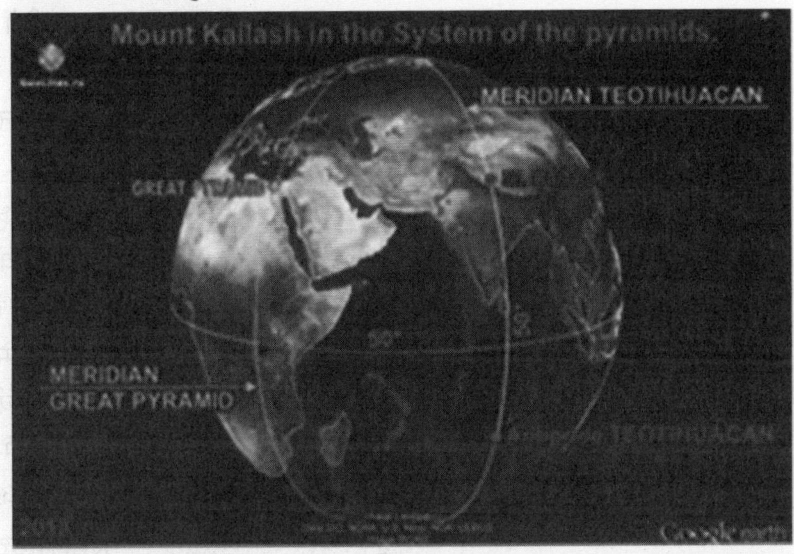

चित्र-1

चित्र साभार : https://geolines.ru/eng/publications/NEW-IN-HISTORY/Mount-Kailash.html

गिजा के पिरामिड व कैलाश पर्वत

दूसरी ओर मिश्र (इजिप्ट) स्थित प्राचीन गिजा के पिरामिड भी कैलाश पर्वत की देशांतर रेखा के सम्मुख स्थित सापेक्ष रेखा पर स्थित है। गिजा के पिरामिड ठीक कैलाश पर्वत के सम्मुख 50° पश्चिम में उसके सम्मुख देशांतर रेखा पर स्थित है, जिसके अक्षांश व कैलाश पर्वत के अक्षांश में भी मात्र 1° का ही अंतर है।

रूसी नगर पर्म पर केंद्रित शीर्ष के साथ कैलाश व मोहनजोदड़ो के एवं मोहनजोदड़ो व गिजा के पिरामिडों के समबाहु त्रिभुज रूस के शहर पर्म को शीर्ष

मानकर मोहनजोदड़ो व कैलाश पर्वत तक सीधी रेखाएँ खींचने पर चित्र-2 के अनुसार पर्म से कैलाश व मोहनजोदड़ो तक एक समबाहु त्रिभुज बनता है। उसी प्रकार से पर्म से गिजा के पिरामिड व मोहनजोदड़ो तक सीधी रेखाएँ खींचने पर भी दूसरा समबाहु त्रिभुज बनता है। पर्म नगर से कैलाश व मोहनजोदड़ो के बीच बनने वाले समबाहु त्रिभुज के आधार की लंबाई भी ठीक 1340 किमी. या 12° है, जो पृथ्वी की परिधि की ठीक 1/30 है। यह भी एक विलक्षण संयोजन है कि रूसी द्वीप वेरा को केंद्र मानकर कैलाश व मोहनजोदड़ो तक रेखा विस्तार करने पर भी समबाहु त्रिभुज बनता है : (देखें चित्र-3)।

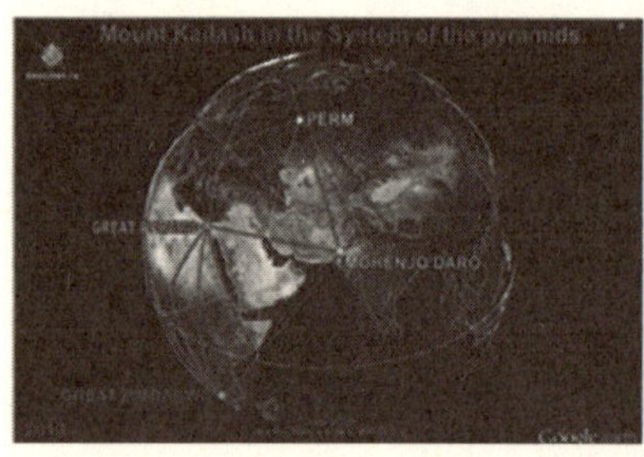

चित्र-2

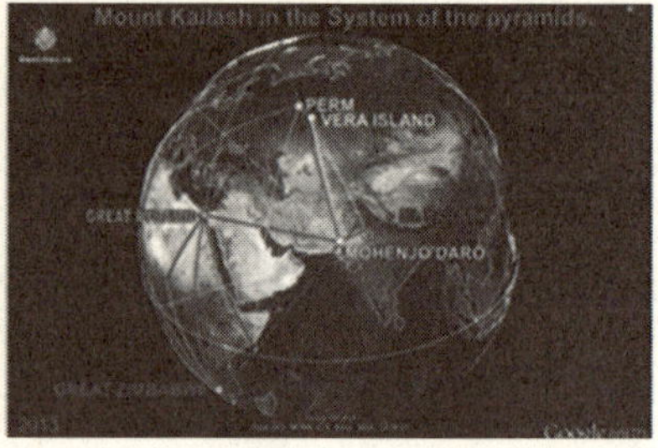

चित्र-3

चित्र साभार : https://geolines.ru/eng/publications/NEW-IN-HISTORY/Mount-Kailash.html

चुंबकीय विकिरणों के अध्ययन की आवश्यकता

हजारों मिलोमीटर की दूरी में फैले ध्रुव प्रदेशों से लेकर विविध महाद्वीपों में फैले अनेक पुरास्मारकों के साथ कैलाश पर्वत की भू-ज्यामितीय सापेक्षता इन स्थलों के कैलाश सापेक्ष भू-चुंबकीय विकीरणों के अध्ययन की आवश्यकता को भी रेखांकित करते हैं। इन स्थलों की सौर ज्यामिति का अध्ययन भी उपयोगी सिद्ध हो सकता है। हमारे प्राचीन ग्रंथों, वैज्ञानिक विवेचनों एवं लोक मान्यताओं में कैलाश को भू-नाभिक या एक्सिस मुंडी कहे जाने के संदर्भ में कैलाश पर्वत केंद्रित ऊर्जा प्रवाहों व कैलाश क्षेत्र के चुंबकीय विकीरणों का अध्ययन भी एक महती आवश्यकता है। यहाँ दिखलाई देने वाली प्रकाश तरंगों के पीछे नासा वैज्ञानिकों का भी यही अनुमान है कि ये प्रकाश तरंगें वहाँ के आकाश में किन्हीं चुंबकीय विकिरणों के कारण हो सकती हैं। इसकी चढ़ाई का प्रयास करने वालों

पर वृद्धावस्था के लक्षणों के द्रुत गति से प्रकट होने के पीछे भी यहाँ के विशिष्ट विकिरणों के कारण हो सकता है। ऐसे रहस्य और भी अनेक हैं। इन्हीं सब व अन्य भी अनेक कारणों से कैलाश मानसरोवर को हमारे वाङ्मय में सर्वाधिक पवित्र तीर्थ कहा गया है।

□

अध्याय-22

संक्रांति के भारतीय संदर्भ व वैश्विक परंपराएँ

वैदिक संक्रांति के पर्व का व्यापक वैश्विक प्रसार हुआ है, इसलिए सूर्य के अयन परिवर्तन व संक्रांतियों के प्राचीन भारतीय पर्वों का विश्व में आज भी व्यापक चलन है। ग्रीष्म व शीत अयनांत, अर्थात् दक्षिणायन व उत्तरायण संक्रांतियों और विषुव संक्रांतियों का विश्व भर में यह चलन ईसा व इसलाम पूर्वकाल की सूर्योपासना की सनातन वैदिक परंपराओं का द्योतक है। संक्रांतियों के वैदिक विमर्श एवं विश्व के प्रमुख संक्रांति उत्सव स्थलों का विवेचन यहाँ किया जा रहा है।

भारतीय वाङ्मय में संक्रांतियाँ

ऋग्वेद (1.12.48 व 1.164.11) में सूर्य के बारह राशियों में भ्रमण व छह ऋतुओं के परिवर्तन का वर्णन है। कालनिर्णयकारिका, कृत्य रत्नाकर, हेमाद्रि (काल), समय मयूख में सूर्य के उत्तरायण व दक्षिणायन के कामों की सूची और अयन व्रत की विस्तृत विधियाँ हैं। संक्रांतियों पर गंगास्नान, तैल रहित भोजन, अन्न दान आदि के निर्देश हैं। बारह राशियों में भ्रमण से वर्ष में 12 संक्रांतियाँ होती हैं। मत्स्य पुराण व देवी भागवत आदि पुराणों में संक्रांति को अत्यंत पवित्र बताकर उस दिन देवों के हवन व पितरों के तर्पण का निर्देश है। भारतीय कालगणना में लाखों वर्षों में भी वार्षिक पर्वों का ऋतुचक्र से समन्वय रहे, इस हेतु संक्रांति रहित मास को अधिक मास माना है। सौर मास गणना में प्रत्येक संक्रांति से व्यतीत दिनों व घटी पलों को लिखकर महाभारत काल के पूर्व कालगणना की जाती थी।

संक्रांतियों की श्रेणियाँ

सूर्य के अयन परिवर्तन की संक्रांतियाँ अयन संक्रांतियाँ कहलाती हैं। दक्षिणायन संक्रांति या ग्रीष्म अयनांत 21 जून को आता है, जो अंतरराष्ट्रीय योग दिवस भी है। तब ही भगवान् शंकर ने सप्तर्षियों को योग ज्ञान देने की सहमति दी थी। उत्तरायण संक्रांति को शीत अयनांत कहा जाता है, जिसका मकर संक्रांति के लेख में विवेचन किया जा चुका है।

विषुव संक्रांतियाँ 22 मार्च व 22 सितंबर को होती हैं, जब दिन-रात्रि एक समान होते हैं। शेष 8 संक्रांतियों में निरयण मिथुन संक्रांति रज पर्व कहलाता है। इसे उड़ीसा में त्रिदिवसीय पर्व के रूप में मनाया जाता है। सायन मिथुन संक्रांति 22 मई को ही निकल जाती है। पृथ्वी के अक्ष परिवर्तन का चक्र 25771 वर्ष में पूरा होता है। उसके आधार पर होने वाले अयन चलन के मान (अयनांश) को घटाकर निरयन संक्रांति की गणना की जाती है। पाश्चात्य जगत् के अयन चलन से अनभिज्ञ होने से शुद्ध खगोल भौतिकीय मान के अनुरूप निरयन ग्रह गणनाएँ भारत में ही चलन में रही हैं।

दक्षिणायन संक्रांति की वैश्विक परंपरा

ग्रीष्म अयनांत को दक्षिणायन संक्रांति या सायन कर्क संक्रांति भी कहते हैं, जो 21 जून को योग दिवस पर आती है। इस संक्रांति को विश्व के अनेक स्थानों पर 5-8 हजार वर्ष पहले से मनाने की परंपरा रही है। यूरोप एवं अमेरिका में विगत 1500 वर्षों के ईसाईकरण के बाद भी इस वैदिक पौराणिक उत्सव को मनाने की परंपरा आज भी जीवित है। स्थान सीमावश इनमें से कुछ स्थानों के उत्सवों की चर्चा यहाँ की जा रही है।

(i) **यूरोपीय व अमेरिकी देशों में संक्रांति के सूर्योपासना स्थल :** प्राचीन ईसापूर्व काल की परंपरानुसार आज भी कई सामूहिक संक्रांति उत्सव-स्थल विद्यमान हैं, उनमें प्रमुख हैं—इंग्लैंड का स्टोनहेंज का उत्सव स्थल, एरिज़ोना में सॉयल उत्सव स्थल, रोम में सेटर्नालिया, पेरू में इंका लोगों का इति रेमी उत्सव स्थल, पारसी त्योहार याल्दा, अंटार्कटिका का मिडविंटर, स्कैंडिनेविया का नोर्स साल्टरिस, चीनी व

दक्षिण कोरियाई पर्व 'डाँग झी', न्यू मेक्सिको का 'चाकों केन्योन', आयरलैंड का न्यू ग्रेंज, जापान का 'तोजी', वैंकूवर का लालटेन महोत्सव (लैंटेर्स फेस्टीवल), ग्वाटेमाला की माया की सभ्यता का अयनांत उत्सव 'सेंटो टोमस', इंग्लैंड के ब्राइटन नगर का अयनांत, इंग्लैंड में ही कॉर्नवाल नगर का मेंटोल उत्सव (मोंटाल फेस्टीवल) आदि जैसे सैंकड़ों स्थानों पर अयनांत, अर्थात् दक्षिणायन व उत्तरायण संक्रांति को मनाने की सुदीर्घ व ईसापूर्व कालीन सांस्कृतिक परंपरा पूर्ववत् है। इन पर भारतीय प्रभावों का यहाँ एक उदाहरण देना भी समीचीन है।

(ii) रोमन सेटर्नालिया अर्थात् शनिचरालय एक पौराणिक पर्व : सेटर्नालिया रोम का अति प्राचीन उत्तरायण उत्सव है। ईसापूर्व काल में रोम में सभी मित्र संप्रदाय, अर्थात् सूर्योपासक संप्रदाय का होने से सूर्य के उत्तरायण के अवसर पर कई दिनों तक खेलों व समूह भोजों का आयोजन करते रहे हैं। उस दिन दासों से भी काम नहीं कराया, उनकी पूजा तक की जाती रही है। भारत में भी उस दिन याचकों को भगवान् वासुदेव के रूप में देखकर उनके परितोष की परंपरा रही है। पुराणों व भारतीय ज्योतिष के अनुसार मकर राशि पर शनिदेव का आधिपत्य या स्वामित्व माना जाने से सूर्य का शनि की राशि मकर में प्रवेश को सूर्य का शनि के घर आगमन माना जाता है, इसलिए रोम में यह पर्व शनिचरालय, अर्थात् सेटर्नालिया कहलाता है, इसलिए रोम (इटली) में भव्य शनि मंदिर में यह पर्व मनाया जाता रहा है। वहाँ शनि के सिक्के और बृहस्पति सूर्य आदि के भी मंदिर हैं। (देखे चित्र-1, 2, 3)।

चित्र–1 : रोम का संक्रांति उत्सव स्थल : प्राचीन शनि मंदिर के अवशेष

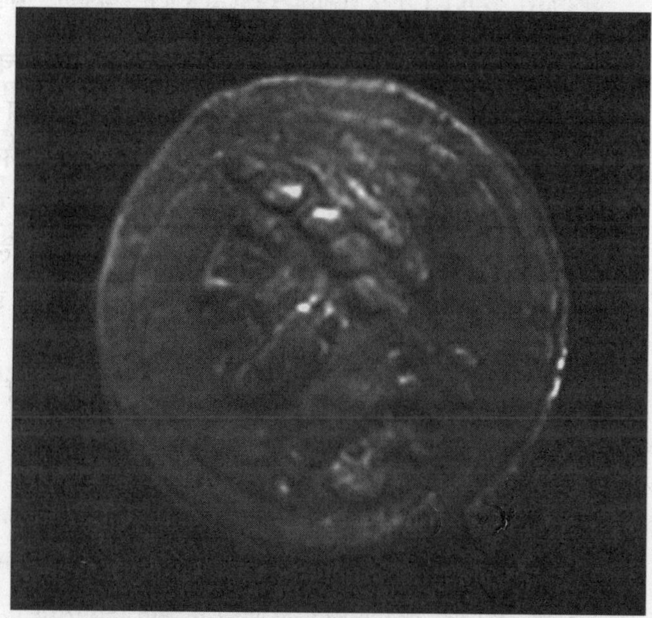

चित्र–2 : रोमन सिक्का शनि के सिर युक्त 225–217 ईसापूर्व ब्रिटिश संग्रहालय

चित्र-3 : रोम का बृहस्पति मंदिर : 509 ईसापूर्व

(iii) स्वीडन में इसे 'मिड सोमर' कहते हैं और वहाँ ग्रीष्म अयनांत का अवकाश रहता है। भव्य सजावटपूर्वक राजधानी स्टाकहोम सहित पूरे स्वीडन में और नॉर्वे आदि स्कैंडिनेवियन देशों में मनाया जाता है।

(iv) अमेरिकी राज्य अलास्का में 9 स्थानों पर खेलों व संगीत महोत्सव आदि का 2-3 दिवसीय आयोजन होता हैं। अलास्का में विश्व के विशालतम पिरामिडों में से एक है, अलास्का विश्व के 17 अन्य पुरास्मारकों से समान दूरी पर स्थित है और यह दूरी पृथ्वी की परिधि की ठीक एक चौथाई है। यहाँ इस क्षेत्र में तीन दिन सूर्यास्त नहीं होने से यहाँ के मध्यरात्रि खेल भी अत्यंत लोकप्रिय हैं।

(v) कनाडा में यह उत्सव यूरोपीय आप्रवासियों के आने से पहले तक वहाँ मूल निवासियों द्वारा मनाया जाता रहा है। इस अवसर पर कनाडा के मूल निवासियों के पारंपरिक वाद्य, संगीत, खाद्य की धूम रहती है और ईसाइयत के तत्त्वों से रहित यह सूर्योपासना का पर्व हो जाता है। ओटावा को महारानी विक्टोरिया द्वारा कनाडा की राजधानी बनाने से पूर्व यह वहाँ के 'एल्गोन्क्विन' समुदाय के मूल निवासियों के अधीन वहाँ सूर्य उत्सव की भव्य परंपरा थी।

(vi) इग्लैंड व आयरलैंड में ईसाइयत के प्रसार के पूर्व के पागान पंथों द्वारा अयनांत उत्सव मनाया जाता रहा है। शेक्सपीयर की रचना 'मिडसमर नाइट्स ड्रीम' भी इससे प्रभावित है। परियों, यूनिकार्न आदि की पारंपरिक शोभा यात्राएँ, जो ईसाइयत के प्रसार के बाद बंद सी हो गई थी, अब पुनर्जीवित भी होती दिखलाई देती है।

(vii) क्रोएशिया में दक्षिणायन का आयोजन यूरोप में सर्वाधिक भव्य होता है, जहाँ सूर्य की दो दिन तक आराधना व अर्घ्य आदि की परंपरा है। इस एस्ट्रोफेस्ट में प्रथम दिन सूर्य को आराधनापूर्वक सूर्यास्त के अवसर पर विदाई और दूसरे दिन प्रात:कालीन सूर्य का स्वागत किया जाता है और सूर्य के सम्मान में भोज भी होता है। क्रोएशिया के इस्ट्रिया प्रायद्वीप में इनका सर्वाधिक महत्त्व है।

(viii) आस्ट्रिया के दक्षिणी में टायटॉल में सूर्य के दक्षिणायन को भव्य होलिका-उत्सव के रूप में मनाया जाता है। पर्वत शिखरों पर होलिका दहनपूर्वक मनाया जाने का विहंगम दृश्य अत्यंत रोमांचक होता है। इस पर्व पर ईसापूर्व काल में सूर्यदेव को सर्वोच्च श्रद्धा अर्पित करने की रही है।

(ix) लाटविया में कुलडिगा, आइसलैंड, रूस के सैंटपीटर्सबर्ग एवं स्कॉटलैंड आदि कई स्थानों पर दक्षिणायन संक्रांति सूर्य के प्रति सम्मान अभिव्यक्ति का पर्व है।

(x) **अयनांत पर पेरू में सूर्य के प्रति आस्था का ज्वार :** दक्षिणी अमेरिका स्थित पेरू दक्षिणी गोलार्द्ध में होने से उत्तरी गोलार्द्ध के ग्रीष्म अयनांत के समय पर जून में शीतकालीन संक्रांति होती है। तब वहाँ संक्रांति के अवसर पर सूर्य-उत्सव (इंटी रेमी) या क्वेशुआ सूर्यदेवता के प्रति सम्मान व श्रद्धा अभिव्यक्त करने हेतु मनाया जाता रहा है। स्पेन के आक्रमण के पहले जब उन्होंने उसे मनाया था, तब वहाँ के 'इंका' समुदाय ने तीन दिन उपवास कर चौथे दिन सूर्योदय के पूर्व मैदान में सूर्योदय की प्रतीक्षा कर सूर्यदेव की सामूहिक पूजा कर मकई के व्यंजनों का नैवेद्य अर्पित किया। तीन दिन के उपवास से भूखे इन्का

समुदाय स्पेनिश आक्रांताओं के आगे टिक नहीं पाए। स्पेनिश विजय के बाद उन्होंने 'इंटी रेमी' नामक इस सूर्योत्सव व उसके अवकाश पर भी रोक लगा दी थी, जिसे पिछली शताब्दी में वापस लिया गया।

उत्तरी व दक्षिणी अमेरिका में यूरोपीय आक्रांताओं के अत्याचारों, नरसंहारों के पूर्व के उनके पारंपरिक पर्वों पर बीसवीं शताब्दी के पूर्वार्द्ध तक रहे प्रतिबंधों के बाद भी वैदिक परंपराओं जैसी अनेक पूजा परंपराएँ इंका, माया, एज्टेक आदि समुदायों में आज भी चलन में हैं।

इस प्रकार ईसापूर्व काल के संक्रांति के पर्व की सार्वभौम परंपरा का अवशेष रूप में चलन आज कई यूरो-अमेरिकी देशों में हैं। ऐसे ही कई अन्य पर्व भी हैं, जो प्राचीन भू-सांस्कृतिक एकता के अच्छे प्रमाण हैं।

□

अध्याय-23

वैदिक सूर्य संक्रांति का वृहत्तर भारत में प्रसार

विश्व में सर्वत्र उत्तरायण व दक्षिणायन संक्रांतियों और बसंत व शरद संपात के पर्वों का समय व दिन एक समान ही रहता है। वेदांग ज्योतिष आधारित इन प्राचीन सौर उत्सवों को सामूहिक रूप से मनाने की ईसापूर्व काल की परंपराएँ विश्व में अनेक स्थानों पर आज भी पूर्ववत् ही सजीव हैं। इन संक्रांति पर्वों को विश्व में कई स्थानों पर भारत से भी वृहद स्तर पर मनाया जाता है।

संक्रांतियों व संपात दिवसों का महत्त्व

अयन संक्रांतियों अर्थात् सूर्य के उत्तरायण व दक्षिणायन की संक्रांतियों एवं सूर्य के दक्षिण व उत्तर गोल में प्रवेश की संपति संक्रांतियों, अर्थात् बसंत व शरद संपात के पर्वों का वैदिक व पौराणिक साहित्य और लोकजीवन में अत्यधिक महत्त्व रहा है। दैनंदिन स्नान व नित्यकर्म से लेकर बड़े-बड़े अनुष्ठानों के संकल्प में सूर्य के उत्तरायण एवं दक्षिणायन और उत्तर अथवा दक्षिण गोल में स्थिति के संदर्भ सदैव महत्त्वपूर्ण होते हैं। भीष्म ने तो दक्षिणायन में देहत्याग के स्थान पर शरशैय्या की वेदना सहकर भी उत्तरायण की प्रतीक्षा करना पसंद किया था। भगवान् शंकर द्वारा सप्तर्षियों को योगज्ञान की सहमति भी ग्रीष्म अयनांत, अर्थात् 21 जून को सूर्य के दक्षिणायन के दिवस पर ही दी थी। इसी भारतीय परंपरा के अनुरूप संयुक्त राष्ट्र संघ 21 जून को 'अंतरराष्ट्रीय योग दिवस' के रूप में मान्य किया है।

भारतीय व पाश्चात्य तिथियाँ

ग्रीष्म अयनांत अर्थात् दक्षिणायन और शीत अयनांत अर्थात् उत्तरायण की तिथियाँ क्रमशः 22 दिसंबर व 21 जून मानी जाती हैं। पृथ्वी के अयन चलन के कारण प्रति 25771 वर्षों में होने वाले अक्ष परिवर्तन के कारण भारत में निरयन कर्क व मकर संक्रांतियों को हम क्रमशः 21 जून व 22 दिसंबर के स्थान पर 16 जुलाई व 14 जनवरी को मनाते हैं। 22 दिसंबर को सायन मकर संक्रांति व 21 जून को सायन कर्क संक्रांति होती है, इसलिए सूर्य का दक्षिणायन व उत्तरायण अयनांत अर्थात् सायन कर्क व मकर संक्रांतियों से ही दक्षिणायन व उत्तरायण क्रमशः 21 जून व 22 दिसंबर से ही मानकर संकल्प आदि में व्यवहार में लाते हैं, लेकिन अयन चलन की शुद्ध खगोल गणनानुसार निरयन मकर व कर्क संक्रांतियाँ हम क्रमशः 14 जनवरी व 16 जुलाई को ही मनाते हैं। सूर्य के उत्तरायण व दक्षिणायन के प्राचीन अयनांत दिवसों क्रमशः 22 दिसंबर व 21 जून को ईसापूर्व काल की परंपराओं के अनुरूप आज भी सभी महाद्वीपों में अनेक स्थानों पर सूर्य उपासना पर्वों के रूप में मनाए जाने की परंपरा पूर्ववत् है।

वृहत्तर भारत में मकर संक्रांति : भारत में मकर संक्रांति का पर्व अत्यंत उल्लास के साथ मनाया जाता है, जिसके नाम निम्नानुसार हैं—

- मकर संक्रांति (संक्रांति) नाम : छत्तीसगढ़, गोआ, उड़ीसा, हरियाणा, बिहार, झारखंड, आंध्र प्रदेश, तेलंगाना, कर्नाटक, केरल, मध्य प्रदेश, महाराष्ट्र, मणिपुर, राजस्थान, सिक्किम, उत्तर प्रदेश, उत्तराखंड, पश्चिम बंगाल, गुजरात और जम्मू

मकर संक्रांति के प्रदेशानुसार नाम

- **ताइ पोंगल, उझवर तिरुनल :** तमिलनाडु
- **भोगाली बिहू :** असम
- **उत्तरायण :** गुजरात, उत्तराखंड
- **खिचड़ी :** उत्तर प्रदेश, पश्चिमी बिहार
- **उत्तरैन, माघी संगरांद :** जम्मू
- **पौष संक्रांति :** पश्चिम बंगाल

- **शिशुर सेंक्रंत** : कश्मीर घाटी
- **मकर संक्रमण** : कर्नाटक
- **माघी** : हरियाणा, हिमाचल प्रदेश, पंजाब

वृहत्तर भारत स्थित देशों में मकर संक्रांति

- **बांग्लादेश** : शक्रैन/पौष संक्रांति
- **नेपाल** : माघे संक्रांति, 'माघी संक्रांति', 'खिचड़ी संक्रांति'
- **थाईलैंड** : सोंगकरन
- **लाओस** : पि मा लगाओ
- **म्याँमार** : थिंयान
- **कंबोडिया** : मोहा संगक्रान
- **श्रीलंका** : पोंगल, उझवर तिरुनल

मकर संक्रांति के दिन ही गंगाजी भगीरथ के पीछे-पीछे चलकर कपिल मुनि के आश्रम से होकर गंगा-सागर में मिली थीं।

भारतीय पारंपरिक पर्व का सार्वभौम प्रसार

संपूर्ण भारतवर्ष में सूर्यदेव की उपासना के साथ ही सभी धार्मिक कृत्यों में सूर्य के अयन व उत्तर व दक्षिण गोल में स्थित होने के संदर्भ भी अनिवार्य रूप से रहते हैं। वस्तुतः ईसा व इसलाम पूर्व काल के इन सूर्योपासना के इन वैदिक पर्वों का न्यूनाधिक अंतर के साथ मनाने का सार्वभौम प्रसार रहा है। इसके यूरोप व अमेरिका में चलन की परंपरा का वर्णन अध्याय 20 में किया जा चुका है।

□

अध्याय-24

प्राचीन ईरान व यूरोप में वैदिक सूर्योपासना

सूर्य एक प्रधान वैदिक देवता है। इनका एक नाम आदित्य भी है। अदिति के पुत्रों में द्वादश आदित्य हैं। इनमें विवस्वान, आर्यमन, त्वष्टा, सवित्र, भग, धाता, मित्र, वरुण, अम्सा, पूषन, इंद्र और विष्णु सम्मिलित हैं।

महाभारत और पुराणों में ऋषि कश्यप को उनके पिता के रूप में वर्णित किया गया है। यह भी कहा गया है कि वर्ष के प्रत्येक माह में इनका एक-एक अलग नाम है। सूर्य, मित्र, आदित्य आदि भिन्न-भिन्न देशों में इन्हें भिन्न-भिन्न नामों व रूपों में पूजा जाता है। वैदिक देवता सूर्य या मित्र की पश्चिम एशिया व चीन में उपासना परंपरा की समीक्षा के उपरांत इस अध्याय में ईरान व यूरोप में सूर्य व वैदिक देवताओं की प्राचीन पूजा-परंपरा व पुरावशेषों का विवेचन किया जा रहा है। प्राचीन ईरान के पारसी धर्म ग्रंथ अवेस्ता में वैदिक देवताओं पर विमर्श के अतिरिक्त सूर्य के 'मित्र' या मिथ्र नाम से प्रचलित प्राचीन मंदिरों के प्रचुर अवशेष आज भी हैं। यूरोप का कोई पुरातात्त्विक उत्खनन ऐसा नहीं है, जहाँ ग्रीको रोमन देवता मित्र के पुरावशेष न मिले हो अथवा कोई संग्रहालय ऐसा नहीं है, जहाँ मित्र य मिथ्र के प्राचीन पुरावशेष उपलब्ध न हो। आज भी यूरोप में 400 से अधिक मिथ्री मंदिरों के खँडहर विद्यमान हैं। पगान कहलाने वाले मूर्तिपूजक कथित संप्रदायों में ईसापूर्व कालीन सूर्य सहित कई द्यू-स्थानीय, अंतरिक्ष स्थानीय व पृथ्वी स्थानीय वैदिक देवताओं का चलन रहा है।

कोणार्क व मुलतान से अफगान, ईरान आर्मेनिया, अजरबैजान व ग्रीको रोमन से यूरोप तक वैदिक मित्र देवता सूर्य

उड़ीसा में 5000 वर्ष पूर्व कोणार्क व पाकिस्तान के मुल्तान में श्रीकृष्ण पुत्र सांब द्वारा बनाए सूर्य मंदिरों से लेकर ईरान, आर्मेनिया, अजरबैजान व यूरोप तक सूर्य की मित्र, मिथ्र, मिथ्रास और मिहिर आदि अनेक वैदिक व पौराणिक नामों से पूजा होती रही है। ईसापूर्व 14वीं सदी के शिलालेखों में सूर्य, इंद्र, अग्नि, अश्विनी कुमार आदि के आह्वान हैं। अफगान-ईरानी कलेंडर में आज भी मिहिर व मिहर आदि नामों से सूर्य का महीना है। आर्मेनिया में प्रतिमाह आठवाँ दिन सूर्य का है, जो 'मिथ्रि' कहलाता है। ईरान की प्राचीन जोरास्ट्रियन संस्कृति में मित्र सत्य, न्याय, सौहार्द, संधि और ऋत (स्वेच्छिक धर्म पालन) का देवता माना जाता था। आर्मेनिया व अजरबैजान में भी मित्र के ये ही विशेषण रहे हैं। जरथुस्त्र या जोरास्टर द्वारा प्रवर्तित हिंद-ईरानी मत के ग्रंथ अवेस्ता व संस्कृत में अनेक समानार्थक शब्द प्राचीन ईरानी, अर्थात् पारसी व आर्य सभ्यताओं में साझे हैं। हिंद व ईरान की यज्ञ परंपरा भी साझी हैं।

प्राचीन ईरान में सूर्योपासना

ईरान के प्राचीन व सर्वाधिक भव्य 4 सूर्य मंदिरों में वर्जुवी सूर्य मंदिर है, जिसे इसलाम के प्रसार के उपरांत मसजिद में बदल दिया गया। अनेक कक्षों से युक्त ईरानी मारागेह शहर के इस मंदिर के संबंध में मारागेह के सांस्कृतिक विरासत संगठन ने 16 मई, 2004 ने 'ईरान' नामक दैनिक पत्र में लिखा है कि इसलाम के आगमन के पूर्व यह स्थान सूर्य उपासना का स्थल था, जहाँ मित्र के उपासकों के अनेक धार्मिक पर्व सासानी साम्राज्य काल से मनाए जाते रहे हैं।

ईरान के निवासियों में इसलाम के प्रसार के पूर्व पारसी परंपरा में सूर्य को सूर्य, विवस्वान व मिथ्र के नाम से पूजा जाता रहा है। भारतीय पौराणिक साहित्य में सूर्य को यम का पिता विवस्वान के नाम से संबोधित किया है। ईरान के 'स' का उच्चारण होने से पारसी धर्मग्रंथ अवेस्ता में 'विवाहवंत' कह उसे यिम का पिता बतलाया है। इसी उच्चारण भेद वश 'यम' को 'यिम' और सप्त सिंधु को अवेस्ता में 'हपत हिंदु' लिखा है। यम को यिम संबोधित करने से भगवान् विष्णु का ही एक

नाम 'यिमक्षायेत' है, जिसका अपभ्रंश ही 'जमशेद' है। ईरान में मध्ययुग के पूर्व सौर उत्सवों की सुदीर्घ परंपरा रही है। ईरान में वैदिक सूर्य का स्वरूप रूपांतरित हुआ है और टर्की व सीरिया में सूर्य या मिथ्र का स्वरूप और बदला था। वहाँ से यूरोप की ग्रीको-रोमन संस्कृति में मित्र या सूर्य या अपोलो का रूप और बदल गया था।

प्राचीन यूरोप में मिथ्र संप्रदाय व मिथ्र मंदिर

आज के दिन यूरोप में कोई संग्रहालय ऐसा नहीं है, जिसमें इस हिंद-ईरानी देवता (मित्र) का कोई-न-कोई चिह्न, धातु या पत्थर में उभरा हुआ या खुदा हुआ न हो अथवा कोई-न-कोई शिलालेख या चित्र या कोई-न-कोई देखने योग्य स्मृतिचिह्न न हो। (मित्राइज्म—लेखक डब्ल्यू., जे. फिथिएन व एडम्स एम.ए. पृ. 4)

एनसाइक्लोपीडिया ब्रिटानिका के अनुसार तीसरी व चौथी सदी तक रोम के सैनिक मिथ्र उपासक थे। ईसवी 307 में सम्राट् डाओक्लेशियन ने मिथ्रक मंदिर का लोकार्पण किया था। रोम सम्राट् कोमोडस व जूलिअन मिथ्र के उपासक थे।

"ईसा से चार सौ वर्ष पहले से लेकर चार-पाँच सौ ईसवी तक पश्चिमी एशिया, मिस्र और अफ्रीका के उत्तरीय देशों के अलावा यूनान, बलकान, इटली, पोलैंड, जर्मनी, फ्रांस, बेल्जियम, आस्ट्रिया, हंगरी, स्विट्जरलैंड, स्पेन और समस्त यूरोप में मित्र के असंख्य मंदिर थे और मित्र ही की पूजा होती थी। इंग्लैंड के नार्थमब्रलैंड, राचस्टर, कैंबकफोर्ट, ऑक्सफोर्ड, यार्क, मैनचेस्टर और लंदन में मित्र के मंदिर और उसकी मूर्तियाँ भरी थीं। रोम और शेष इटली मित्र के उपासकों से भरे पड़े थे।" ख्मित्राइज्म इन यूरोप-लेखक डब्ल्यु.जे. फिथिएन, एडम्स एम.ए.।

"जूलियन की हत्या के बाद मित्री धर्म रोमन साम्राज्य एवं सारे यूरोप में लोप होना शुरू हो गया। तथापि पाँचवीं सदी तक इस संप्रदाय के लाखों अनुयायी स्विट्जरलैंड, हंगरी और जर्मनी के दक्षिण में पाए जाते रहे हैं। उनकी टूटी हुई मूर्तियाँ, आलेख और टूटे हुए मंदिरों के पत्थर अभी तक संग्रहालयों में देखने को मिलते हैं। धीरे-धीरे ईसाई धर्म ने यूरोप में मित्री धर्म की जगह ले ली। कब, क्यों और कैसे यह संभव हुआ, इसकी एक दर्दनाक कहानी है। इंगलिस्तान में

पुरातत्त्व विभाग के अनेक मित्री मंदिरों के उत्खनन में मित्र की मूर्ति के साथ मजबूत जंजीरों में जकड़े हुए दस-दस, पंद्रह-पंद्रह मित्री उपासकों के नरकंकाल मिले हैं, जिन्हें धर्मांध लोगों ने मित्र की मूर्ति के साथ जिंदा दफन कर दिया था। इतिहास के धर्मांध प्रकरण की ऐसी कोई दूसरी मिसाल नहीं है।"(भारत और मानव संस्कृति-खंड 2, लेखक विशंभरनाथ पांडे, प्रकाशन विभाग, नई दिल्ली, पृ. 33 से साभार)

पाक, अफगान, ईरान, आर्मेनिया और रोम सहित यूरोप के अनेक सूर्य मित्र/मिथ्र मंदिरों, सूर्य प्रतिमाओं के कुछ चित्र क्रमांक 1-7 में दिए हैं। सूर्य मंदिर के बाहर उत्कीर्णित देव पंचायतन में रोम में चित्र क्रमांक 4 की नृसिंह प्रतिमा वहाँ पौराणिक देवताओं की परंपरा की भी द्योतक है। वरुण, शनि, बृहस्पति आदि की प्रतिमाओं और संक्रांति सौर उत्सव स्थलों की चर्चा स्तंभ में हो चुकी है।

चित्र-1 : सूर्य मंदिर मुल्तान के अवशेष

चित्र-2 : वर्जुरी सूर्य मंदिर अवशेष ईरान

चित्र-3 : रोम की मशाल युक्त सूर्य प्रतिमाएँ

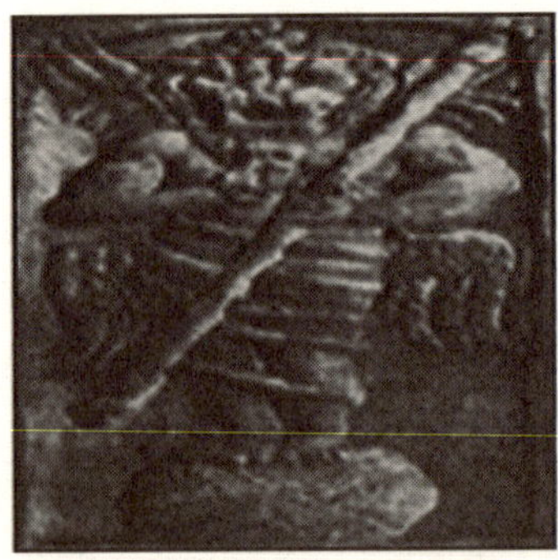

चित्र-4 : सूर्य मंदिर पंचायतन में नृसिंह मूर्ति, रोम

चित्र-5 : आर्मेनिया का प्राचीन सूर्य मंदिर

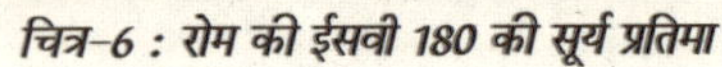

चित्र-6 : रोम की ईसवी 180 की सूर्य प्रतिमा

चित्र-7 : टर्की (नीमरूत) की सूर्य प्रतिमा

इस प्रकार अधिकांश प्राचीन सभ्यताएँ सनातन वैदिक संस्कृतियों की अंगभूत प्रतीत होती हैं। प्राचीन इराकी भाषा पहलवी और वैदिक संस्कृत की मित्र या मिथ्र की स्तुतियों तक एक से शब्दों में है।

□

अध्याय-25

वैदिक सूर्य उपासना का वैश्विक प्रसार

विश्व में सूर्य की उत्तरायण संक्रांति के प्रसार पर चर्चा के उपरांत इस अंक में वैदिक देवता सूर्य, अर्थात् मित्र के वैश्विक रूपांकन व उपासना परंपराओं की समीक्षा की जा रही है। ईसा व इसलाम पूर्व काल की प्राचीन सभ्यताओं में वैदिक देवता सूर्य अर्थात् मित्र या मिथ्र की उपासना के पुरावशेष विश्व के सभी भागों में प्रचुरता में उपलब्ध हैं।

पश्चिम एशिया में सूर्योपासना

(i) **प्राचीन मेसापोटामिया में इंद्र, वरुण, अग्नि, सूर्य की पूजा की परंपरा :** सिंधुघाटी की सभ्यता के पश्चिम में इराक, मिस्र, सीरिया व टर्की (तुर्की) आदि प्राचीन मेसापोटामिया के भाग रहे हैं। इस क्षेत्र में 6000 वर्ष ईसापूर्व काल में वैदिक आर्यों की कई सभ्यताएँ रही हैं। ईसापूर्व 1400-1900 के बीच वैदिक आर्यों के दो ऐतिहासिक राज्य हित्ती (हिट्टाइट) व मितान्नी रहे हैं। इनके बीच ईसापूर्व 1380, अर्थात् 3400 वर्ष पूर्व हुए युद्ध के बाद हित्ती व मितान्नी राजाओं 'सिपिलियमियम' और 'शत्तिवाज' के बीच 4000 वर्ष पूर्व हुई संधि में वैदिक देवताओं मित्र अर्थात् सूर्य, वरुण, इंद्र, नसत्य अर्थात् अश्विनी कुमारों और अग्नि के आह्वान हैं। 'जर्नल ऑफ इंडो-यूरोपीयन स्टडीज' के 2010 के एक अंक में प्रकाशित लेख 'अबाउट दी मित्तानी आर्यन गॉड्स (1-2:26.40 पृष्ठ)' में

वैदिक देवताओं के नामों और वैदिक अंकों एक, पाँच, सात आदि के विवरण हैं। कई सहस्राब्दियों के प्राचीन मितान्नी राजाओं के हिंदू नाम, यथा वृहदाश्व, प्रीयाश्व, प्रियामेघ, तुषारार्थ (दशरथ का अपभ्रंश), सुबंधु आदि और रंगों के भी संस्कृत नामों बभ्रु पिंगल आदि एवं अयनांत संक्रांतियों के पर्वों के संदर्भ 4000 वर्ष प्राचीन शिलालेखों में प्रचुरता में मिल रहे हैं। देखें हेडलवर्ग-जर्मनी के मनफ्रेड मयर्होफर के पुरातात्त्विक अध्ययन। प्राचीन मेसापोटामिया (वर्तमान इराक, कुवैत, टर्की व सीरिया के क्षेत्रों से युक्त क्षेत्र) में 3500 से 4000 वर्ष प्राचीन मित्तानी साम्राज्य के भारतीय आर्यों के नाम युक्त राजाओं के शिलालेखों में एक की प्रति चित्र क्रमांक-1 में है। प्राचीन इराकी 'बेबीलोन' की सभ्यता में भी सूर्य पर प्रचुर साहित्य रहा है।

(ii) **इजिप्ट में परमात्मा के रूप में सूर्य अर्थात् एटन या एटेन :** भारत में जिस प्रकार सूर्य की मार्तंड, भास्कर आदि सूर्य के अनेक नामों से पूजा होती है, उसी प्रकार मिस्र देश अर्थात् इजिप्ट में सूर्य की 'रे' व एटन या एटेन आदि कई नामों से 3000 ईसापूर्व से पूजा होती रही है। मिस्र के राजा अखेनाटोन, उनकी महारानी नेफेरतिति और उनकी तीन पुत्रियों को सूर्य से आशीर्वाद की याचना करते हुए ईसापूर्व मध्य 14वीं सदी अर्थात् ईसा के 1450 वर्ष पहले अर्थात् आज से 3470 वर्ष प्राचीन एक नक्काशीपूर्ण वेदिका में देखें चित्र क्रमांक 2। इस वेदिका के चित्र जर्मनी में बर्लिन संग्रहालय फोटो मारबर्ग एवं न्यूयॉर्क के आर्ट रिसोर्स संग्रहालय में उपलब्ध हैं (देखें चित्र क्रमांक 2)। सभी सूर्योपासक संप्रदायों में सूर्य को जीवन का आधार एवं सत्य व न्याय का पोषक और सभी प्रकार के ज्ञान का स्रोत माना जाता था। भारत की ही भाँति प्रात:कालीन बाल सूर्य, मध्याह्न कालीन पूर्ण प्रकाशमान सूर्य व अस्ताचलगामी संध्याकालीन सूर्य के भिन्न-भिन्न नाम क्रमश: खेपेर, रे और एटुम रहे हैं। राजा अखेनाटोन के काल के शिलालेखों में सूर्य को वैदिक साहित्य के अनुरूप पृथ्वी का नियामक बतलाया है।

इराक स्थित सुमेर व ईरान के एक भाग में अक्कोडियन रही प्राचीन सभ्यताओं में भी वेदों की भाँति सूर्य शीर्ष देवताओं में है, जो रोग रहित बनाता है।

(iii) लेबनान में सूर्य उपासना : पश्चिम एशिया स्थित इसलामी देश लेबनान के मंदिरों के नगर बालबेक की विगत कैलाश पर्वत के संदर्भ में पर्याप्त चर्चा की जा चुकी है, जहाँ इस बालबेक नामक प्राचीन नगर का नाम ही सूर्य नगरी, अर्थात् हीलियोपॉलिस रहा है।

चीन में सूर्योपासना

चीन के सिंकियांग प्रांत की 'तिआन शान' पहाड़ियों में हिमालयीन ऋषियों की 334 किजिल गुफाएँ प्राचीन सिल्क रूट पर भारत, ईरान, रोम व चीन की प्राचीन सौर सभ्यताओं के मध्यवर्ती स्थित हैं, इनमें 100 से अधिक में बौद्ध युग के शैलचित्र हैं (देखें एक शैलचित्र क्रमांक-3 में)। इन गुफाओं के मंदिरों की रेडियो कार्बन डेटिंग में ये चौथी से सातवीं सदी के माने गए हैं। इनमें कई गुफाओं में खड़े बुद्ध के साथ सूर्य, चंद्र, गरुड़, नाग, वायुदेव आदि के चित्र भी हैं। बौद्ध मत में बुद्ध को सूर्य-बंधु मानने के कारण पाली भाषा में बुद्ध का एक विशेषण, जो 'आदिक्कबंधु' पाया जाता है, जो संस्कृत शब्द आदित्य-बंधु का ही पाली में भाषांतर है। बौद्ध जातक 'वेस्सांतर जातक' में मिश्र अर्थात् सूर्य को न्याय का सृजक बतलाया है। चौथी सदी में किजिल की इन प्राचीन गुफाओं में वैदिक देवताओं व रथारूढ़ सूर्य व बुद्ध का संयुक्त रूपांकन उस काल में बौद्ध व वैदिक संस्कृतियों में समन्वय की परंपरा का द्योतक है।

किजिल की गुफा क्रमांक 8, 34, 38, 97, 98, 126 व 171 में सूर्य, चंद्र, वायु, नाग और गरुड़ जैसे वैदिक या पौराणिक देवों के साथ खड़े रूप में बुद्ध का स्पष्ट रूपांकन है। वैदिक संकल्प मं 'बौद्धावतारे' शब्द से वैदिक परंपरा में बुद्ध की प्रमुखता स्पष्ट परिलक्षित होती है।

चित्र-1 : मिस्र के राजा-रानी द्वारा सूर्य के आशीर्वाद की याचना की 3470 वर्ष प्राचीन वेदिका

चित्र-2 : हिंदू आर्य राजाओं के संदर्भ युक्त मेसापोटामिया के ईसापूर्व 14वीं सदी के शिलालेखों में से एक शिलालेख

साभार : https://en.wikipedia.org/wiki/File%3ACuneiform_letter_to_Amenhotep_III.jpg

चित्र–3 : किजिल गुफाओं के चौथी सदी के चित्रों में से एक चित्र
साभार : https://images.app.goo.gl/6H3MkqTZEif8Lw9Y6

विश्व के सभी भागों में सूर्योपासना

विश्व के सभी भागों में ईसाइयत व इसलाम के प्रसार के पूर्व की सभ्यताओं में वैदिक देवता सूर्य की सूर्य मित्र या मिथ्र के रूप में रूपांकन उपासना के खगोलसिद्ध स्थल प्रचुरता में उपलब्ध हैं। इंडोनेशिया सहित दक्षिण–पूर्व एशिया, हमारे पड़ोसी देशों बांग्लादेश, नेपाल, तिब्बत, पाकिस्तान, अफगानिस्तान, श्रीलंका व म्याँमार के अतिरिक्त ईरान, इराक, लेबनान, सीरिया व टर्की, मिस्र अरब प्रायद्वीप में भी प्राचीन सूर्योपासना के प्रमाण आज विद्यमान हैं। यूरोपीय ग्रीको–रोमन क्षेत्र में 5वीं सदीपर्यंत मित्र देवता का प्रसार रहा है। चीन, जापान, अंटार्कटिक, ऑस्ट्रेलिया और अमेरिकी महाद्वीपों सहित सर्वत्र सौर उपासना के प्रचुर पुरावशेष विद्यमान हैं।

सूर्योपासना की इस प्राचीन परंपरा के अध्ययन एवं विमर्श से विश्व में सांस्कृतिक एकता की स्थापना सहज हो सकती है। अतएव इस विषय पर शेष चर्चा आगामी लेख में अपेक्षित है।

□

अध्याय-26

वैश्विक स्मारकों के दिशा-विन्यास पर वैदिक प्रभाव

चुंबकीय उत्तर व वैदिक भू-अक्षीय उत्तर

सामान्य कंपास या चुंबकीय सुई, जो उत्तर दिशा दिखलाती है, वह वास्तविक उत्तर, जिसे ट्रू नॉर्थ कहते हैं, से भिन्न हो सकता है। सूर्योदय-सूर्यास्त के दिशा विन्यास से लेकर सभी खगोलीय व अंतरिक्ष वैज्ञानिक प्रयोजनों के लिए वेद-पुराणोक्त भू-अक्षीय उत्तर, जिसे ट्रू नॉर्थ कहा जाता है, वही विश्वसनीय होता है। चुंबकीय उत्तर कभी किसी स्थान पर वहीं हो सकता है, जो कि भू-अक्षीय उत्तर या ट्रू नॉर्थ होता है और कही-कहीं व कभी-कभी उसमें 20 डिग्री तक का अंतराल भी हो सकता है। वर्तमान में ट्रू नॉर्थ 'जायरो कंपास' से ज्ञात किया जाता है। उन्नीसवीं सदी तक चुंबकीय कंपास का ही प्रयोग किए जाने से जहाज भटक भी जाते थे। पृथ्वी के घूर्णन की धुरी की दिशा ट्रू नॉर्थ होती है। पृथ्वी की धुरी ध्रुवतारे की ओर इंगित करती है। इसका विवेचन पृथ्वी के अक्ष परिवर्तन वाले अध्याय में कर लिया गया है। देवी भागवत सहित कई पुराणों में इस खगोलीय प्रक्रिया का वर्णन है।

विश्व के प्राचीन मंदिरों, पिरामिडों, व पुरास्मारकों की दिशाओं का नियोजन चुंबकीय कंपास के अनुसार न होकर, भू-अक्ष, अर्थात् पृथ्वी के घूमने की धुरी की वैदिक परंपरा के अनुरूप है। दक्षिण-पूर्व एशिया से भारत, चीन, ईरान, सीरिया, लेबनान, मिस्र, यूरोप व अमेरिका पर्यंत ईसापूर्व काल के स्मारकों का दिशा विन्यास एक समान आधार पर भू-अक्ष, अर्थात् वैदिक भौगोलिक उत्तर दिशा

आधारित होना आश्चर्यजनक है। इन स्मारकों के स्थापत्य में सैटेलाइट चित्रों से भी ट्रू नॉर्थ से कोई विचलन नहीं आता है।

भौगोलिक व चुंबकीय उत्तर में भेद : चुंबकीय कंपास की उत्तर दिशा वास्तविक भौगोलिक उत्तर दिशा से भिन्न होती है, जो स्थान व समय भेद से बदलती रहती है। भौगोलिक उत्तर, पृथ्वी के घूमने की धुरी या अक्ष पर आधारित होने से सभी स्थानों पर सदैव एक सा रहता है। भौगोलिक उत्तर अर्थात् भू-अक्ष या पृथ्वी की धुरी आधारित ट्रू नॉर्थ व तदनुरुप कार्डिनल दिशाओं के निर्धारण की पुराणों व वैदिक साहित्य की परंपरा का चलन आधुनिक जगत् में 1860 के बाद प्रारंभ हुआ है। उसके पूर्व चुंबकीय उत्तर दिशा से नौवहन में भी बड़ी कठिनाइयों का सामना करना पड़ता था। आधुनिक नौवहन में इसी वैदिक ट्रू नॉर्थ का उपयोग किया जाता है। पृथ्वी की धुरी या अक्ष को अंतरिक्ष में बढ़ाने पर वह पृथ्वी से 434 प्रकाशवर्ष दूर स्थित ध्रुवतारे पर पहुँचती है। इस धुरी में 50 के वार्षिक विचलन की 25771 वर्षों में पूरी होने वाली चक्रकार आवृत्ति को दृष्टिगत रखकर वैदिक साहित्य में इसे अयन चलन या अयनांश कहा गया है।

वैदिक भू-अक्ष आधारित दिशाएँ एवं विश्व के प्रमुख पुरास्मारक

उपरोक्त वैदिक पुरा-खगोलीय दिशा विन्यास युक्त हजारों स्मारकों में से कुछ की चर्चा यहाँ पर की जाएगी।

सूर्य की प्रथम किरण के प्रवेश की समान परंपरा : इच्छित दिवस, यथा अयन संक्रांतियों, विषुव संक्रांतियों या अन्य महत्त्वपूर्ण दिवस के सूर्योदय की दिशा से अभिमुखित करने की यह परंपरा पूरे विश्व में रही है। इसी वैदिक परंपरानुसार दिशा साधन के कारण ही कोणार्क, झाँसी, ग्वालियर, श्रीकाकुलम व कश्मीर के सूर्य मंदिरों, कंबोडियाई अंकोरवाट, मिस्र के फरोहा मंदिरों, लेबनान के बालबेक स्थित मंदिरों, यूरोपीय ग्रीको-रोमन मंदिरों, संक्रांति उत्सव स्थलों एवं प्राचीन माया आदि अमेरिकी सभ्यताओं के मंदिरों के गर्भगृह में पूर्व निर्धारित दिवस पर सूर्योदय की पहली किरण निर्बाध पहुँचती है। अयन संक्रांतियों से आशय उत्तरायण व दक्षिणायन संक्रांतियों से है और दिन व रात्रि एक समान होने पर वह विषुव संक्रांति कहलाती है।

विश्व के पिरामिडों में कैलाश पर्वत एक प्राकृतिक पिरामिड है, उससे लेकर विश्व शताधिक पिरामिडों का दिशा विन्यास पूर्णत: ट्रू नॉर्थ आधारित है। पौराणिक व वेदांग ज्योतिष आधारित दिशा विन्यास से ही मकर संक्रांति, कर्क संक्रांति या विषुव दिवस पर सूर्य की प्रथम किरण इन मंदिरों की मुख्य प्रतिमा तक अबाधित पहुँचती है। विश्व के लगभग 40 देशों में प्राचीन मंदिरों, पूजास्थलों, पिरामिडों, महापाषाण स्मारकों व अन्य स्मारकों का दिशा विन्यास चुंबकीय उत्तर से भिन्न भू-अक्ष आधारित कार्डिनल डायरेक्शंस पर केंद्रित होने से इन्हें पुरा खगोलीय या आर्किओ-एस्ट्रोनामिकल स्थल कहते हैं।

मिस्र व सीरिया के मंदिर व पिरामिड : मिस्र अर्थात् इजिप्ट के साढ़े चार से साढ़े दस हजार वर्ष पूर्व बने मंदिरों यथा रामसेस द्वितीय की अबु सिंबेल की प्रतिमा, काटंक स्थित सूर्य मंदिर, जिसे प्राचीन मिस्री भाषा में 'रा' पुकारा जाता है, लक्सर के डीर अल-बाहरी मंदिर, क्वासर क्वरून मंदिर की कुड्स अल अक्दस प्रतिमा, डांदरा मंदिर, हिबिस मंदिर व स्फिंक्स के महान् मंदिर आदि की दिशा विन्यास ऐसा है कि सूर्य के उत्तरायण के अवसर पर या विषुव दिवसों (मार्च 21 व सितंबर 23) अथवा अन्य खगोलीय महत्त्व के दिवस पर सूर्योदय की प्रथम किरण सीधे प्रधान देवता की प्रतिमा पर पहुँचती है। सीरिया के रूज्म अल-हीरी के महापाषाण स्मारकों के दो पाषण वृत्तों से सायन अयन संक्रांतियों व विषुव संक्रांतियों पर सूर्य की पहली किरण के दर्शन व पूजन की परंपरा रही है। वहाँ भारतीय खगोल आधारित वेधशाला भी है।

लेबनान के विशाल व महापाषाण मंदिर : लेबनान में विद्यमान 5000 वर्ष प्राचीन सूर्यनगरी 'बालबेक या हीलियोपालिस' में सूर्य, इंद्र, बृहस्पति, शुक्र व बुध आदि के मंदिर और बलि, परशुराम जैसी अनेक सनातन हिंदू प्रतिमाएँ और विश्व के सर्वाधिक विशाल व कलापूर्ण मंदिर अद्‍भुत आश्चर्य हैं। इन मंदिरों का कार्डिनल दिशा विन्यास होने के साथ ही इनके निर्माण के वर्ष की अक्षय तृतीया और रक्षा बंधन की तिथियों मई 1 व 12 अगस्त के सूर्योदय से अभिमुखित यह नगर भी विश्व के आर्कियो-एस्ट्रानामिकल स्थलों में है। लेबनान में स्कूली पुस्तकों में इन मंदिरों का निर्माण प्राचीन भारतीयों द्वारा किए जाने का भी वर्णन है। वहाँ उपलब्ध षोडष कोणीय गुरुपूजन शिला और छत पर कमल पुष्पों (जहाँ दूर-दूर हजारों किलोमीटर की परिधि में भी कमल नहीं होते हैं) का उत्कीर्णन आदि

भारतीय संस्कृति के प्रभाव के द्योतक हैं। वहाँ 800-800 टन की महापाषाण कलाकृतियाँ और 1,50,080 वर्ग फीट तक के कीर्तन मंडप हैं।

यूरोपीय पुराखगोलीय स्थलों का दिशा विन्यास : यूरोप में पुर्तगाल, रोमानिया, रूस, स्पेन, स्वीडन, स्विट्जरलैंड, आयरलैंड, इंग्लैंड में पुराख 50 से अधिक ऐसे आर्कियो एस्ट्रोलाजिकल स्थल है, जिनका वास्तविक उत्तर या वास्ताविक पूर्व आधारित दिशा निर्धारण किया गया है। कार्डिनल दिशाओं से उनके दिशाविन्यास से 0.01 डिग्री का भी अंतर नहीं है। आयरलैंड स्थित न्यूग्रेज, नोडथ, बोयन घाटी स्थित डोथ, ओल्ड केसल के निकट लॉफक्रू आदि कुछ स्थल ईसापूर्व 3-4 हजार वर्ष प्राचीन हैं। बीधमोर शिला वृत्त, ड्रोमबेग शिलावृत आदि तो शुद्ध कार्डिनल दिशाओं से समन्वित पूरी वेधशालाएँ प्रतीत होते हैं। जहाँ अयनांत विषुव संक्रांतियों पर सूर्य-साधना के साथ चंद्र रहित सभी ग्रहों के अध्ययन के भी अवशेष विद्यमान हैं। आयरलैंड में 9 व इंग्लैंड में ऐसे 11 स्थल हैं।

अमेरिकी पुरा खगोलीय स्थल : यूरोपीय आप्रवासियों के आने से पहले के संयुक्त राज्य अमेरिका में 17 एवं शेष अमेरिकी देशों की माया, एजटेक आदि सभ्यताओं के 50 से अधिक ऐसे पिरामिड व मंदिर आदि हैं, जो वास्तविक पूर्व दिशा, अर्थात् ट्रू ईस्ट व कार्डिनल दिशाओं से बिना विचलन के अभिमुखित हैं। अकेले मेक्सिको में टिओटिहुआकान, चिचेन इजा कोबा ईस्टर द्वीप, ईजामल इकिल सहित 20 ऐसे स्थल हैं। कैलाश पर्वत से 17,000 किमी. दूर टिओटिहुआकॉन उसी देशांतर रेखा पर स्थित है और वहाँ के सूर्य व चंद्र के पिरामिडों आदि का दिशा विन्यास सर्वथा कैलाश पर्वत के अनुरूप है। वहाँ के नाग और शक्ति मंदिर भी वास्तविक उत्तर से अभिमुखित हैं। नाग मंदिर की सीढ़ियों पर उत्कीर्णित प्रत्येक नाग का भी सूर्य की किरणों से प्रत्येक सीढ़ी पर समान आकार की छाया बनती है।

पिरामिडों का दिक्विन्यास : चीन, मिस्र, बेलिज, मेक्सिको, इजरायल, ईरान, इराक, ग्वाटेमाला, आदि अनेक स्थानों के अधिकांश पिरामिडों में भी भौगोलिक ध्रुव आधारित शुद्धतम दिशा विन्यास है।

ईसापूर्व काल के इन अनगिनत स्थानों का दिक्विन्यास वैदिक संहिताओं व वेदांग ज्योतिष प्रणीत भू-अक्ष आधारित होना एक विलक्षण संयोग ही है।

□

अध्याय-27

अमेरिकी पुरावशेषों पर भारतीय सांस्कृतिक प्रभाव

भारतीय वैदिक देवताओं के समान ही उत्तरी, दक्षिणी व मध्य अमेरिकी समुदायों में भी सूर्य, चंद्र, अग्नि, नाग, जल, वर्षा, पवन व चिकित्सा आदि के अधिष्ठाता देवी-देवताओं का चलन रहा है। यूरोपीय अप्रवासियों द्वारा स्थानीय पूजा-परंपराओं को प्रतिबंधित करने के पूर्व वहाँ विविध, विस्तृत व अनगिनत आध्यात्मिक अनुष्ठानों का व्यापक चलन रहा है। उनकी कष्टसाध्य उपासनाओं व प्राचीन साहित्य पर 150-200 वर्षों तक लगाए कठोर प्रतिबंधों के उपरांत भी आज कई प्राचीन परंपराएँ व उनके प्राचीन पुरावशेष विद्यमान हैं। विगत 6-7 दशकों में यूरोपीय शासकों द्वारा इन प्रतिबंधों को शिथिल किए जाने के बाद ये परंपराएँ न्यूनाधिक मात्रा में पुनर्जीवित हो रही हैं। वहाँ की इन प्राचीन परंपराओं व पुरावशेषों पर भारतीय वाङ्मय के प्रभाव के कोई लिखित विवरण नहीं होने पर भी अनेक प्राचीन पुरावशेष भारतीय संस्कृति से बहुत अधिक प्रभावित व जुड़े हुए प्रतीत होते हैं। ऐसे अनेक स्थल उत्तरी व दक्षिणी अमेरिकी द्वीपों में मिल रहे हैं।

पेरू के 5000 वर्ष प्राचीन हवनकुंड

दक्षिणी अमेरीकी देश पेरू में पुरातत्त्वविदों ने लीमा के पास स्थित प्रसिद्ध 'एल पराइसो' में एक मंदिर व 5000 वर्ष प्राचीन हवनकुंड का पता लगाया है। इस प्राचीन मंदिर की पीली मिट्टी लगी दीवारें और भगवा लाल पेंट भारतीय प्रतीक हैं

और वह एक प्राचीन अग्नि मंदिर हिंदू यज्ञशाला जैसा है, जिसका उपयोग धार्मिक अनुष्ठानों में होता था।

यह हवनकुंड व मंदिर मुख्य एल पाराइसो पिरामिड के पश्चिमी विंग के भीतर स्थित है। विश्व के पिरामिडों की भारत के कैलाश पर्वत के पिरामिड से संबद्धता का विवेचन पूर्व में किया जा चुका है। अमेरिकी पुरातत्त्वविदों के अनुसार इस 'हवनकुंड' का उपयोग आनुष्ठानिक प्रसाद को जलाने के लिए होता था। शोधकर्ता टीम के प्रमुख मार्को गुलेन, के अनुसार अग्नि में हवन, देवताओं से संबंध स्थापित करने का प्रतीक था।

ऐतिहासिक व पुरातात्त्विक अनुसंधानों में भी ये संरचनाएँ हवनकुंड ही सिद्ध हुई हैं। वहाँ स्थानीय लोग ईंटों के इन वर्गाकार कुंडों में मंत्रोच्चारपूर्वक आहुतियाँ देते थे। हवनकुंडों की सीढ़ीनुमा तीन मेखलाओं की तरह पेरू के इन हवनकुंडों में भी तीन मेखलाएँ हैं।

'हवनकुंड' युक्त पेरू के इस अग्नि मंदिर में सामूहिक हवन हेतु यज्ञशाला जैसा बड़ा मंदिर भी है। इसमें पुरोहितों या पंडितों अर्थात् पुजारियों के लिए मंत्रोच्चार हेतु एक साथ बैठने का स्थान भी है। पुरातत्त्वविदों के अनुसार यह स्थल अमेरिका के सबसे पुराने पूर्व-कोलंबियाई पुरातात्त्विक स्थल काराल जितना प्राचीन है, जो 2,600–2,100 ईसापूर्व के बीच बसा था। काराल यूनेस्को का विश्व धरोहर स्थल है। इसका 48 सेंटीमीटर (19-इंच) चौड़ा है, जो प्रवेशद्वार एक कक्ष की ओर ले जाता है, जो आठ मीटर गुणा छह मीटर (26 फीट गुणा 20 फीट) के कक्ष की ओर ले जाता है। वहाँ प्रसाद रूप में शंख, अनाज, फूल और फल आदि विद्यमान हैं। मंदिर के चार स्तरों में प्रत्येक एक-दूसरे से पुराना है। ऐसी मान्यता है कि हवन की अग्नि भौतिक घटकों और अग्नि में अर्पित प्रसाद को देवताओं तक श्रद्धांजलि के रूप में पहुँचाती है। इस पुरातात्त्विक खोज से लगता है कि भारतीय वैदिक परंपरानुसार वहाँ भी अग्नि में आहुति की भेंट की परंपरा प्रचलित थी।

चित्र–1 : पेरू के हवनकुंड

होंडुरस में हनुमानजी व मकरध्वज की प्रतिमाएँ

मध्य अमेरिकी देश होंडुरस के उजड़ चुके एक अत्यंत प्राचीन नगर में घुटनों पर बैठे रामभक्त हनुमानजी का मंदिर है, जिसके हाथ में गदा है। गदा रहित प्रमिमाएँ भी प्राप्त हुई हैं, जो वानर वीर मकरध्वज की प्रतीत होती है। इतिहासकारों के अनुसार इस प्राचीन नगर सियुदाद ब्लांका के लोग एक विशालकाय वानर देवता की पूजा करते थे। रामायण के अनुसार जब मायावी अहिरावण भगवान् श्रीराम और लक्ष्मण का अपहरण कर लेता है, तब हनुमानजी अहिरावण की पातालपुरी के वानर सेनाध्यक्ष मकरध्वज को परास्त कर अहिरावण का वध करके भगवान् श्रीराम व लक्ष्मण को मुक्त कराते हैं। भगवान् श्रीराम मकरध्वज को पातालपुरी का राजा बनवा देते हैं। तब से ही संभवतः हनुमानजी व मकरध्वज को यहाँ के लोग पूजने लगे थे।

नेशनल जियोग्राफिक के अनुसार, कोलोराडो स्टेट यूनिवर्सिटी के प्रोफेसर क्रिस्टोफर फिशर के नेतृत्व में अमेरिकी वैज्ञानिकों ने भूगर्भ में 3–डी मैपिंग की 'लीडर' तकनीक से होंडुरस के इस प्राचीन रहस्यमय शहर सियुदाद ब्लांका का पता लगाया।

अमेरिकी खोजकर्ता थियोडोर मोर्डे ने 1940 में बतलाया था कि इस प्राचीन शहर के लोग एक वानर देवता की पूजा करते थे, लेकिन लेख में उस स्थान का उल्लेख नहीं था। इसके सत्तर वर्ष बाद लाइडार तकनीक (लाइट डिटेशन एंड रेंजिंग तकनीक) से होंडूरास के घने जंगलों में मस्कीटिया क्षेत्र में यह प्राचीन शहर मिला। अमेरिका के ह्यूस्टन यूनिवर्सिटी और नेशनल सेंटर फॉर एयरबोर्न लेजर मैपिंग ने होंडूरास के जंगलों के ऊपर आधुनिक वैज्ञानिक उपकरणों से इस प्राचीन

शहर को खोजा है। वहाँ और भी प्रचुर पुरावशेष हैं, उनमें वानर देवता की कई मूर्तियाँ हैं, देखें चित्र–2–4। हनुमानजी की गदा सदृश एक कलाकृति भी मिली है। देखें चित्र–5। होंडुरास के पड़ोसी देश ग्वाटेमाला में भी 2 विशाल प्रतिमाएँ हनुमानजी की मिली हैं। प्राचीन अमेरिकी माया सभ्यता में इन वानर देव का प्रचलित नाम 'हॉल्वेर' और ग्वाटेमाला में 'विल्क हुवेमान' है। माया सभ्यता में 'हाव्लेर' को वायु देव मानते हैं। भारत में भी पवनपुत्र ही माने गए हैं।

चित्र–2 : मध्य अमेरिकी होंडुरस की प्राचीन हनुमानजी की प्रतिमा

चित्र–3 : होंडुरस के हनुमानजी की एक ओर प्रतिमा

चित्र–4 : होंडुरस की प्राचीन वानर देवता (संभवत: मकरध्वज) की प्राचीन प्रतिमा

चित्र–5 : होंडुरस की हनुमानजी की गदा जैसी प्राचीन कलाकृति

पर्यावरण सजगतावश होंडूरास के जंगलों में पुरातात्त्विक खुदाई निषिद्ध है। तथापि बजरंगबली जैसी वानर देवता की भी कुछ मूर्तियों से पुष्टि होती है कि यह शहर रामायणकालीन अहिरावण की राजधानी था। होंडुरस व श्रीलंका भूमध्य रेखा से लगभग समान दूरी पर हैं—क्रमशः 700 व 1600 किमी., जो क्रमशः 8° व 14.7° अक्षांश पर हैं। श्रीलंका से पश्चिम की ओर लगभग सीधी रेखा में आगे बढ़ने पर होंडुरस आ जाता है।

अमेरिकी देशों, ऑस्ट्रेलिया व न्यूजीलैंड आदि की पूर्व औपनिशिक पुरावशेषों के अध्ययन की आवश्यकता

उत्तरी व दक्षिणी अमेरिकी महाद्वीप के 35 देशों, ऑस्ट्रेलिया, न्यूजीलैंड व अफ्रीका में विदेशी यूरोपीय उपनिवेशवादियों व अरब आक्रांताओं के आने के पहले की परंपराएँ व संस्कृति बड़ी मात्रा में भारतीय संस्कृति के प्रभाव युक्त रही हैं। दक्षिणी अमेरिकी परंपराओं, पूजा-पद्धतियों व पुरावशेषों पर भारतीय प्रभाव या साम्य का अध्ययन किया जाना आज भी अत्यंत आवश्यक है।

□

तृतीय सोपान

उन्नत हिंदू राजनीतिक-आर्थिक चिंतन व व्यवहार

भारत में लोकतंत्र, लोकवित्त एवं अर्थशास्त्र पर्व अत्यंत उन्नत चिंतन प्रचलित रहा है। वेदों में राष्ट्र, गणराज्य, उन्नत लोकतांत्रिक व्यवस्थाओं के साथ ही उद्योग, व्यापार, वाणिज्य एवं अर्थशास्त्र पर व्यापक विमर्श मिलता है। पुराणों एवं राजशास्त्र के ग्रंथों में भी सुशासन एव विधि के शासन पर अत्यंत उन्नत परंपराओं के वर्णन मिलते हैं। इस तृतीय सोपान में प्राचीन भारतीय वाङ्मय, अर्थात् शास्त्रों में मिलने वाले राजनीतिक आर्थिक एवं वाणिज्यिक विमर्श पर संक्षिप्त चर्चा आगामी अध्याय 28-43 के बीच की जा रही है।

वेदों में सार्वभौम राष्ट्र व शासन-पद्धतियों की अवधारणा, राष्ट्र, राज्य व राज शास्त्रों के वैदिक विवेचनों की भी समीक्षा की गई है। बड़े बहु-स्थानिक उद्यमों की वैदिक परंपरा, रोजगार केंद्रित प्राचीन अर्थ-चिंतन, प्राचीन उन्नत व विकसित व उन्नत व्यापार व वाणिज्यिक विधान और प्राचीन उन्नत भारतीय क्रय-विक्रय विधान के शास्त्रोक्त संदर्भों की भी समीक्षा की गई है। पृथ्वी के आधुनिक अक्ष परिवर्तन, वैदिक महीनों और नक्षत्रों के खगोल का पौराणिक विमर्श भी प्रस्तुत किया गया है।

लेखक के इस विषय से समय-समय पर प्रकाशित कुछ लेखों की चयनित जानकारियाँ इस सोपान में प्रस्तुत की जा रही हैं। इस संपूर्ण विषय का विश्लेषण एक स्वतंत्र ग्रंथ में ही संभव हो सकेगा, तथापि आगामी दस अध्यायों में भारतीय संस्कृति केंद्रित भू-धरातलीय एकता का संक्षिप्त विवेचन किया जा रहा है।

अध्याय-28

वेदों में लोकतंत्र, निर्वाचन व लोकतांत्रिक संस्थाएँ

वैदिक व पौराणिक साहित्य तथा अन्य प्राचीन हिंदू धर्मशास्त्रों में उन्नत राजनीति विज्ञान के अगणित सूत्र व सिद्धांत हैं। वेदों में राष्ट्र, लोकतंत्र, राष्ट्र के अध्यक्ष या राजा के निर्वाचन, निर्वाचित संस्थाओं के प्रति उसकी उत्तरदेयताओं के कई संदर्भ मिलते हैं। वेद, वेदांग, पुराणों, रामायण, महाभारत, नीति शास्त्रों, सूत्र ग्रंथों और कौटिल्य व कामंदक आदि के अर्थशास्त्रीय ग्रंथों व राजशास्त्रीय ग्रंथों में गणराज्य, सार्वभौम शासन विधान, अर्थात् ग्लोबल गवर्नेंस, संसद् जैसी प्रतिनिधि सभा व निर्वाचित प्रतिनिधि को वापस बुलाने जैसी अनेक उन्नत राजनीति व शासन विधान की अवधारणाएँ भी विद्यमान हैं। राज शास्त्र के सभी प्राचीन प्रणेताओं ने राजधर्म को सभी धर्मों का तत्त्व या सारतत्त्व, राष्ट्र को राजधर्म का आधार और गणतंत्र को राजधर्म का साधन बतलाया है।

भारतीय वाङ्मय में गणतंत्र : कई सहस्राब्दी पूर्व विश्व में आखेट से जीवन-यापन व पेड़ की छाल से शरीर ढकने वाले कबीलों की प्रधानता थी, तब भारतीय वैदिक साहित्य में गणराज्य, लोकतंत्र और राष्ट्र की भौगोलिक, भू-सांस्कृतिक, भू-राजनैतिक और सार्वभौम शासन के उन्नत विमर्श संकलित कर लिये गए थे। ऋग्वेद से 40 स्थानों पर अथर्ववेद में 9 स्थानों पर, ब्राह्मण ग्रंथों में कई स्थानों पर गणतंत्र के व राष्ट्र के कई संदर्भ हैं। महाभारत के बाद बौद्धकाल में (450 ई.पू. से 450 ई. तक) अनेक गणतंत्र रहे हैं। पिप्पली वन का मौर्य,

कुशीनगर और काशी के मल्ल, कपिलवस्तु का शाक्य, मिथिला का विदेह और वैशाली का लिच्छवी गणराज्य प्रमुख रहे हैं। इसके परवर्ती काल में अटल, अराट, मालव और मिसोई गणराज्य प्रमुख थे। बौद्ध काल के वज्जी, लिच्छवी, वैशाली, बृजक, मल्लक, मदक, सोमबस्ती और कंबोज जैसे गणतंत्र लोकतांत्रिक संघीय व्यवस्था के कुछ उदाहरण हैं। वैशाली में राजा विशाल का चुनाव हुआ था।

गणतंत्र से आशय : गणतंत्र या गणराज्य में राष्ट्र के अध्यक्ष का चुनाव है। भारत में राष्ट्रपति को चुनाव होता है। इंग्लैंड व कई राष्ट्रमंडलीय देशों, यथा कनाडा, ऑस्ट्रेलिया आदि में महारानी (इंग्लैंड की महारानी) राष्ट्राध्यक्ष होती है, इसलिए वहाँ लोकतंत्र व प्रधानमंत्री का चुनाव होने पर भी वे गणराज्य नहीं कहलाते हैं।

वेदों में चुनाव एवं लोकतंत्र के संदर्भ : वैदिक काल में चुनाव एवं चुने हुए राजा व राष्ट्राधिपति को पदमुक्त किए जाने तक के संदर्भ हैं। सभा, समिति, विष, पंचजना जैसी लोकतांत्रिक संस्थाओं के चुनावों की परंपरा भी अति प्राचीन है। ऋग्वेद के मंत्र क्रमांक 10-173-1 के अनुसार वैदिक युग में भी देश में राजा या राष्ट्र के अधिपति के चुनाव होते रहे हैं और राष्ट्राधिपति से शासन में स्थायित्व एवं स्वयं जनप्रिय बने रहने की अपेक्षा की गई है।

यथा—'आत्वा हर्षिमन्तरेधि ध्रुव स्तिष्ठा विचाचलिः विशरत्वा सर्वा वाञ्छतु मात्वधं राष्ट्रमदि भ्रशत्।' ऋक् 10-174-1। भावार्थ—हे राष्ट्र के अधिपति! मैं तुझे चुनकर लाया हूँ। तू सभा के अंदर आ, स्थिरता रख, चंचल मत बन, घबरा मत, तुझे सब प्रजा चाहे। तेरे द्वारा राज्य पतित नहीं हों।

उक्त मंत्र से विदित होता है कि राष्ट्राधिपति को संसद् जैसी किसी सभा में आना पड़ता था। स्थानीय स्वशासन हेतु नगरों, ग्राम व प्रांतों की पंचायतें होती थीं। इनसे भी उस चुने हुए राष्ट्राधिपति का अनुमोदन आवश्यक था, ऐसा प्रतीत होता है और ये पंचायतें शायद राष्ट्राधिपति को हटाने में भी सक्षम थीं। इसके अतिरिक्त राष्ट्राधिपति का चुनाव तो प्रत्यक्ष प्रणाली से होता होगा। ऐसा अथर्ववेद में मंत्र क्रमांक 3-4-2 से लगता है कि 'देश में बसनेवाली प्रजाएँ तुझे चुनें।' ये ग्राम/नगर/प्रादेशिक पंचायतें जनता से चुनी विद्वत् परिषदों के रूप में रही होंगी। यथा 'त्वां विशेष वृणता राज्याय त्वामिमाः प्रदिशः पञ्चदेवीः। वष्मन राष्ट्रस्य कुकदि श्रयस्व ततो व उग्रो विमजा वसूनि।' अथर्ववेद 3-4-2। भावार्थ—देश में बसने वाली प्रजाएँ शासन के लिए

तुझको राष्ट्रपति या प्रतिनिधि चुनें। ये विद्वानों की बनी हुई उत्तम मार्गदर्शक, दिव्य पंचदेवी (पंचायतें) तेरा वरण करें, अर्थात् अनुमोदन करें। तत्पश्चात् तू उग्र तेजस्वी व प्रभावशाली दंड को न्याय बल के साथ सँभाल और हमको जीवनोपयोगी धनों एवं अधिकारों का न्यायपूर्वक समान रूप से विभाजन कर।

चुने हुए राजा या राष्ट्राध्यक्ष की मातृभूमि पर सर्वस्व अर्पण शपथ : चुने हुए राष्ट्र के अधिपति या राष्ट्राध्यक्ष/चुनने के उपरांत राजा की शपथ की परंपरा भी वेदकालीन है। वेदों में व ब्राह्मण ग्रंथों, अर्थात्—शतपथ, ऐतरेय, तांड्य व गोपथ आदि ईसापूर्व 3-5 सहस्राब्दि प्राचीन ब्राह्मण ग्रंथों में इसका बहुत विस्तार है। इसके दो उदाहरण निम्न हैं—

अहमस्मि सहमान उत्तरो नाम भूम्याम्।
अभीषाडस्मि विश्वाषाडाशामाशां विषासहिः॥

अथर्ववेद 12/1/54

अर्थ—मैं अपनी मातृभूमि व उसके दुःख व कष्टों के विमोचन या दुःख व कष्ट से मुक्ति के लिए स्वयं सब प्रकार के कष्ट सहने को तत्पर हूँ। वे कष्ट कैसे भी, कहीं से आवें और कब आवें, मुझे इसकी कोई चिंता या भय नहीं है। आगे कहा है—व्यचिष्ठेबहुपारये यते महिस्वराज्ये। बहुमत से अर्जित इस सुविस्तीर्ण स्वराज्य के हितार्थ हम अर्थात् राजा व प्रजा मिलकर अथक यत्न करते रहेंगे। इस मातृभूमि रूपी पृथ्वी को उसमें बीज बोने, खनिज निकालने व कुआँ-तालाब, आदि खोदने हेतु न्यूनतम उत्पीड़न होवे और उसके मर्म को न्यूनतम क्षति होवें और इसकी पूरी चिंता रखेंगे व प्रयत्न करेंगे कि उसकी शीघ्र प्रतिपूर्ति होवे। अथर्ववेद 12/1/35

यत्ते भूमे विखनामि क्षिप्रं तदपि रोहतु।
मा ते मर्म विमृग्वरि मा ते हृदयमर्पिणम्॥

अथर्ववेद 12/1/35

प्रतिज्ञा में तीनों प्रकार की लोकतांत्रिक संस्थाओं के निर्देशानुसार लोकहित साधन का भी विधान रहा है। यथा—हम राजा व प्रजा मिलकर तीनों सभाओं, यथा विद्यासभा, धर्मसभा व राजसभा के विधायी निर्देशानुसार विद्या, धर्म व शासन कार्य का नीति संबंधी निर्देशों एवं राज्य संचालन के विधायी निर्णयों के अनुरूप आचरण करें। मंत्र—

त्रीणि राजाना विदथे पुरूणि परि विश्वानि भूषथः सदांसि।
अपश्यमत्र मनसा जगन्वान्व्रते गन्धर्वां अपि वायुकेशान्॥

ऋग्वेद 3/38/6॥

भावार्थ—हे मनुष्यो/प्रजाजनो, मैं आप द्वारा निर्वाचित राजा उत्तम गुण कर्म और स्वभावयुक्त सत्यनिष्ठ विद्वान् पुरुषों की राजसभा, विद्यासभा और धर्मसभा द्वारा नियत सिद्धांतों का अनुपालन करते हुए संपूर्ण राज्यसंबंधी कर्मों को यथायोग्य सकल प्रजा के निरंतर सुख के अनुरूप संपन्न करूँगा॥ ऋग्वेद 3/38/6॥

आज की संसद् व नियामक प्राधिकरणों की भाँति इन तीनों सभाओं—विद्यासभा, धर्मसभा, व राजसभा के प्रति राजा, सेना व अधिकारियों की उत्तरदेयता होती थी। एवं राजा, सेना व रक्षादि के अधिकारी इन सभाओं से विधेयित कर्तव्यों का पालन करें। मंत्र—

तं सभा च समितिश्च सेना च॥ अथर्ववेद 9/2

इस प्रकार वेद काल में राज या निर्वाचित राष्ट्र अध्यक्ष का नियमन विविध सभाओं, परिषदों व समितियों द्वारा किया जाता था। अथर्ववेद के मंत्र 15/9/1-3 के अनुसार राजा के लिए आवश्यक था कि सभा व समितियाँ उसके अधीन हों, तब भी आवश्यक था कि राजा सदैव उनका आदर करे। समुचित आदर न होने पर वे ठीक से कार्य नहीं कर पाएगी। मंत्र—

स विशोऽनु व्यचलत्॥ 1॥
तं सभा च समितिश्च सेना च सुरा चानुव्यचलन्॥ 2॥
सभायाश्च वै स समितेश्च सेनायाश्च
सुरायाश्च प्रियं धाम भवति य एव वेद॥

अथर्ववेद 15/9/1-3

न्याय व प्रायश्चित्त विधान हेतु मनु ने भी परिषदों, उनकी संरचना व कार्य पद्धति का वर्णन किया है। इस संबंध में स्पष्ट निर्देश है कि "ते उभे चतुर्पदे सम्प्रसारयाव॥" इसका अर्थ है कि वे दोनों, अर्थात् राजा व सभा मिलकर राष्ट्र में चारों पुरुषार्थों का प्रसार करें।

□

अध्याय-29

लोक हितकारी शासन की प्राचीन भारतीय परंपराएँ

भारत में उन्नत लोक हितकारी शासन की विधिसम्मत परंपराएँ व उन पर प्रचुर साहित्य रहा है। विधि द्वारा स्थापित लोक कल्याणकारी राज्यों व निर्वाचित जनतांत्रिक संस्थाओं के प्रचुर संदर्भ वैदिक व अन्य संस्कृत वाङ्मय में हैं। राष्ट्र प्रमुख या राजा के चुनाव, उसकी लोकहित की शपथ एवं निर्वाचित संस्थानों की चर्चा इस स्तंभ में की जा चुकी है। राजा के लोकहितकारी दायित्वों का विवेचन प्रस्तुत अध्याय में किया जा रहा है।

प्रजाहित की प्रधानता : राजा के कर्तव्यों में प्रजारक्षण, पितृवत् पालन, प्रजाजनों को उनकी योग्यताओं के अनुरूप अवसर प्रदान कर त्रिवर्ग साधन में सक्षम बनाना। त्रिवर्ग अर्थात् धर्मयुत आचरण से अर्थोपार्जन कर अपनी आवश्यकताओं पूर्ति अर्थात् धर्म, अर्थ व काम अर्थात् कामना-पूर्ति के मार्ग पर आगे बढ़ना। दुष्टों को दंड, राष्ट्र रक्षा हेतु प्राणोत्सर्ग को तत्पर, पक्षपात रहित होना, कोष संवृद्धि आदि भी प्रमुख कर्तव्य हैं। यथा—

(1) "तत्प्रजा पालनं प्रोक्तं त्रिविधन्याय वेदिभिः "॥ बृहस्पति स्मृति एवं राजनीति प्रकाश, पृ. 254-5

(2) "तस्य धर्मः प्रजारक्षा⋯"॥ नारद स्मृति (प्रकीर्णक 33)

(3) नृपस्य परमो धर्मः प्रजानां परिपालनम्। दुष्ट निग्रहणं नित्यं⋯॥ शुक्रनीति 1/14

(4) "दुष्टस्य दण्डः सुजनस्य पूजा न्यायेन कोशस्य च संप्रवृद्धिः। अपक्षपाताऽर्थिषु राष्ट्ररक्षा···"॥ (अत्रि स्मृति-श्लोक 28)

(5) "दुष्ट दण्ड सतां पूजा धर्मेण च धनार्जनम्। राष्ट्ररक्षा समत्वं च व्यवहारेषु पञ्चकम्॥" (विष्णु धर्मोत्तर पुराण 03/327/25-6)

प्रजाहित में सभी प्रकार के कष्ट सहने की नति

मार्कंडेय पुराण, कौटिल्य, महाभारत शांतिपर्व (69,72,73,) विष्णुधर्मसूत्र के अनुसार राजा का शरीर आमोद-प्रमोद के लिए नहीं, वरन् प्रजापालन और भूमंडल पर धर्म (कानून मर्यादा) की रक्षार्थ क्लेश सहने के लिए बना है। यथा—

श्लोक—

राज्ञां शरीरग्रहणं न भोगाय महीपते।
क्लेशाय महते पृथ्वी स्वधर्म परिपालने॥

मार्कंडेय पुराण (130/33-4)

राजा का धर्म रक्षा अर्थात् कानून व व्यवस्था एवं मूल्यों की रक्षा का दायित्व भूमंडल व्यापी है। राज्य की सीमा बाधक नहीं होती है। उदाहरणतः भगवान् राम द्वारा बालि का वध करने पर बालि का वध करने पर बालि का यही तर्क दिया गया कि हम धर्मात्मा राजा भरत की आज्ञा के अधीन पृथ्वी पर विचरण कर रहे हैं और धर्म की मर्यादा की रक्षा के अपने राजोचित कर्तव्य की पूर्ति हेतु तुम्हें दंडित करने के लिए तुम्हारा वध करना आवश्यक हो गया। तुमने अपने छोटे भाई की पत्नी रूमा का हरण कर लिया था (वाल्मीकि रामायण किष्किंधाकांड) किष्किंधा, अयोध्या से अलग एक स्वतंत्र राज्य था, तब भी संपूर्ण भूमंडल से अनीति व अत्याचार का उन्मूलन राजोचित कर्तव्य रहा है।

प्रजा कल्याण : कात्यायन कृत राजनीति प्रकाश (पृ. 30) के अनुसार— "राजा असहायों का रक्षक, गृहहीनों की आश्रय, पुत्रहीनों का पुत्र व पिताहीनों का पिता है। मनु स्मृति (5/94) की व्याख्या में मेधातिथि का कथन है कि विपत्ति व अकाल के समय में राजा को अपने कोष से भोजन आदि की व्यवस्था कर प्रजापालन करना चाहिए। सामान्य काल में भी राजा को बुड्ढों,

दृष्टिहीनों, विधवाओं, अनाथों एवं असहायों की व्यवस्था करनी चाहिए। वृत्ति अर्थात् रोजगार रहित क्षत्रियों, वैश्यों व शूद्रों को उद्यम (व्यावसायिक वृत्ति) हेतु समयानुकूल सहायता देनी चाहिए (पांडुरंग वामन, पृ. 603)। 'दक्षिणा वृत्तिसाम्यं' (अर्थाशास्त्र 1/19) में कौटिल्य ने प्रजा को वृत्ति (रोजगार) से युक्त करना राजधर्म बतलाया है।

प्रजाहित सर्वोपरि व उससे ऊपर कोई कार्य नहीं : विष्णुधर्मसूत्र व कौटिल्य के अनुसार—"प्रजा के सुख में राजा का सुख है; प्रजाहित में ही राजा का हित है और प्रजा का दु:ख ही राजा को दु:ख है।"

श्लोक—

(1) प्रजासुखं सुखीराजा, तद्दु:खे यश्च दु:खित:

(विष्णुधर्मसूत्र-राजधर्मकांड-3)

(2) प्रजासुखे सुखं राज्ञ:, प्रजानां च हिते हितम्

(कौटिल्य अर्थशास्त्र 1/19)

जिस राजा ने अपनी पूजा की भरपूर रक्षा की है, उसे न तप करने की आवश्यकता है और न ही यज्ञ की (महाभारत-शांतिपर्व 69/72-3, अंगिरा व बृहस्पति), कौटिल्य के मत से राजा का सदैव क्रियाशील रहना व्रत है, शासन कार्य के लिए अनुशासन पर चलना यज्ञ है, उसकी निष्पक्षता ही यज्ञ-दक्षिणा है (पांडुरंग वामन 604)

महाभारत शांतिपर्व (56/44-46) व नीति प्रकाशिका (8/2) के अनुसार जैसे गर्भवती स्त्री मनचाहा न कर आरोग्य शास्त्र का पालन करती है, वैसे ही राजा को प्रजासुख के लिए शास्त्रविहित कार्य ही करने चाहिए (मंत्र—यथा हि गर्भिणी हित्वा स्वं प्रियं मनसोऽनुगम—यल्लोक हितम् भवेत् (महाभारत, शांतिपर्व 56/45-46)

सुशासन

प्राचीन राज शास्त्र प्रणेताओं के अनुसार राजा का मुख्य धर्म या कर्तव्य ऐसी दशाएँ व वातावरण प्रदान करना है कि सभी लोग शांति व सुखपूर्वक जीवनयापन एवं अपने-अपने व्यवसाय व वृत्तियों को कर सकें, अपनी परंपराओं, रूढ़ियों एवं

धर्म का पालन कर सकें। अपने कर्मों व अर्जित संपत्ति का अबाधित फल भोग सकें। राजा को सदैव शांति, सुव्यवस्था एवं सुखों की परिस्थितियाँ उत्पन्न करने में प्रयत्नशील रहना चाहिए। राजा निष्पक्षतापूर्वक अपने पुत्र व शत्रु सभी को उनके अपराध के अनुरूप पक्षपातरहित रहकर दंडित करे। (श्लोक राजः स्वधर्माः—राजा पुत्रेचशत्रौ च यथा सम धृतः॥ कौटिल्य 3/1) राजा द्वारा निष्पक्षतापूर्वक अपने परिवारजनों को दंडित करने के उदाहरणों में महारानी अहिल्याबाई द्वारा पुत्र को दंडित करना व मेवाड़ के महाराणा सज्जनसिंह द्वारा पिता के भवन का अधिग्रहण आदि हैं।

वेतनभोगी जनसेवक व उसकी नियुक्ति

प्राचीन राजनीतिक ग्रंथों में राजा के अधिकारों व विशेषाधिकारों की अपेक्षा कर्तव्यों व उत्तरदायित्वों पर बल देकर उसे प्रजा का सेवक कहा गया है। कर्तव्य से विमुख होने पर उसे सिंहासन-च्युत व प्राणदंड तक के निर्देश हैं। विविध गणों या जन समूहों द्वारा राजा का चुनाव होने (अथर्ववेद 3/42/2 व 3/5/6-7) और राजकोष से वेतन ग्रहण करने का भी विधान था। इसका डॉ. जायसवाल ने हिंदू पॉलिटी, भाग-2, पृ. 136 पर वर्णन किया है। राजा के राज्य का वेतनभोगी सेवक होने का कौटिल्य अर्थशास्त्र (10/13) में भी उल्लेख है कि "सदाचारी राजा को युद्ध के समय सैनिकों को प्रेरित करने हेतु स्पष्ट कहना चाहिए कि मैं भी तुम लोगों की भाँति वेतनभोगी हूँ, इस राज्य का उपभोग मुझे तुम लोगों के साथ ही करना है और हमें मिलकर इस शत्रु को हराना है। संभवतः आज जिस प्रकार राष्ट्रपति व प्रधानमंत्री वेतन भोगी हैं। प्राचीन काल में भी राजा, मंत्री व सेनापति आदि वेतनभोगी ही रहते होंगे।"

प्रजा का सेवक (मंत्र) : दास्यत्वे प्रजानां च नृपः (शुक्रनीति 1/188)

राजा वेतनभोगी (श्लोक-1) : तस्य विहितः प्रजापालन वेतनम्॥ नारदस्मृति-प्रकीर्णक-48

(श्लोक-2) शास्त्रानीतेन लिप्सेथा वेतनेम धनागमम्॥ महाभारत शांतिपर्व-71/10

राजा का चुनाव : अथर्ववेद के अनुसार भद्र लोग, राजा के निर्माता वर्ग,

सूत, ग्राम प्रमुख, दक्ष शिल्पी, रथकार, धातुकर्मी व विविध श्रेणी–समूह राजा को चुनते थे।

मंत्र : ये राजानो राजकृतः सूता ग्रामण्यश्च ये। उपस्तीन् पर्ण मह्यं त्वं सर्वान् कृण्चभितो जनान्॥ (अथर्ववेद 3/5/7)

अथर्ववेद के अनुसार चुनाव के एक अन्य प्रकार में विविध श्रेणियों व समूहों की निर्वाचित प्रतिनिधियों की सभाएँ (विशः) और राज्य के सभी भागों से आए पंचायत प्रतिनिधि राज्य करने हेतु तुम्हें चुनते हैं।

मंत्र : "त्वां विशो वृणतां राज्याय त्वाभिमाः प्रदिशः पञ्चदेवी।" (अथर्ववेद 3/4/2)

महाभारत आदिपर्व (44–6) के अनुसार परीक्षित की मृत्यु पर राजधानी के सभी नागरिकों ने एक स्वर से जनमेजय को राजा चुना। राजा रुद्रदामा का सुराष्ट्र के लोगों द्वारा निर्वाचन हुआ व उसने शपथ ली (इपिग्राफिया इंडिका, भाग 8, पृ. 36)। कौटिल्य (11–1) के अनुसार सुराष्ट्र गणराज्य था। पालवंश संस्थापक गोपाल शूद्र का भी निर्वाचन हुआ था। चीनी यात्री ह्वेनसांग के अनुसार राज्यवर्द्धन की मृत्यु के उपरांत प्रधानमंत्री भंडी ने मंत्रियों, न्यायाधिपतियों व श्रेणी प्रमुखों की सभा कर हर्ष को राजा बनाया (पांडुरंग वामन 591)। परमेश्वर वर्मा द्वितीय की मृत्यु पर पल्लव राज्य में भी प्रजा ने राजा चुना (पांडुरंग 591)। राजतरंगिणी के अनुसार विद्वान् दरिद्र यशस्कर को राजा बनाया।

इस प्रकार प्राचीन काल में राजा का निर्धारण व नियुक्ति योग्यता आधारित होने एवं उसके कठोर दायित्वों के प्रचुर संदर्भ शास्त्रों में विहित हैं। राजा का निरंकुश होना, एकाधिकारी होना आदि संभव नहीं था। इसके लिए व्यापक धर्म मर्यादाएँ तथा विधान रहे हैं।

□

अध्याय-30

प्राचीन भारत में ग्राम स्वराज्य व लोकतांत्रिक संस्थाएँ

भारत में नीति युक्त एवं नियमनिष्ठ शासन की उन्नत परंपराएँ रही हैं। विकेंद्रित शासन व्यवस्था, ग्राम स्वराज्य, स्थानीय स्वायत्त शासन की विकसित व्यवस्थाएँ रही हैं। वैदिक काल से अंग्रेजों के आगमन तक भारत में कई स्तरों पर स्वायत्त लोकतांत्रिक संस्थानों से निर्देशित शासन की परंपरा रही है। राजतंत्र व गणतंत्रात्मक दोनों ही प्रकार की व्यवस्थाओं में राजा या राष्ट्र प्रमुख को स्थिर सुशासन हेतु इन संस्थाओं का सशक्तीकरण एवं उनके निर्णयों व नीति विधानों का सम्मान किए जाने के शास्त्रोक्त विमर्श रहे हैं। इन स्वायत्त व लोकतांत्रिक संस्थाओं के प्राचीन संदर्भों की समीक्षा यहाँ इस अध्याय में की जा रही है।

भारतीय ग्राम-लघु गणराज्य

भारत की ग्रामीण व्यवस्थाओं, स्व-शासन और निर्वाचित स्वायत्त संस्थाओं द्वारा निर्देशित ग्राम स्वराज्य का 25 वर्षों तक अध्ययन करने के बाद प्रभारी ब्रिटिश गवर्नर जनरल रहे चार्ल्स टी मेटकाफ ने अपने अध्ययन के आधार पर 1932 में भारतीय ग्रामों को लघु-गणराज्य की संज्ञा दी थी। उनके मतानुसार स्व-शासन के कारण हो भारतीय गाँव सदैव बाहरी दबावों से मुक्त रहे हैं और अनेक विदेशी आक्रमणों के बाद भी सहस्राब्दियों से भारतीय संस्कृति अक्षुण्ण रही। प्रजा द्वारा निर्वाचित ग्रामणी या ग्राम प्रमुख व 'विषपति' द्वारा ग्राम सभाओं के माध्यम से

जनभावनाओं के अनुरूप स्थानीय शासन को चलाया जाता था। ग्रामणी, ग्रामाधिप, ग्राम सभा, विष, विषपति व पंचायतों आदि के संदर्भ वेदों में हैं। बीस गाँवों की भौगोलिक इकाई 'विश' कहलाती थी और बीस, सौ व एक हजार ग्रामों के अधिपति को क्रमश: 'विशपति', 'शत ग्रामाधिप व सहस्र ग्रामाधिप' कहा जाता था।

ग्राम स्वशासन एवं ग्रामीण स्वायत्त सस्थाएँ—संस्कृति का सुदृढ़ कवच

चार्ल्स मेटकाफ के अनुसार विदेशी आक्रांता सीथिअन, ग्रीक, अफगान, मंगोल, मुगल, डच व अंग्रेज आकर शासन स्थापित करते रहे। लेकिन स्थानीय स्व-शासन के कारण ग्राम जीवन, परंपराएँ, पर्व व संस्कृति उनसे उसी प्रकार अछूते रहे, जैसे ज्वार-भाटा के उतार-चढ़ाव से समुद्रतल का एक विशाल पत्थर अछूता रहता है। प्राचीन काल में गाँव ही शासन की धुरी व राज्य का शक्तिस्रोत रहे हैं। प्राचीन ग्राम पंचायतें (वेदोक्त 'पञ्चजना:') स्थानीय स्वशासन की सबल माध्यम थीं, जिनके द्वारा धर्मपूर्वक नियमन एवं स्थानीय उद्योग, व्यापार व दैनंदिन गतिविधियों का संचालन किया जाता था, इसलिए अनवरत विदेशी आक्रांताओं के आगमन व उन बाहरी आक्रांताओं के शासन में भी भारतीय हिंदू संस्कृति अक्षुण्ण रही है।

स्वायत्त ग्राम संस्थाएँ व राजा की प्रतिबद्धता

वैदिक युग से अंग्रेजों के आगमन तक भी स्व-शासन में समर्थ संस्थाएँ—कुल, ग्राम, विश, श्रेणी, नारिष्ट, जन, गण व परिषद् आदि, राजतंत्रात्मक व गणतंत्रात्मक राज्यों में समान रूप से पाई जाती थीं। मुसलिम आक्रमणों के पहले तक ये संस्थाएँ निर्वाचित, स्वायत्त एवं विधिक अधिकार संपन्न होती थीं। वृहस्पतिस्मृति, अपरार्क-चंद्रिका (पृ. 792-3), स्मृति-चंद्रिका (2/222-3), व्यववहार प्रकाश (पृ. 332) आदि में ग्राम स्वशासन की चर्चा में स्पष्ट लिखा है कि राजा लोग ग्रामों की श्रेणियों व गण-समूहों के साथ अनुबंध अर्थात् निश्चित शर्तों पर 'समय' या कन्वेंशन हस्ताक्षरित कर लेते थे। इनमें इनके पारस्परिक कर्तव्यों, दायित्वों और केंद्र एवं स्वायत्त ग्राम संस्थाओं के संबंधों को स्थायी आधार पर सुपरिभाषित कर लेते थे।

आधुनिक अभिसमय या अनुबंधों जैसे समझौता ज्ञापन या एम.ओ.यू. की विषयवस्तु

उपरोक्त उद्धृत ग्राम, श्रेणियों व गणों एवं राज्य-केंद्र की हितरक्षार्थ और इनके क्रियान्वयन हेतु 2, 3 या 5 प्रतिनिधि भी सुनिश्चित होते थे, जो लोककल्याण के आयामों—सभागृह, जल स्रोत, देवालय, सिचाई, विश्रांति गृह आदि विकास की योजनाएँ बना, उनका संचालन सुनिश्चित करते थे। मंत्र—

ग्राम श्रेणिगणाना च संकेतः समयक्रिया" द्वौ,
त्रय, पञ्च वा कार्याः समूहहितवादिनः।
कर्तव्यवचनं तेषां ग्रामश्रेणिगणादिभिः
सभाप्रपादेवगृहतडागाराम संस्कृतिः॥
(बृहस्पति स्मृति, अपरार्क चंद्रिका, पृ. 792-3)

स्वायत्त संस्थाओं व निर्वाचित प्रतिनिधियों के दंडाधिकार

बृहस्पति संहिता के अनुसार, कुलों, श्रेणियों व गणों के प्रमुखों, अर्थात् अध्यक्षों को, मर्यादाविहीन आचरण करने वाले व नियम भंगकर्ताओं, आतताइयों व पापकर्मियों को दंडित करने व निष्कासित करने के भी अधिकार होते थे।

श्लोक—

कुलश्रेणीगणाध्यक्षाः पुरदुर्गनिवासिनः।
वाग्धिग्दमं परित्यागं प्रकुर्युः पापकारिणाम॥
(बृहस्पति स्मृति अपरार्क चंद्रिका-794,
स्मृतिचंद्रिका (2/225), सरस्वती विलास पृ. 329)

ग्रामणी अर्थात् ग्राम प्रमुख को राजरत्न या रत्नि कहा है। वैदिक काल का निर्वाचित ग्रामाधिकारी 'रत्नी' था। कालांतर में वह राजा द्वारा नियुक्त होने लगा और फिर वह वंश-परंपरानुगत बनकर रह गया। (पांडुरंग वामन, पृ. 649-59)

संसदीय प्रणाली जैसी सभाओं या समितियों की सर्वोपरिता

ऋग्वेद व अथर्ववेद में स्थानीय स्वायत्त संस्थाओं में कुल, ग्राम, विश, जन

के रूप में उनकी परिषदों, सभा समितियों नारिष्टा आदि निर्वाचित संस्थाओं का व्यापक विवेचन है। ऋग्वेद में वर्णित परिषदों व अथर्ववेद में वर्णित नारिष्टा के निर्णयों के दंड व प्रायश्चित्त के निर्देश अंतिम होते थे।

नारिष्टा की व्याख्या में सायणाचार्य ने लिखा है कि नारिष्टा का अर्थ है, जिसके निर्णय को कोई टाल न सके। समिति राष्ट्रीय स्तर की महासभा होती थी, जिसमें राष्ट्र के सभी वर्गों का प्रतिनिधित्व होता था। पारस्कर गृह्य सूत्र में समिति के अध्यक्ष को ईशान, अर्थात् उसका अंतिम नियामक व समिति को 'पर्षद' कहा है। संभवत: ईशान लोकसभा अध्यक्ष या स्पीकर की भूमिका में होता होगा और अनाचार के लिए दंडविधान भी करता होगा।

श्लोक—अस्या: पर्षद ईशान: सहसा दुष्टरो जन इति। पारस्कर गृह्य सूत्र 3.3.14

दंड व प्रायश्चित्त हेतु अधिकार संपन्न परिषदें

विमलचंद्र शुक्ल रचित 'प्राचीन भारतीय प्रायश्चित्त विधान' के अनुसार प्रायश्चित्तों के निर्धारण एवं नियोजन के लिए परिषदें हुआ करती थीं। मनु आदि प्राचीन राज शास्त्र प्रणेताओं के अनुसार परिषद् का मुख्य कार्य प्रायश्चित्त विधान और उनका पालन सुनिश्चित करना था। उपनिषद् काल में 'परिषद्' एवं समिति का तात्पर्य था किसी विशिष्ट स्थान की व विशिष्ट प्रयोजन के लिए विद्वानों की सभा। बौधायन धर्मसूत्र से यह भी ज्ञान होता है कि लगभग 5वीं शती ईसवीं पूर्व में परिषदों का महत्त्व अत्यधिक बढ़ गया होगा और वे प्रायश्चित्त व्यवस्था के अतिरिक्त अन्य कार्यों को भी संपादित करती थीं।

मनु के अनुसार परिषद् का कार्य अपराध की प्रकृति और गंभीरता को ध्यान में रखकर प्रायश्चित्त का निर्धारण करना था। प्रायश्चित्त शास्त्रों में प्रतिपादित नहीं होने पर परिषद् अपने विवेक से उनका निर्धारण करती थी। याज्ञवल्क्य स्मृति के अनुसार दोषी या अपराधी व्यक्ति को विद्वज्जनों के समक्ष अपना दोष कहना पड़ता था और परिषद् द्वारा निर्धारित प्रायश्चित्त उसे करने पड़ते थे। शंकराचार्य ने भी आठवीं-नवीं शताब्दी में वृहदारण्यकोपनिषद् के भाष्य में स्पष्ट लिखा है कि धर्म के सूक्ष्म निर्णय का दायित्व परिषद् पर ही था। इस प्रकार प्राचीन भारत में परिषद्

एक नाममात्र की संस्था न होकर वैधानिक आधार संपन्न थी। ऋग्वेद काल से ही निर्वाचित परिषदें स्वायत्त नियमन का माध्यम थीं।

इस प्रकार भारत में निर्वाचन, निर्वाचित स्वायत्त संस्थाओं द्वारा नियमन के सुपरिभाषित अधिकार एवं राजा व स्वायत्त संस्थाओं के बीच अधिकारों के पृथक्करण जैसी आधुनिक लोकतांत्रिक परंपराओं का चलन अति प्राचीन काल में भी रहा है। इस आशय के वैदिक व अन्य शास्त्रोक्त विमर्श पर्याप्त मात्रा में मिलते हैं।

□

अध्याय-31

उत्तरदायी राज्य एवं राजपद पर निर्वाचन के वैदिक संदर्भ

भारत में उत्तरदायी शासन, सभी वर्णों से राजा बनने की परंपरा, सुव्यवस्थित चुनावों से सुयोग्य राजा की नियुक्ति की परंपरा रही है। वैदिक काल से सूत्र ग्रंथों की रचना होने तक राजा का पद योग्यता आधारित एवं जाति निरपेक्ष होने के पर्याप्त विवेचन मिलते हैं। राजा या राष्ट्र प्रमुख के चुनाव, राज्यकर्ता पर निर्वाचित स्वायत्त संस्थाओं के नियंत्रण, राज्य के निर्णयों में स्वायत्त सभाओं व परिषदों की भूमिका का विवेचन विगत लेखों में किया गया है। ग्रामाधिपों व रत्नियों की सभा में गुणावगुणों के आधार पर राजा का चयन या निर्वाचन और सुयोग्य व्यक्ति का वर्ण निरपेक्षतापूर्वक राजा के पद पर चयन आदि की चर्चा यहाँ की जाएगी।

वर्ण निरपेक्षतापूर्वक सभी वर्गों के राजाओं के उदाहरण

जैमिनी पूर्वमीमांसा सूत्र (2/313) की व्याख्या में कुमारिल भट्ट ने लिखा है कि सभी वर्णों, जातियों व वर्गों के लोग शासक होते देखे गए हैं। पाल वंश के साम्राज्य का संस्थापक गोपाल शूद्र था, जिसे राजा चुना गया था। (पांडुरंग वामन 595)। महाभारत शांति पर्व के अनुसार—"जो भी कोई दस्युओं अथवा डाकुओं से जनता की रक्षा करता है और नियमानुसार दंडाधिकार धारित कर उसका न्यायपूर्वक निर्वहन करता है, प्रजाजनों को उसे राजा मान्य कराना चाहिए।"

चीनीयात्री युवान च्यांग (ह्वेनत्सांग) ने 630-645 ईसवी में भारत के प्रवास के वृत्तांत में लिखा है कि सातवीं सदी के पूर्वार्द्ध में सिंध पर शूद्र राजा का राज्य

था (पांडुरंग वामन 595)। शुंग, वाकाटक व कदंब आदि ब्राह्मणों के साम्राज्य थे। शास्त्रकारों के अनुसार आपातकाल में वेदज्ञ ब्राह्मण को भी राजा, सेनापति या दंडाधिपति बनाया जा सकता है (मनुस्मृति 12/100)। विदेशी मुसलिम आक्रांताओं से संघर्ष के दौर में वेदों के भाष्यकार सायणाचार्य विजयनगर साम्राज्य के महामात्य व प्रधान सेनापति थे। वेदों की प्राचीनतम व्याख्याओं में 14वीं सदी का सायण भाष्य सर्व सुलभ है। पूर्ववर्ती व्याख्याएँ मुसलिम आक्रांताओं ने नष्ट कर दीं। महीधर की 16वीं सदी की, 19वीं सदी की दयानंद सरस्वती व बीसवीं सदी की सातवलेकरजी की व्याख्याएँ सुलभ हैं।

शासन पर पुरुष वर्ग का ही एकाधिकार नहीं था। तेरहवीं शताब्दी के गंजाक ताम्रपत्र में शुभांकर की मृत्यु पर उसकी रानी एवं उसकी पुत्री के राजपद पर सुशोभित किए जाने को वर्णन है। उनकी पुत्री दंडी महादेवी को 'परमभट्टारिका महाराजाधिराजयरमेश्वरी' की उपाधि भी दी थी। पाँचवीं सदी से पूर्व रचित रघुवंशम् (29/55-57) में राजा आनिवर्ण की विधवा रानी के राज्यारोहण का वर्णन है।

राजपद पर चुनाव की सुदृढ़ कसौटी

अनेक कसौटियों या शर्तों और वह कठोर नियमों के अनुशासन के अधीन रहा है। इनमें अधिकारों के स्थान पर कर्तव्यों व उत्तरदायित्वों की प्रमुखता थी। ऋग्वेद तथा अथर्ववेद के सूक्तों में प्रजा द्वारा राजा के निर्वाचन का उल्लेख है। अथर्ववेद के मंत्र (6.88.3) में लेख है कि सभी दिशाओं से आई प्रजाएँ तुझे राज्य के लिए निर्वाचित करती हैं। कदाचित् राजा की नियुक्ति समिति करती थी। अथर्ववेद के उक्त मंत्र 6.88.3 (धुर्वाय ते समितिः कल्पतामिह) के अनुसार राजा का निर्वाचन सर्व सम्मति से होता था, जिसका आधार गुणों में सर्वोत्कृष्टता था। अर्थववेद 20.54.1 राजा के निर्वाचन के पश्चात् राज्याभिषेक होता था। राजा के कर्तव्यों के बारे में यजुर्वेद में चार प्रधान कर्तव्य बताए हैं—कृषि की उन्नति, श्रेय या जनकल्याण, रयि अर्थात् आर्थिक समुन्नति और पोष, अर्थात् राष्ट्र की सुदृढ़ता। यजुर्वेद 9/22

जन अपेक्षाओं की पूर्ति की अनिवार्यता

मंत्र—

अस्मे वोऽअस्त्विन्द्रियमस्मे नृम्णमुत क्रतुरस्मे वर्चांसि सन्तु वः।
नमो मात्रे पृथिव्यै नमो मात्रे पृथिव्याऽइयं ते राड्यन्तासि यमनो ध्रुवोऽसि
धरुणः कृष्यै त्वा क्षेमाय त्वा रय्यै त्वा पोषाय त्वा॥ यजुर्वेद 9/22॥
"'वयं राष्ट्रे जागृयाम पुरोहिताः स्वाहा (यजुर्वेद 9/23)

हम पुर या नगर के हितरक्षक, अर्थात् पुरोहित आलस्य त्यागकर पृथ्वी के प्रति सर्वोच्च आदर व समर्पणपूर्वक मातृभूमि को नमस्कार अर्पित कर (नमो मात्रे पृथिव्यै—मात्रे पृथिव्या नमः) हे राजन! तुम्हें राज्य का संचालक (यन्ता असि) स्वीकार करते हैं। तू राज्य के सभी अंगों का नियामक, ध्रुव की भाँति स्थिरतापूर्वक हम सभी के लिए आश्रय बन (यमनः ध्रवः घरुणः असि)। इस राष्ट्र में (इयं ते राड्) कृषि समृद्धि, हम सभी के राष्ट्रजनों योगक्षेम, जगत् कल्याण, राष्ट्र के ऐश्वर्य में वृद्धि व प्रजा पालनार्थ तुझे स्वीकारते हैं (त्वा कृष्ये, त्वा क्षेमाय, त्वा रटये, त्व पोषाय)। तुम्हारे तेजोमय शासन में हमें (वः वचांसि अस्मे सन्तु) शारीरिक बल संपन्न हों, (इंद्रिम अस्मे अस्तु) सभी प्रकार के ऐश्वर्य, हमें प्राप्त हों और धन व कर्म सामर्थ्य हमें तुम्हारे राज्य में प्राप्त होवे (वः वचांसि अस्मे सन्तु) हम पुर के हित के लिए चिंतनरत रहकर इस राष्ट्र को जाग्रत् रखते हैं। (9/23)

मंत्र—

परि सद्मेव पशुमान्ति होता राजा न सत्यः समितीरियानः।
सोमः पुनानः कलशाँ अयासीत्सीदन्मृगो न महिषो वनेषु॥

ऋग्वेद 9/92/6

भावार्थ—सत्य की निर्णायक सभा के निर्देश पर शासन रूपी हवन में अपने निजी सुखों की हवि देकर, ज्ञान की आगार सभा की संतुष्टि के लिए दृढ़ प्रतिज्ञ राजा के इस राज्य में हम प्रजाजन वैसे ही निर्द्वंद्व व प्रमुदित होकर अपने जीवन-लक्ष्यों को प्राप्त करते रहें, जैसे परमात्मा द्वारा विकसित सधन वन में मृग विहार करते हैं।

स्वायत्त व उच्चाधिकार प्राप्त समितियाँ व उनकी संरचना

वैदिक युग में समिति का कार्य राजा चुनना, उसके कर्तव्यों का निर्धारण, कर्तव्य-पालन न करने पर पदच्युत करना, राज्य से निर्वासन आदि प्रमुख थे (आत्वा''मात्वद राष्ट्रमाधि भ्रशत—ऋग्वेद 10.173.1)। प्रायश्चित्त कर लेने पर पुनः राज्यासीन करना, राष्ट्रीय अर्थव्यवस्था पर पूर्ण नियंत्रण, राज्य में अन्याय व अत्याचार रोकना आदि। इसके लिए समिति में अध्यक्ष के साथ-साथ राजा की उपस्थिति अनिवार्य थी।

राजा के निर्वाचन व नियामक इन सभाओं में निर्वाचित ग्रामाधिप या ग्रामणियों के अतिरिक्त राजकृत या राज्य-रत्न भी रहते थे, जिन्हें आज के संदर्भ में नियामक या शीर्ष संवैधानिक अधिकरणों का प्रमुख कहा जा सकता है। ये सभी राजा के निर्वाचन में भाग लेते थे। शतपथ ब्राह्मण अध्याय-13 में इनकी संख्या 11 बतलाई है तथा इन्हें एकादश रत्नानि कहा गया है। इनका क्रम है—1. सेनापति, 2. पुरोहित, 3. महिषी/महारानी, 4. सूत, 5. ग्रामणी/वैश्य, 6. क्षत्ता/आय-व्यय-अधिकारी, 7. संग्रहीता/कोषाध्यक्ष, 8. भागदुध/राजस्व अधिकारी, 9. अक्षावाप/आय-व्यय निरीक्षक, 10. गोविकर्ता/अरण्यपाल, 11. पालागल/संदेश वाहक। ये रत्नि व सभा मिलकर राजा का चुनाव करते थे। राजा की चुनावकर्ता सभाओं में भद्र लोग राजा के कर्ता, सूत, ग्राम-मुखिया, दक्ष शिल्पी रथकार, कुशल श्रेणियों के प्रतिनिधि, यथा धातुकर्मी आदि व अन्य कौशल संपन्न लोग होते थे। (अथर्ववेद 3/5/6 एव 7)

मंत्र—

ये राजानो राजकृतः सूता, ग्रामण्यश्च ये।
उपस्तीन् पर्ण मह्यं त्वं सर्वान् कृण्वभितो जनान्॥

अथर्ववेद 3/5/7

वैदिक युगीन राजनीति में सभा और समिति दो महत्त्वपूर्ण अंग थे। अथर्ववेद में सभा और समिति को राजा का प्रिय साधन करने वाली कहा गया है। राजा द्वारा सभा और समिति की स्थापना के बाद भी उनके निर्णय राजा पर बाध्यकारी होते थे। सभा के सदस्य को सभ्य, सभेय और सभासद कहते थे। सभा अध्यक्ष सभापति कहलाता था। सभा का मुख्य कार्य विवादग्रस्त सभी विषयों को निपटाना था। सभा का निर्णय अंतिम होता था।

□

अध्याय-32

वेदों में सार्वभौम राष्ट्र व शासन-पद्धतियों की अवधारणा

संपूर्ण भू-मंडल पर एक राष्ट्र की मर्यादाएँ एवं उसके अनतर्गत स्थानीय शासन व राज्य व्यवस्था के अनेक प्रावधान वैदिक काल में रहे हैं। आजकल भी वैश्विक शासन, अर्थात् ग्लोबल गवर्नेंस की चर्चाओं के साथ ही संयुक्त राष्ट्र संघ, विश्व व्यापार संगठन, अंतरराष्ट्रीय मुद्राकोष, विश्व स्वास्थ्य संगठन व अंतरराष्ट्रीय श्रम संगठन जैसी संस्थाओं का सदस्य देशों पर प्रभाव भी देखा जाता है। वैदिक वाङ्मय में भी सार्वभौम साझी मर्यादा युक्त, संपूर्ण भूमंडल व्यापी राष्ट्र व उसके अंतर्गत विविध शासन प्रणालियों के संदर्भ मिलते हैं। संपूर्ण भू-मंडल पर एक जैसी आधारित विधि मर्यादाएँ व वैश्विक विधान के कई संकेत वेदों व राज्य शास्त्र के प्राचीन ग्रंथों में मिलते हैं।

सार्वभौम राष्ट्र व विविध शासन प्रणालियाँ

मौलिक सांस्कृतिक एकता एवं एकीकृत व्यवस्थाओं से युक्त एक सार्वभौम राष्ट्र व उसके अंतर्गत विविध शासन प्रणालियों द्वारा संचालित राज्यों के संदर्भ वेदों व अन्य प्राचीन ग्रंथों में हैं। पृथ्वी से समुद्रपर्यंत विस्तृत राष्ट्र की वैदिक उक्ति कि "पृथिव्यै समुद्रपर्यन्ताया एक राड्ऽइति" से यही लगता है।

ॐ स्वस्ति साम्राज्यं भौज्यं स्वाराज्यं वैराज्यं पारमेष्ट्यं राज्यं महाराज्यमाधिपत्यमयं, समन्तपर्यायीस्यात् सार्वभौमः सार्वायुषः आन्तादापरार्धात्, पृथिव्यै समुद्रपर्यंताया एकराड्ऽइति...

भावार्थ—पृथ्वी से समुद्रपर्यंत इस सर्व-कल्याणकारी अखंड राष्ट्र में विविध शासन प्रणालियों पर आधारित कई साम्राज्य, भौज्य, स्वाराज्य, वैराज्य, पारमेष्टि राज्य, महाराज्य, अधिराज्य, समंत पर्यायी राज्य, सार्वभौम राज्य हैं। इन राज्यों से युक्त यह सार्वभौम राष्ट्र सर्व उपभोग्य सामग्रियों से परिपूर्ण होवे, क्षितिज तक विस्तार के साथ यह सृष्टि के अंत तक सुरक्षित रहे, ऐसी आसक्ति व लोभ रहित शुभेच्छा हम व्यक्त करते हैं।

आज सभी देश भिन्न-भिन्न शासन प्रणालियों से युक्त हैं। भारत का संसदीय लोकतत्र इंग्लैंड से भिन्न है। फ्रांस व अमेरिकी राष्ट्रपति प्रणालियाँ एक-दूसरे से भिन्न हैं। कहीं एकतंत्रात्मक व कहीं जनतंत्रात्मक व्यवस्थाएँ हैं। उपरोक्त मंत्र में आए विविध राज्यों के अनुरूप वेदों में ऐतरेय ब्राह्मण की अष्टम पंचिका, बृहदारण्यकोपनिषद् व महाभारत आदि में भिन्न-भिन्न शासन प्रणालियों के पर्याप्त विवेचन हैं। उपरोक्त 'पृथिव्याये एक राडिति' शब्दों से समाप्त उपरोक्त मंत्र में उल्लेखित शासन प्रणालियों का विवेचन अग्रानुसार है—

प्राचीन शासन प्रणालियाँ व उनके शासकों का नामकरण

उपरोक्त शासन प्रणालियों के अनुरूप ही उनके राजाओं के संबोधन पीढ़ी-दर-पीढ़ी उन स्थानों या क्षेत्रों में रहे हैं। उदाहरणतः मंत्र में 'भोज्यं' शब्द है। लोक कल्याण केंद्रित व बुद्धिजीवी सामंतों की सभायुक्त राज्य, 'भोज्य' एवं उसका राजा 'भोज' कहलाता रहा है। भारत नेपाल आदि वृहत्तर भारत के अनेक नगरों के नाम आज भी भोजपुर हैं। मालवा की धारा नगरी के राजा पीढ़ी-दर-पीढ़ी भोज कहलाते थे। प्रबल सामंतों की सभा से युक्त राज्य 'वैराज्य' एवं वहाँ का राजा 'विराट्' कहलाता रहा है। अलवर के प्राचीन मत्स्य साम्राज्य व नेपाल के विराटनगर आदि के राजा शताब्दियों तक 'विराट्' कहलाते आए हैं। ऐसे राज्यों के नामकरण व उनके राजाओं के प्राचीन संबोधन अग्रानुसार हैं—

1. **साम्राज्य** : इस प्रणाली का शासक 'सम्राट्' कहलाता था, जो पूर्व दिशा के राज्यों मगध, कलिंग, बंग आदि में थी। सम्राट् एकच्छत्र शासक होता था। वहाँ कोई सभा, समिति या संसद् नहीं होती थी।

2. **भौज्य :** इस प्रणाली का शासक 'भोज' कहलाता था। यह दक्षिण दिशा के सात्वत् (यादव) राज्यों में थी। अंधक और वृष्णि यादव-गणराज्य इस श्रेणी में थे। इस प्रणाली में जनहित और लोक-कल्याण की भावना अधिक रहती थी। इनमें बुद्धिजीवियों की सभा सब प्रकार के प्रमुख निर्णय लिया करती थी।

3. **स्वराज्य :** इस प्रणाली के शासक को 'स्वराट्' कहते थे। यह पश्चिम दिशा के सुराष्ट्र, कच्छ, सौवीर आदि राज्यों में थी। यह स्वायत्तशायी प्रणाली है। राजा स्वतंत्र न होकर अपनी सभा व समिति के निर्णयों से प्रतिबद्ध होता था।

4. **वैराज्य :** इस प्रणाली के शासक को 'विराट्' कहते थे, जो हिमालय के उत्तरी भाग, उत्तर कुरू, उत्तर मद्र आदि राज्यों में थी। सामूहिक निर्णय पद्धति युक्त इस संघीय प्रणाली में शासन का उत्तरदायित्व व्यक्ति पर न होकर समूह या सभा पर होता था, जो प्रबल व पराक्रमी सामंतों की होती थी।

5. **पारमेष्ठ्य राज्य :** इस प्रणाली में शासक 'परमेष्ठी' या परमात्मा होता है। महाभारत के शांतिपर्व और सभापर्व में वर्णित इस गणतंत्र-पद्धति में शांति व्यवस्था की स्थापनार्थ परमेश्वर को राज्य का अधिपति मानकर राजा द्वारा पीढ़ी-दर-पीढ़ी इसके ध्वजवाही प्रधानमंत्री के रूप में त्यागपूर्वक राज्य संचालन किया जाता था। गणमुख्य योग्यता और गुणों के आधार पर होता है। राजस्थान के 'मेवाड़', अर्थात् मेदपाट राज्य में भगवान् शिव अर्थात् एकलिंगनाथ को राजा मानकर महाराणा, उनके दीवान के रूप में आठवीं सदी से स्वाधीनतापर्यंत शासन करते रहे हैं।

6. **राज्य :** इस प्रणाली में उच्चतम शासक 'राजा' होता था। यह प्रणाली मध्यदेश में कुरू, पंचाल, उशीनर आदि राज्यों में प्रचलित थी। राजा की सहायता के लिए मंत्रीपरिषद् व शासन संचालन के लिए विभिन्न अधिकारियों की नियुक्ति होती थी। (वासुदेव शरण रचित पाणिनिकालीन भारतवर्ष, पृ. 399-400)

7. **महाराज्य :** इस प्रणाली में शासक को 'महाराज' कहते थे। किसी प्रबल शत्रु पर विजय प्राप्ति पर 'महाराज' की उपाधि दी जाती थी।
8. **आधिपत्य व समंतपर्यायी :** इस प्रणाली में शासक को 'अधिपति' कहते थे। ऐसे राज्य को 'समंतपर्यायी' कहा गया है। वह पड़ोसी जनपदों को अपने अधीन कर उनसे 'कर' वसूल करता था। छांदोग्योपनिषद् में इसे श्रेष्ठ कहा है। (सहि ज्येष्ठः राजाऽधिपतिः—छांदोग्योपनिषद् 5/6)।
9. **सार्वभौम :** इसमें शासक को 'एकराट्' कहते थे। ऐतरेय ब्राह्मण के अनुसार सारी भूमि राजा की होती थी, जिसका 'सार्वभौम प्रभुत्व' होता था।
10. **जनराज्य या जानराज्य :** यजुर्वेद, तैत्तिरीय संहिता और शतपथ ब्राह्मण आदि में 'महते जानराज्याय', अर्थात् महान् जनराज्य वाक्यों से ज्ञात होता है कि राजा का निर्वाचन 'जनतंत्रात्मक शासन' के लिए होता था। शासक को 'जानराजा' कहलाता था।
11. **अधिराज्य :** ऋग्वेद और अथर्ववेद के अनुसार शासक को 'अधिराज' कहते थे। इस प्रणाली में 'उग्रं चेत्तरम्', अर्थात् राजा उग्र और कठोर अनुशासन रखते हुए निरंकुश भी हो जाता था।
12. **विप्र राज्य :** ऋग्वेद और अथर्ववेद के अनुसार विप्रराज्य में विद्वत्तापूर्ण व पांडित्य में अग्रणी विप्र को राजपद दिया जाता था या राजा चुना जाता था। महाभारत (उद्योगपर्व—33वें अध्याय) के अनुसार विप्र या पंडित जाति निरपेक्ष व गुणसूचक पद है। यथा—"अपने वास्तविक स्वरूप का ज्ञान, उद्योग, दुःख सहने की शक्ति और धर्म में स्थिरता वाला मनुष्य पंडित कहलाता है। क्रोध, हर्ष, गर्व, लज्जा, उद्दंडता तथा अपनी पूज्यता, जिसको पुरुषार्थ से भ्रष्ट नहीं करते, वही पंडित है। पहले निश्चय करके फिर कार्य आरंभ करता है, बीच में नहीं रुकता, समय व्यर्थ करता और चित्त को वश में रखता है, वही पंडित है। अपना आदर होने पर हर्ष से फूलता नहीं, अनादर से विचलित नहीं होता, वह पंडित है।"

13. **समर्य राज्य :** ऋग्वेदानुसार 'समर्य' का अर्थ-समृद्धि संपन्न, वैश्य या धनाढ्यों का राज्य। यह व्यापार प्रधान, उद्यमों से धन-धान्य समृद्ध और सैन्यशक्ति आधारित होता था। महाभारतकालीन, 5000 वर्ष प्राचीन अग्रोहा में महाराज अग्रसेन का राज्य इसका उदाहरण है।

इस प्रकार कई सहस्राब्दी पूर्व, एक सार्वभौम राष्ट्र एवं विविध शासन प्रणालियों से युक्त उन्नत राज्यों का भारतीय वाङ्मय में प्रचुर विवेचन है। इस अध्याय में उनका प्रारंभिक विवेचन किया गया है।

□

अध्याय-33

राष्ट्र, राज्य एवं राज शास्त्र का वैदिक विवेचन

राष्ट्र की अवधारणा भारत में अनादिकालीन है। हमारे लिए राष्ट्र कोई नवीन शब्द न होकर एक वैदिक परंपरा है। वेदों एवं प्राचीन संस्कृत वाङ्मय में राष्ट्र की सारगर्भित व्याख्या के साथ राज्यों के शासन, शासन विधान व नियमावलियों और राजधर्म का अत्यंत उन्नत विवेचन है। ये विवेचन वैदिक व पौराणिक काल में प्रचलित उन्नत राजनीतिक, सामाजिक व सांस्कृतिक व्यवस्थाओं के प्रमाण हैं।

राष्ट्र

विश्व के अन्य भागों में आखेट प्रधान कबीलाई सभ्यता के दौर में वेदों ने राष्ट्र व राज्य शासन का पूरी परिपक्वता के साथ विवेचन किया है। वेदों में "मानव के सार्वभौम कल्याण का आधार राष्ट्र चिंतन को माना है। विश्व मंगल की प्रेरणा से उच्च जीवन-मूल्यों के प्रसार एवं नैतिकतापूर्ण आचार-विचारों का संवाहक होने से राष्ट्र नागरिकों में तेज, ओज व बल का संचार करता है। स्वावलंबी समाज जीवन की आधारशिला होने से मानव समाज में पारस्परिक सहकार की संस्कृति को भी बल प्रदान करता है।"

यजुर्वेद में राष्ट्र की व्याख्या : "आत्मज्ञानी ऋषियों ने जगत् का कल्याण करने की इच्छा से सृष्टि के प्रारंभ में जो दीक्षा लेकर तप किया, उससे राष्ट्रनिर्माण हुआ, राष्ट्रीय बल और ओज भी प्रकट हुआ। इसलिए सब प्रबुद्धजन इस राष्ट्र के

सामने नम्र होकर इसकी सेवा करें।" राष्ट्र कहलाने की पात्रता के लिए विद्वज्जनों की विचारवान व लोकतांत्रिक सभा/समिति/पंचायतों आदि में सामूहिक निर्णय परंपरा के साथ आत्म-रक्षार्थ समुचित बल, समाज के संरक्षण व योगक्षेम के लिए सक्षम होना भी परम आवश्यक है।

मंत्र—

आ ब्रह्मन् ब्राह्मणो ब्रह्मवर्चसी जायतामा राष्ट्रे राजन्यः
शूरऽइषव्योऽतिव्याधी महारथो जायतां दोग्ध्री धेनुर्वोढानड्वानाशुः सप्तिः
पुरन्धिर्योषा जिष्णू रथेष्ठाः सभेयो युवास्य यजमानस्य वीरो जायतां निकामे
निकामे नः पर्जन्यो वर्षतु फलवत्यो नऽओषधयः पच्यन्तां योगक्षेमो नः
कल्पताम्॥

(यजुर्वेद 22/22)

इस प्रकार ऐसा जन-समूह, जो एक सुनिश्चित भूमिखंड में रहता है, संसार में व्याप्त और इसको चलानेवाले परमात्मा अथवा प्रकृति के अस्तित्व को स्वीकार करता है, बुद्धि को प्राथमिकता देता है और विद्वज्जनों का आदर करता है तथा जिसके पास अपने देश को बाहरी आक्रमण और आंतरिक, प्राकृतिक आपत्तियों से बचाने और सभी के योगक्षेम की क्षमता हो, वह एक राष्ट्र है।

ऋग्वेद (4/42/1) के 'मम द्विता राष्ट्र क्षत्रियस्य' जैसे मंत्रों से इस भूमंडल के दोनों गोलार्द्धों में फैले सार्वभौम राष्ट्र के संरक्षण व क्षति से उसकी रक्षा का निर्देश है। भारतवर्ष, दक्षिण-पूर्व एशिया से अफगानिस्तान तक एक सर्वसमर्थ व भू-सांस्कृतिक एकता युक्त राष्ट्र रहा है। इंडोनेशिया, मलेशिया, अफगानिस्तान आदि पर इसलामी आक्रमणों से हुए व्यापक मतांतरण के बाद भी, भू-सांस्कृतिक दृष्टि से आज भी यह पूरा क्षेत्र एक हिंदू राष्ट्र जैसा ही है।

राष्ट्र व राष्ट्र की समृद्धि की सर्वोपरिता

अथर्ववेद के मंत्र 12/1/8 में संपूर्ण पृथ्वी को माता रूप में आह्वान कर उस माताभूमि से ही राष्ट्र के लिए बल व दीप्ति माँगी है। अग्नि पुराण 239/2 के अनुसार राजा के लिए राष्ट्र सर्वोपरि है। राजशास्त्र रचयिता कामंदक रचित कामंदकीय नीति सार के श्लोक 6/3 के अनुसार राज्य के सभी घटकों या अंगों

का उद्भव राष्ट्र से होता है। अतः राजा को सभी प्रयत्नों को राष्ट्र की संवृद्धि के लिए समर्पित करना चाहिए। उसी में आगे स्पष्ट किया है कि राष्ट्र की संवृद्धि व समृद्धता हेतु इसकी मिट्टी उत्तम गुणयुक्त व उपजाऊ हो, जिसमें खूब अन्न उपजे, खनिजों के प्रचुर भंडार हों, खानों व अन्य सभी पदार्थों की भरमार हो, जहाँ से व्यापार संचालन संभव हो, जो स्थान पशुपालन के लिए उपयुक्त होवे, जल की प्रचुरता हो, सुसंस्कृत व सुंदर नागरिक हों, जंगल हो, हाथियों से युक्त हों, जल व स्थल मार्ग हों और जहाँ केवल वर्षा जल पर ही निर्भर नहीं रहना पड़े। कामंदक (4/50–56) ने आगे भी कहा है कि जहाँ जीविका के साधन सरलता से उपलब्ध हो सकें और शूद्र, शिल्पकार एवं व्यापारी अधिक संख्या में हों, वही राष्ट्र संपन्न होता है (पांडुरंग वामन 640)। शूद्र व वैश्यों के प्राधान्य को कामंदक के अतिरिक्त विष्णु धर्मसूत्र (3/5) सहित कई राज शास्त्र के रचयिताओं ने महत्त्व देते हुए लिखा है कि जनसंख्या में आनुपातिकता में शूद्र व वैश्य अपेक्षाकृत अधिक संख्या में होना राष्ट्र की समृद्धि के लिए आवश्यक है।

राष्ट्र की समृद्धि व उद्यमिता का सूत्रधार उत्पादनकर्ता शूद्र वर्ग

राज शास्त्र के प्राचीन ग्रंथों में शूद्र, शिल्पी व कृषक वर्गों की सर्वोच्च महिमा बतलाई है। शूद्र वर्ग के संबंध में यह स्पष्टीकरण आवश्यक है कि शब्दों के वैदिक निर्वचन में शूद्र शब्द की व्युत्पत्ति क्षुद्र शब्द से न होकर, अपने श्रम के स्वेद से अर्थात् अपने परिश्रम के पसीने से मूल्यवान वस्तुओं के उत्पादनकर्ता से है। शूद्र वर्ग प्राचीन वाङ्मय के अनुसार उत्पादक व उद्यमी कहा जा सकता है। अरब व यूरोपीय आक्रांताओं के आने के बाद 'जजिया' लगाए जाने एवं कारीगरों के अँगूठे कटवाकर देश के उत्पादन तंत्र को चौपट किए जाने के बाद शूद्र वर्ग का आर्थिक पराभव हुआ है।

शूद्र शब्द का वैदिक निर्वचन

"श्रमस्य स्वेदेन उत्पादनरत एव शूद्रः"

अपने परिश्रम से मूल्यवान वस्तुओं का उत्पादनकर्ता ही शूद्र है। वैश्य उस शूद्र वर्ग व शिल्पकारों द्वारा उत्पादित वस्तुओं का विक्रयकर्ता होने से यह वर्ग राज्य

की आय या कर-राजस्व प्रदाता माने जाते रहे हैं, इसलिए राजशास्त्रकारों ने राष्ट्र की समृद्धि का आधार शूद्र, कृषक व शिल्पियों को बतलाया है।

कामंदक, कौटिल्य आदि प्राचीन राज शास्त्र प्रणेताओं के अनुसार राष्ट्र समृद्ध होना चाहिए, जिसके लिए वहाँ समृद्धि के आधार शूद्र, शिल्पी व कृषक बड़ी संख्या में हों, जीविका के साधन प्रचुर हों एवं सुरक्षा उपादानों से परिपूर्ण होना चाहिए। यह भी लिखा है कि राष्ट्र समृद्धि व सुरक्षा के लिए आवश्यक है कि कृषक भूमि का उन्नयन करने में रुचि रखें, नागरिक करों के भुगतान में समर्थ हों, राज्य व राष्ट्र के प्रति सत्यनिष्ठ व अनुकूल एवं शत्रु के प्रति प्रतिकूल हों एवं धन धान्य से परिपूर्ण होना चाहिए। राष्ट्र की संतुलित समृद्धि के लिए राष्ट्र के अधिक जनसंख्या वाले भागों से लोगों को लाकर, अल्प जन घनत्व वाले मंडलों में बसाकर आर्थिक संतुलन लाना चाहिए। प्रत्येक ग्राम में 100-500 तक कुल बसाए जाएँ। इनमें शूद्र (उत्पादनकर्ता होने से), कृषक (भूमि उन्नयन व कृषि उपज वृद्धिकर्ता होने से) व उत्पादन कौशल युक्त शिल्पकार राष्ट्र के अन्य मंडलों व जनपदों से आमंत्रित कर प्रचुरता में बसाए जाएँ। (कौटिल्य अर्थशास्त्र 2/1) देश के सभी मंडल धन-धान्य, कृषि में समुन्नत व संपन्न होवें एवं पशुओं के आहार भी प्राचुर्य से युक्त होने चाहिए।

मंत्र—

भूतपूर्वमभूतपूर्वं वा जनपदं परदेशापवाहनेन व निवेशयेत।
शुद्रकर्षकप्रायंकुशलतावरं पञ्चशतकुलपरं ग्रामं
क्रोशद्विक्रोशसीमामन्योन्यारक्षं निवेशयेत॥

कौटिल्य अर्थशास्त्र 2/1

ग्राम विस्तार एक या दो क्रोश (कोस), अर्थात् 3-5 किमी. होने पर विपत्ति के समय एक ग्राम के वासी दूसरे की सहायता कर सकें।

आज के समष्टि अर्थशास्त्र में जहाँ उद्योग, व्यापार व वाणिज्य के विकास, सकल घरेलू उत्पाद, अर्थात् जी.डी.पी. वृद्धि रोजगार वृद्धि, राजस्व के स्रोतों का विकास, संतुलित क्षेत्रीय विकास आदि की चर्चा की जाती है। प्राचीन राज शास्त्रों एवं वेदों में भी राष्ट्र की समृद्धि, रक्षा व्यवस्था एवं जनता के योगक्षेम पर उत्कृष्ट चिंतन पाया जाता है। 'योगक्षेम' शब्द युग्म में 'योग' से आशय अप्राप्त की प्राप्ति

और 'क्षेम' से आशय जो प्राप्त है, उसका रक्षण। इस प्रकार भारत में अनादि काल से राष्ट्र के समुत्कर्ष एवं प्रजा के योगक्षेम अर्थात् रोजगार, लोक कल्याण व सामाजिक सुरक्षा आदि का समुचित चिंतन है। शूद्र कृषक व शिल्पी राष्ट्र की समृद्धि का आधार माने गए हैं।

□

अध्याय-34

विधि शासित राज्य व्यवस्था व उसकी शास्त्रोक्त मर्यादाएँ

विधि अर्थात् काननू के शासन की लोकतांत्रिक मर्यादा भारत में अनादिकालीन व शास्त्रोक्त है। संवैधानिक मर्यादाओं की भी भारत में प्राचीन परंपरा है। आधुनिक संवैधानिक लोकतंत्र में राष्ट्रपति, प्रधानमंत्री व मंत्रिमंडल सहित सभी शासकीय पदों के अधिकार, कर्तव्य व उत्तरदेयताएँ विधि, अर्थात् कानून से परिभाषित होती हैं। संविधान, संबंधित अधिनियमों, नियमनों व नीतियों से वैयक्तिक स्वेच्छाचारिता, पक्षपात व मनमानी पर अंकुश रहता है। शासन की प्राचीन वैदिक व शास्त्रोक्त मर्यादाएँ आज के विधि आधारित शासन, अर्थात् 'रूल ऑफ लॉ' से भी कहीं अधिक व्यापक कठोर, सुस्थिर व दीर्घकालिक होती थीं। प्राचीन शासन विधान अधिक सुस्थिर व विधिशास्त्र के उन्नत स्रोत रहे हैं।

प्राचीन शासन विधानों की अपरिवर्तनीयता

संविधान की मौलिक संरचना अपरिवर्तनीय होने पर भी उसमें 124 संशोधन किए गए हैं, लेकिन प्राचीन ग्रंथों, यथा गौतम स्मृति आदि में शासन मर्यादाओं में संशोधन निषिद्ध व राजा के अधिकारों से बाहर बतलाया है।

गौतम (9/19/25) ने लिखा है कि राजा को निम्नलिखित शास्त्र विधानों के आधार पर नियम बनाने चाहिए—(1) वेद, धर्मशास्त्र, वेदांग (यथा व्याकरण, छंद आदि), उपवेद, पुराण; (2) देश, जाति एवं कुलों की रीतियाँ; (3) कृषकों,

व्यापारियों, महाजनों (ऋण देने वालों), शिल्पकारों आदि की रूढ़ियाँ, (4) तर्क शास्त्र एवं (5) तीनों वेदों के पंडित लोगों की सभा द्वारा निर्णीत सम्मतियाँ, प्रचलित रूढ़ियों, परंपराओं, रीतियों के प्रमाण के विषय न्याय कार्य में भी लागू होते थे, जो कालांतर में नियमों के रूप में बँध गए। इनके विधेयन में परिषदों (विद्वत् परिषदों) की भूमिका होती थी (याज्ञवल्क्य 1/9) एवं शंख ने भी परिषद् (विद्वानों की सभा) को शासन विधान व राज धर्म सहित धर्म निर्धारण में इन्हें प्रमाण माना है।

श्लोक—

तस्य च व्यवहारो वेदो धर्मशास्त्राण्यङ्गान्युपवेदाः पुराणम्।
देशजातिकुलधर्माश्चाम्नायैर विरुद्धाः प्रमाणम्।
कर्षक वणिक्पशुपालकुसी दिकारवः स्वे स्वे वर्गे।
न्यायाधिगमे तर्कोभ्युपायः। विप्रतिपत्तौ त्रेविद्यवृद्धभ्येः
प्रत्यवहृत्य निष्ठां गमयेत् तथा ह्यस्य निःश्रेयसं भवति।

(गौतम स्मृति 9/19-25)

अशोक के शासन में लागू कई बातें उनके शिला-स्तंभों पर लिखित हैं। गौतम स्मृति (11/15-17) व याज्ञवल्क्य (1/308) के अनुसार राजा को पुरोहित से प्राप्त निष्पक्ष परामर्श के आधार पर धर्म रक्षार्थ सन्नद्ध रहना चाहिए। पक्षपात रहित रहकर लौकिक व व्यावहारिक कार्य संपन्न करने चाहिए। राजा के लौकिक कार्यों में राष्ट्र की संपत्ति बढ़ाना अकाल व अन्य विपत्तियों के समय प्रजा रक्षा करना, न्याय की दृष्टि में सबको समान जानना, चोरों व आक्रमणों से जन एवं धन की रक्षा करना। (पांडुरंग वामन 621)। राजा की दृष्टि में सभी पंथों के समान आदर का कलिंग नरेश के ईसापूर्व हाथी गुंफा का शिलालेख सर्वपंथ समादर भाव का हिंदू परंपरा का उत्कृष्ट उदाहरण है।

राजा पर शास्त्र विधानों का नियंत्रण

आज के संवैधानिक लोकतंत्र से भी अधिक कठोर नियम व नीति विधानों से राजा की प्रतिबद्धता के विधिनिर्देश प्राचीन ग्रंथों में हैं। इनमें संशोधन का अधिकार राजा को नहीं था। इन नियमों में पौर, जनपद, राज्य की विद्वत् सभाएँ, समितियाँ, विष या ग्रामाधिप आदि कर सकते थे। पांडुरंग वामन (पृ. 620) के अनुसार राजा

पर कुछ ऐसे नियंत्रणों से वह मनमानी नहीं कर सकता था। नारद संहिता व गौतम स्मृति मंत्र 9/2 की टीका में हरदत्त एवं मेधातिथि और राजनीति प्रकाश (पृ. 23-24) के अनुसार राजा शास्त्रों के विरोध में नहीं जा सकता था व नियमों को शिथिल नहीं कर सकता था। मेधातिथि (मनुस्मृति 7/13) के अनुसार "…राजा प्रभवति, स्मृत्यन्तरविरोध प्रसंगात, अविरोधे चस्मिन् विषये वचनस्यार्थवच्वात।"

शुक्रनीतिसार (1/312-313) के अनुसार राजा को नियमों को स्पष्टतः प्रसारित करना चाहिए। शुक्रनीति (1/292-311) के अनुसार—"चौकीदारों को चाहिए कि वे प्रति चार घटिका (डेढ़ घंटे) पर सड़कों पर घूम-घूमकर चोरों एवं लंपटों को रोकें; लोग, दासों, नौकरों, पत्नी, पुत्र या शिष्य को न तो गाली दें और पीटें; नाप-तौल के बटखरों, सिक्कों, धातुओं, घृत, मधु, दूध, मांस, आटा आदि के विषय में कपटाचरण नहीं होना चाहिए; राज कर्मचारियों द्वारा घूस नहीं ली जानी चाहिए और न उन्हें घूस देनी चाहिए; बलपूर्वक कोई लेख-प्रमाण नहीं लेना चाहिए; दुष्ट चरित्रों, चोरों, छिछोरों, राजद्रोहियों एवं शत्रुओं को शरण नहीं देनी चाहिए; माता-पिता, सम्मानार्ह लोगों, विद्वानों, अच्छे चरित्र वालों का असम्मान नहीं होना चाहिए और न उनकी खिल्ली उड़ाई जानी चाहिए; पति-पत्नी, स्वामी भृत्य, भाई-भाई, गुरु-शिष्य, पिता-पुत्र में कलह के बीज नहीं बोने चाहिए; कूपों, उपवनों, चहारदीवारियों, धर्मशालाओं, मंदिरों, सड़कों तथा लूले-लँगड़ों के मार्ग में बाधा या नियंत्रण नहीं खड़ा करना चाहिए, बिना राजाज्ञा के जुआ, आसव-विक्रय, मृगया, अस्त्र-वहन, क्रय-विक्रय (हाथी, घोड़ा, भैंस, दास, अचल संपत्ति, सोना, चाँदी, रत्न, आसव, विष, औषध आदि के), वैद्यक कार्य आदि-आदि न करने चाहिए।" मेधातिथि (मनु 8/399) का कहना है कि अकाल के समय राजा भोजन-सामग्री का निर्यात रोक सकता है।

प्रजा के उत्कर्ष व संरक्षण के विधान

आपस्तंब धर्मसूत्र, महाभारत (अनुशासनपर्व 39/10-11), (द्रोणपर्व 6/1) वाल्मीकि रामायण (2/100/14) आदि में राज्य, राष्ट्र व प्रजा की समृद्धि के प्रचुर प्रावधान हैं। श्रीराम के उपाध्याय सुधन्वा के अर्थशास्त्र से पुनरावृत्ति करते हुए चाणक्य ने लिखा है कि राज्य के लिए भूमि व उस भूमि-खंड पर प्रजा के

सुखपूर्वक विहार की निम्न 4 बातों की पूर्ति राजा का सर्वोपरि कर्तव्य है—(i) अलब्ध की प्राप्ति (ii) लब्ध का परिरक्षण, (iii) रक्षित का विवर्धन या बढ़ोतरी और (iv) विवर्धित का सुपात्रों में विभाजन।

राजा को अवयस्कों का रक्षक एवं अभिभावक माना जाता था। गौतम (10/48-49) एवं मनु (8/27) के अनुसार लड़का वयस्क न हो जाए या गुरुकुल से लौटकर न आ जाए, तब तक राजा को उसकी संपत्ति की रक्षा करनी चाहिए। बौधायन धर्मसूत्र (2/2/43) वसिष्ठ (16/8-9), विष्णुधर्मसूत्र (3/65), शंख-लिखित आदि का भी यही मत है। नारद (ऋणादान, 35) के अनुसार 16 वर्षों तक अवयस्कता रहती है। मनु (8/28-29), विष्णुधर्मसूत्र (3/65) के अनुसार राजा को वंध्या स्त्रियों, पुत्रहीन स्त्रियों, कुलहीन स्त्रियों एवं रोगियों की सुरक्षा का प्रबंध करना चाहिए। नारद के अनुसार किसी स्त्री के पति या पिता के कुल में कोई न हो तो राजा को चाहिए कि वह उसकी सुरक्षा का प्रबंध करे। कौटिल्य (2-1) के अनुसार ग्राम के गुरुजनों का कर्तव्य है कि वे बालों (अवयस्कों) एवं मंदिरों के धन की वृद्धि का प्रबंध करें।

श्लोक—

रक्ष्यं बालधनमा व्यवहार प्रापणात्। समावृत्तेर्वा। गौतम स्मृति 10/48-49; रक्षेद्राजा बालानां धनान्यप्राप्तव्यवहाराणां श्रोतियवीरपत्नीनाम्। शंख-लिखित विवादरत्नाकर, पृ. 598। बालधनं राज्ञा श्स्वधनवत्परिपालनीयम्। अन्यथा पितृव्यादिबान्धवा भयेदं रक्षणीयं मयेदं रक्षणीयमिति विवदेरन्। मेधातिथि (मनु 8/27)।

मेधातिथि ने मनु (8/28) की व्याख्या में कहा है—यः कश्चिदनाथस्तस्य सर्वस्य धनं राजा यथावत् परिरक्षेत्। तथा चोदाहरणमात्रं वशादयः।

विनियोगात्मरक्षासु भरणे च स ईश्वरः। परिक्षीण पतिकुले निर्मनुष्ये निराश्रये॥ तत्सपिण्डेषु वासत्सु पितृपक्षः प्रभुः स्त्रियाः। पक्षद्वयावसाने तु राजा भर्ता प्रभुः स्त्रियाः॥ मेधातिथि द्वारा मनु (5/3/28) की व्याख्या। बालद्रव्यं ग्रामवृद्धा वर्धयेयुराव्यवहारप्रापणात्। देवद्रव्यं च। कौटिल्य (2/1)

राजा यह देखे कि राज्य में उचित मान के नाप-तौल के बटखरे प्रयोग में लाए जाएँ। कौटिल्य (2/19) ने नाप-तौल के बटखरों के अध्यक्ष की चर्चा की

है। वसिष्ठ (19/13) एवं मनु (8/240) के अनुसार नाप-तौल के यंत्रों एवं बटखरों पर राज्य की मुहर लगनी चाहिए, जिनकी प्रति छमाही पर उनकी पुनः जाँच होनी चाहिए, जिससे गृहस्थों को व्यापारी धोखा न दें। याज्ञवल्क्य (2/240) एवं विष्णुधर्मसूत्र (5/122) ने नाप-तौल के बटखरों, सिक्कों आदि में गड़बड़ी या उन्हें अनधिकृत ढंग से बनाने पर कठिनातिकठिन दंड की व्यवस्था दी है। नीतिवाक्यामृत (पृ. 98) ने 11वीं शताब्दी के बटखरों की चर्चा की है।

राजा का एक प्रमुख उत्तरदायित्व चोरों से रक्षा है। कैकयराज अश्वपति के राज्य में चोर, कृपण या कोई शराबी नहीं था (छांदोग्योपनिषद् 5/11/5)। आपस्तंबधर्मसूत्र (2/10/26/6-8) के अनुसार राजकर्मचारियों का चोरों से नगर की एक योजन तक व ग्राम सीमा के एक कोस तक सुरक्षा व चोरी की क्षतिपूर्ति का दायित्व होता था।

इस प्रकार भारत में प्राचीन राज्य विधान आज के 'रूल ऑफ लॉ' से विस्तृत, व्यापक व दृढ़मूल रहा है। सहस्राब्दियों पूर्व विधि के शासन और लोक कल्याण, सामाजिक सुरक्षा एवं प्रजा रक्षण के उन्नत सिद्धांत आज से भी अधिक सुपरिभाषित हैं।

□

अध्याय-35

प्राचीन शासन विधान में मंत्रिपरिषद् व शासकीय कार्यविधियाँ

सुपरिभाषित नियमों से शासन संचालन की भारत में अति प्राचीन परंपरा है। भारत में लोकतांत्रिक नियमन की सुदीर्घ परंपरा रही है। संविधान आधारित लोकतंत्र में राष्ट्रपति, प्रधानमंत्री सहित सभी शासकीय विविध अधिकारियों के अधिकार, उनके विभागों की कार्य-पद्धतियाँ आदि लिखित विधानों व स्थापित परंपरानुसार संचालित होते हैं। प्राचीन वैदिक व अन्य संस्कृत ग्रंथों में आज से भी अधिक विस्तृत, विधान एवं उनकी अनिवार्य पालना के प्रचुर विमर्श हैं। राजाओं के लिए प्राचीन काल में इन विधानों व नियमावलियों का पालन बाध्यकारी होता था। इन प्राचीन विधानों, नियमों व नीति-निर्देशों राजशास्त्र संबंधी प्राचीन ग्रंथों में इनका कई हजार पृष्ठों में विस्तार है।

मंत्रिमंडल संरचना व कार्य विधान

राजा के मंत्रिमंडल की संरचना में सभी वर्गों का प्रतिनिधित्व, मंत्रिमंडलीय परामर्श के अनुसरण की बाध्यता, मंत्रियों की योग्यता व संख्या आदि का विस्तृत विवेचन कई सहस्राब्दि पूर्व ही महाभारत, गृह्य सूत्रों, नीति ग्रंथों व ब्राह्मण ग्रंथों सहित राज शास्त्र के शताधिक ग्रंथों में है। इनमें हमारी अति उन्नत प्राचीन सभ्यता व उत्कृष्ट अर्थशास्त्र, राजशास्त्र, न्याय शास्त्र, अंतरराष्ट्रीय राजनय के प्रचुर विमर्श हैं।

चारों वर्णों से युक्त मंत्रिमंडल

महाभारत सहित कई ग्रंथों में मंत्रिमंडल में चारों वर्णों के समावेश को भी आवश्यक बतलाया है। महाभारत शांति पर्व (85/7/9) में 37 सदस्यीय मंत्रिमंडल में 3 शूद्र व 1 सूत आवश्यक बतलाए हैं। महाभारत के इस श्लोक के अनुसार मंत्रिमंडल की संरचना में 4 विद्वान् साहसी ब्राह्मण, 8 वीर क्षत्रिय, 21 धनी वैश्य, 3 शूद्र व पुराणों में पारंगत 1 सूत की संख्या अनिवार्य बतलाई है। यहाँ शूद्र व सूत की संयुक्त संख्या 4 है और मंत्रिमंडल में ब्राह्मण भी 4 ही सुझाए हैं। कई ग्रंथों में कर्षक अर्थात् किसानों व शिल्पकारों के प्रतिनिधियों को भी मंत्रिमंडल से जोड़ने का विधान है। कामंदक आदि राज्य के आर्थिक समृद्धि के लिए शूद्रों का मूलाधार माना है, क्योंकि वे विविध प्रकार की मूल्यवान वस्तुओं का उत्पादक वर्ग था। वैदिक शब्द-व्युपत्ति में 'श्रमस्य स्वेदेन उत्पादनरतैव शूद्रः' के अनुसार शूद्र मूल्यवान वस्तुओं का उत्पादक था।

मंत्रियों की योग्यताएँ और स्वहित में निर्णय-निषेध

मंत्रियों द्वारा स्वहित के निर्णयों से स्वयं को पृथक् रखने की आवश्यकता जैसे विषयों पर प्राचीन ग्रंथों में प्रचुर सामग्री है। भारतीय संविधान के मौलिक अधिकारों के अंतर्गत नैसर्गिक न्याय के सिद्धांतों में स्पष्ट उल्लेख है कि 'कोई व्यक्ति स्वहित में निर्णायक नहीं हो सकता है।' ऐसे निषेध हमारे प्राचीन ग्रंथों में प्रचुरता में हैं। यथा—मत्स्य पुराण (215/83-74) एवं अग्निपुराण (220/16-17) व विष्णुधर्मोत्तर सूत्र (2/24/55/56) के अनुसार मंत्रियों को अपने दायादों के निर्णय अपने हाथ में नहीं लेने चाहिए।

कौटिल्य (1/9), मनु (7/54), याज्ञवल्कय (1/312), कामंदक (4/25-30), महाभारत शांतिपर्व (118/2/3), जहाँ मंत्रियों के 14 गुणों का वर्णन है), शांति. (80/25-18), बालकांड 2 (7/7-18), अयोध्याकांड (100/15), मेधातिथि (मनु 7/54), अग्निपुराण (239/11-15), कामंदक (4/25 एवं 28-31), राजनीतिरत्नाकर (पृ. 13-14), राजनीतिप्रकाश (पृ. 174-178), राजधर्मकौस्तुभ (पृ. 251-254), बुधभूषण (पृ. 32/57-58) ने मंत्रियों के गुण बताए हैं। मंत्री देशवासी, ज्ञात कुल व पृष्ठभूमि का, प्रभावशाली, कला निपुण,

दूरदर्शी, समझदार, अच्छी स्मृति वाला, सतत जागरूक, अच्छा वक्ता, निर्भीक, मेधावी, उत्साह एवं प्रताप से परिपूर्ण, धैर्यवान, (मन-कर्म से) पवित्र, विनयशील, (राजा के प्रति) अटूट श्रद्धावान्, चरित्र, बल, स्वास्थ्य एवं तेजस्विता से परिपूर्ण, हठवादिता एवं चांचल्य से दूर, स्नेहवान, ईर्ष्या से दूर होना चाहिए। महाभारत (शांतिपर्व 83/35-40) में दुर्गुणों का उल्लेख कर श्लोक 41 से 46 में उसे पौरों एवं जानपदों का विश्वास प्राप्त होना बताया है।

मंत्रिमंडलीय मंत्रणा व मंत्रियों की सम्मति की अनिवार्यता

मनु (7/58-59) के अनुसार, यथा—शांति एवं युद्ध, स्थान (सेना, कोष, राजधानी एवं राष्ट्र या देश), कर के उद्गम, रक्षा (राजा एवं देश की रक्षा), पाए हुए धन को रखना या उसको वितरण पर मंत्रियों से मंत्रणा आवश्यक है। राजा को मंत्रियों की पृथक्-पृथक् या सम्मिलित रूप में सम्मति लेकर जो लाभप्रद हो, वही करना चाहिए।

कामंदक (13/23-24) व अग्निपुराण (241/16-18) के अनुसार मंत्रियों के मुख्य कार्य—मंत्र अर्थात् रीतिनीति या स्ट्रेटेजी, निर्धारण किसी देश को जीतना या रक्षा करना, राज्य के कार्य करना, किसी किए जाने वाले कार्य के अच्छे या बुरे प्रभावों के विषय में भविष्यवाणी करना, आय एवं व्यय, शासन (दंडनीय को दंड देना), शत्रुओं को दबाना, अकाल जैसी विपत्तियों के समय उपाय करना, राजा एवं राज्य की रक्षा करना।

श्लोक—

मन्त्रो मन्त्रफलावाप्तिः कार्यानुष्ठानमायतिः।
आयव्ययौ दण्डनीतिरमित्रप्रतिषेधनम्॥
व्यसनस्य प्रतीकारो राज राज्याभिरक्षणम्।
इत्यमात्यस्य कर्मेदं हन्ति स व्यसनान्वितः॥

(कामंदक 13/23-24 = अग्नि. 241/16-18);

आयो व्ययः स्वामिरक्षा तन्त्रपोषण चामात्यानामधिकारः।

नीतिवाक्यामृत (अमात्यसमुद्देश), पृ. 185

मंत्रिपरिषद् की बैठकों का अध्यक्ष राजा होता था। उसकी अनुपस्थिति में

प्रधानमंत्री होता था (मनु. 7/141)। 'मालविकाग्निमित्र' (5) के अनुसार राजा का द्वैराज्य संबंधी निर्णय मंत्रिपरिषद् को भेजा और अमात्य (अर्थात् प्रधानमंत्री) यह कहने पर कि परिषद् ने आपकी बात मान ली है, तब राजा ने मंत्री सेनापति वीरसेन को प्रस्ताव लागू करने भेजा। कौटिल्य (1/15) के अनुसार सभी कार्य मंत्रियों की उपस्थिति में होने चाहिए, यदि कोई अनुपस्थित रहे तो उसकी सम्मति पत्र लिखकर माँग लेनी चाहिए। आकस्मिक भय के समय राजा को अपनी छोटी एवं बड़ी मंत्रिपरिषदों को बुला बहुमत से निर्णय करना चाहिए। शुक्रनीति (1/265) में भी बहुमत का विधान है। कामंदक (4/41-49) के मतानुसार राजा को त्रुटिमय मार्ग से हटाना मंत्रियों का कर्तव्य है और मंत्रियों की मंत्रणा को सुनना राजा का कर्तव्य है।

कार्य प्रतिपालक अर्थात् प्राचीन संवैधानिक अधिकारी

राज्य शासन में व्यापक अधिकार युक्त प्रतिपालक व 11 रत्नी भी सम्मिलित होते हैं, यथा—सेनापति, पुरोहित, बड़ी रानी, सूत ग्रामणी (मुखिया), क्षत्ता (कंचुकी), संगृहीता (कोषाध्यक्ष), अक्षावाप (लेखाध्यक्ष); भागदुध (करादाता), गोविकर्तन, दूत, परिवृक्ति (त्यागी हुई रानी) (शतपथ ब्राह्मण 5/3/2)। तैत्तिरीय ब्राह्मण (1/7/3) में इन रत्नियों को राष्ट्र के दाता व निर्णयों का सूत्रधार कहा है (एते वै राष्ट्रस्य प्रदातारः)। शतपथ ब्राह्मण (5/3/2/2) के अनुसार सेनापति एवं गोविकर्तन—जैसे रत्नी लोग प्रतापी शूद्र थे। कल्हण की राजतरंगिणी (5/63) के अनुसार किसी भी वर्ण या कुल का व्यक्ति मंत्रिपद का पात्र हो सकता हैं। अवंतिवर्मा का अभियंता एक सुयोग्य शूद्र था और शूद्र वर्णीय एक चौकीदार आगे चलकर मुख्यमंत्री बना (7/207)।

श्लोक—

कच्चिदष्टादशान्येषु स्वपक्षे दश पञ्च च।
त्रिभिस्त्रिभिरविज्ञातैवेत्सि तीर्थानि चारकैः॥
अयोध्या. 100/36 = सभा. 5/28 = नीतिप्रकाशिका 1/52।

प्राचीन शासकीय कार्य पद्धति

फाइलों पर टिप्पणी लेखन पर शुक्रनीतिसार (2/362-370) अच्छा मार्गदर्शन

है। यथा—सर्वप्रथम मंत्री, प्राविवाक (मुख्य न्यायाधीश), पंडित (धर्माध्यक्ष) एवं दूत अपने विभागों से संबंधित सम्मति या अनुशंसा लिखते हैं। इस पर अमात्य उस पर 'साधु लेखनमस्ति' (अच्छा लिखा है) लिख सकता है। उस पर सुमंत "सम्यग् विचारितम्" (ठीक से सोचा-विचारा गया है) लिख देता है, तब प्रधान लिखता है—"सत्यं यथार्थम्"(यह सही व मान्य है और कार्य के अनुकूल है), तदुपरांत प्रतिनिधि लिखेगा—"अंगीकतु योग्यम्" (स्वीकार करने योग्य है), उस पर युवराज लिखता है—"अंगीकर्तव्यम्" (यह स्वीकार कर लिया जाए), तब पुरोहित लिखता है—"लेख्य स्वाभिमतम्" (मैं इसका अनुमोदन करता हूँ)। सभी लोग ऐसा लिखकर अपनी विहित मुहर लगाएँगे और तब राजा लिखता है—"अंगीकृतम्" अर्थात् स्वीकृत हो गया या अनुमोदित और अपनी मुहर लगा देता है।

युवराज के भी बाद पुरोहित जैसे उत्तरदायी अधिकारी के अनुमोदन का प्राचीन काल में विशेष महत्त्व होता था। पुरोहित शब्द की उत्पत्ति 'पुर' का 'हित' चाहने व करने के लिए प्रतिबद्ध व्यक्ति या पद से है।

वैदिक काल में पुरोहित का बड़ा अधिकार था व महत्त्वपूर्ण दायित्व होता था। राजा के बाद राजपुरोहित का ही महत्त्व होता था और वह मंत्रियों में गिने जाते थे। पुरोहित राजा का उपदेशक, पथप्रदर्शक, दार्शनिक और विश्वासी मित्र होता था।

"पुरस्य हित साधक इति पुरोहितः" की शब्द निरुक्ति और "वयं राष्ट्रे जागृयाम पुरोहितः" इस यजुर्वेद के मंत्र का अर्थ ही यही है कि हम पुरोहित राष्ट्र को सदैव जीवंत व जाग्रत् बनाए रखेंगे।

इस प्रकार प्राचीन शासन प्रणाली में राजा कोई राज्य का निरंकुश अधिष्ठाता न होकर निश्चित पद्धति से शासन संचालित करने को प्रतिबद्ध होता था।

□

अध्याय-36

राजकोष, करारोपण व सार्वजनिक वित्त पर प्राचीन शास्त्र विमर्श

प्राचीन काल में लोक वित्त या सार्वजनिक वित्त भी एक उन्नत विषय था। करारोपण आज से भी अधिक नियम निष्ठ कार्य होता था। राज्य के सात अंगों अर्थात् राजा, मंत्री, सेना, दुर्ग आदि में राजकोष सर्वाधिक महत्त्वपूर्ण एवं शेष छह अंगों का आधार कहा गया है। गौतम धर्मसूत्र, महाभारत (शांतिपर्व 119-16) कौटिल्य, सरस्वती विलास, पृ. 46, बुधभूषण (पृ. 36) एवं विष्णु धर्मोत्तर सूत्र (2/61/17) के अनुसार कोष राज्य रूपी वृक्ष की जड़ है और राज्य के दो प्रमुख स्तंभ राजस्व एवं सैन्यबल हैं। आज भी संसद् या विधान मंडलों में बजट की प्रस्तुति महत्त्वपूर्ण है। शिक्षा, चिकित्सा, कृषि, आधारिक संरचनाएँ, अनुसंधान, उद्योग व रक्षा आदि पर व्यय राजस्व पर निर्भर है। कोष व उसके संग्रह पर कई सहस्राब्दि प्राचीन भारतीय विमर्श लोक वित्त पर आज उपलब्ध आधुनिक साहित्य से भी विस्तृत व सटीक है।

कोष का महत्त्व : कोशमूलाः कोशपूर्वाः सर्वारम्भाः। तस्मात्पूर्व कोशमवेक्षेत। कौटिल्य अर्थशास्त्र 2/2; कोशश्च सततं रक्ष्यो यत्नमास्थाय राजभिः। कोशमूला हि राजानः कोशो वृद्धिकरो भवेत्॥ महाभारत-शांति पर्व (119/16); कोशमूलो हि राजेति प्रवादः सार्वलौकिकः। कामंदकीय नीतिसार (13/33) एवं बुधभूषण (पृ. 36)। कोशस्तु सर्वथा अभिसंरक्ष्य इत्याह गौतमः) तन्मूलत्वात्प्रकृतीनामिति। सरस्वतीविलास (पृ. 46)।

राजकोष संबंधी वर्तमान चुनौति

हमारा लक्ष्य शिक्षा पर सकल घरेलू उत्पाद, अर्थात् जी.डी.पी. का 6 प्रतिशत, चिकित्सा पर 5 प्रतिशत, अनुसंधान पर 2 प्रतिशत, रक्षा पर 4 प्रतिशत व्यय का होने पर भी इन हम इन लक्ष्यों को प्राप्त नहीं कर पा रहे हैं। हमारा कर राजस्व अत्यंत कम होने से सकल घरेलू उत्पाद में केंद्र सरकार का करानुपात 10 प्रतिशत एवं केंद्र व राज्यों का संयुक्त अनुपात 17 प्रतिशत ही है। इसमें 8–9 प्रतिशत केंद्र व राज्यों में वेतन भुगतान में चुक जाने से शेष 8–9 प्रतिशत में से ही शिक्षा, स्वास्थ्य या चिकित्सा, रक्षा, अनुसंधान आदि पर आवंटन संभव है। ब्रिक्स व जी 20 के देशों में सकल घरेलू उत्पाद में करानुपात 25–45 प्रतिशत होने से यह संभव है।

न्यायपूर्ण प्राचीन कर व्यवस्था

ऊँची कर दरों से आर्थिक प्रगति बाधित न हो, इस पर करारोपण के प्राचीन सिद्धांतों में सर्वाधिक बल दिया है। नेहरू–इंदिरा युग में 1985 तक साम्यवादी दुराग्रहवश भारत में आय कर की अधिकतम दर 85 प्रतिशत व 10 प्रतिशत के अधिभार से आयकर की प्रभावी दर 93.5 प्रतिशत हो जाती थी। संपत्ति कर आदि से अधिकतम कर भार 97 प्रतिशत तक पहुँच जाता था। इससे काला धन बढ़ा और आंतरिक पूँजी निर्माण बाधित हुआ। कालेधन से जमाखोरी व कालाबाजारी तब चरम पर रहीं। आज आयकर की उच्चतम दर 30 प्रतिशत ही है। इससे कर पालना (टेक्स कॉम्प्लायेंस) सुधर गई है।

प्राचीन ग्रंथकारों की न्यायसंगत कर व्यवस्था के निर्देश

राजा को करातिरेक एवं अत्यधिक कराधान रूपी अत्याचारों से विरत रहना चाहिए। कौटिल्य (7/5 पृ. 276–277) के अनुसार करों की अधिकता से प्रजा में दरिद्रता, लोभ, असंतोष, विराग आदि उपजते हैं।

अप्रदानैश्च देयानामदेयानां च साधनैः।
अदण्डनैश्च दण्ड्यानां दण्ड्यानां चण्डदण्डनैः॥
...अरक्षणैश्च चोरेभ्यः स्वानां च परिमोषणैः।
...राज्ञः प्रमादालस्थाभ्यां योगक्षेमविधावपि॥
प्रकृती नांक्षयो लोभो वैराग्यं चोपजायते।

क्षीणाः प्रकृतयो लोभं लुब्धा यान्ति विरागताम्।
विरक्ता यान्त्यमित्रं वा भर्तारं घ्नन्ति वा स्वयम्॥

कौटिल्य (7/5)

कर ग्रहण के प्राचीन सिद्धांत

राजा स्मृतियों द्वारा निर्धारित कर के अतिरिक्त अन्य कर नहीं लगा सकता था। कर की मात्रा वस्तुओं के मूल्य एवं समय पर निर्भर होती थी। गौतम धर्मसूत्र (10–24), मनुस्मृति (7/130), विष्णुधर्मसूत्र (3/22–23) के अनुसार राजा साधारणतया उपज का छठा भाग ले सकता था। कौटिल्य (5/2), मनुस्मृति (10/118), महाभारत शांति पर्व (अध्याय 87), शुक्रनीति (4/2/9–10) ने आपत्ति के समय अतिरिक्त कर लगाने की छूट दी है, लेकिन एक से अधिक बार नहीं। इसके लिए प्रजा से स्नेहपूर्ण याचना करनी चाहिए। तथापि अनुर्वर भूमि पर भारी कर नहीं लगाना चाहिए।

श्लोक—

कोशमकोशः प्रत्युत्पन्नार्थकृच्छ्रः संगृह्णीयात्।
जनपदं महान्तमल्पप्रमाणं वा देवमातृकं प्रभूतधान्यं
धान्यस्यांशं तृतीयं चतुर्थं वा याचेत।
'''इति कर्षकेषु प्रणयः। '''इति व्यवहारिषु प्रणयः।
सकृदेव न द्विः प्रयोज्यः।

अर्थशास्त्र (5/2)।

महाभारत–शांतिपर्व 87/26–33 के अनुसार कभी भी अधिक कर लगाने के पूर्व राजा प्रजाजनों से विशेष आग्रह करे। दूसरा, कर सदैव करदाता को हलका लगे, जिसे वह बिना किसी कठिनाई व कर चोरी के चुका सके। महाभारत–उद्योगपर्व (34/17–18) के अनुसार, "जिस प्रकार मधुमक्खी पुष्पों से बिना कष्ट दिए मधु लेती है, उसी प्रकार राजा को प्रजा से बिना कष्ट दिए कर लेना चाहिए। राजा को माली जैसा व्यवहार करना चाहिए, न कि अंगारकारक या कोयला बनाने वाले के समान, जो कोयला बनाने के लिए संपूर्ण पेड़ को जड़सहित काट लेता है (धम्मपद अध्याय 49)। मनुस्मृति

(7/129 एवं 140) में कहा है, "जिस प्रकार जोंक, बछड़ा एवं मधुमक्खी थोड़ा-थोड़ा करके अपनी जीविका के लिए रक्त, दूध या मधु लेते हैं, उसी प्रकार राजा को वार्षिक कर के रूप में थोड़ा-थोड़ा लेना चाहिए। राजा को कर न लेकर न तो अपनी जड़ और न अधिक कर लेकर दूसरों की जड़ काटनी चाहिए। (महाभारत शांतिपर्व)

तीसरा सिद्धांत : कर वृद्धि क्रमशः शनैः-शनैः और क्रमिक होनी चाहिए। (महाभारत शांतिपर्व 88/7-8) के अनुसार करों को उचित समय एवं उचित स्थल पर उगाहना चाहिए। महाभारत-शांतिपर्व 88/12 एवं काम. 5/83-84 के अनुसार व्यापारियों पर कर लगाते समय देखना चाहिए कि वस्तुओं के क्रय में कितना धन लगा है, राज्य में वस्तुओं की बिक्री कैसी होगी, कितनी दूरी से सामान लाया गया, मार्ग में खाने-पीने सुरक्षा आदि पर कितना धन लगा है (मनुस्मृति 7/127 एवं महाभारत-शांतिपर्व 87/13-14)। शिल्पियों पर कर लगाने के पूर्व उनके परिश्रम एवं कुशलता आदि पर ध्यान देना चाहिए (महाभारत-शांति पर्व 88/15)।

श्लोक—

1. यथा मधु समादत्ते रक्षन् पुष्पाणि षट्पदः। तद्वदर्थान्मनुष्येभ्य आदद्यादविहिंसया॥ पुष्पं पुष्पं विचिन्वीत मूलच्छेदं न कारयेत्। मालाकार इवारामे न यथाङ्गारकारकः॥ महाभारत उद्योग पर्व (34/17-28) एवं पराशर स्मृति (1/62) धम्मपद (49) 'यथापि भ्रमरो पुष्फं वण्णगन्धं अहेठयं। पलेति रसमादाय एवं गामे मुनी चरे॥
2. यथा राजा च कर्ता च स्यातां कर्मणि भागिनौ। संवेक्ष्य तु तथा राज्ञा प्रणेयाः सततं कराः॥ नोच्छिन्द्यादात्मनो मूलं तु परेषां चापि तृष्णया। ईहाद्वाराणि संरुध्य राजा संप्रीतदर्शनः॥ महाभारत शांतिपर्व (87/17-18); मनुस्मृति (8/139): "नोच्छिन्द्यात्...आदि"।
3. मालाकारोपमो राजन्भव मांगारिकोपमः। महाभारत शांति पर्व (71/20), और शुक्रनीतिसार (4/2/113)।
4. आददीत घनं काले त्रिवर्गपरिवृद्धये। यथा गौः पाल्यते काले दुह्यते च तथा प्रजा॥ कामंदकीय (5/83-84)।

करारोपण की प्राचीन शब्दावली

करों के लिए एक शब्द 'बलि' है। ऋग्वेद (7/6/5 एवं 10/173/6) में साधारण लोगों के लिए 'बलिहृत्' शब्द राजा के लिए बलि, शुल्क या कर लाने वाले के लिए प्रयोग हुआ है। तैत्तिरीय ब्राह्मण (2/7/18/3) के अनुसार—"हरन्त्यस्मै विशो बलिम्", अर्थात् लोग राजा के लिए बलि लाते हैं। ऐतरेय ब्राह्मण (35/3) में वैश्य को 'बलिकृत्' अर्थात् कर देने वाला बताया है। मनुस्मृति (7/80), मत्स्यपुराण (215/57), वाल्मीकि रामायण (3/6/11), विष्णुधर्मसूत्र (22) में 'बलि' शब्द प्रयोग राजा द्वारा लगाए कर के लिए किया है। कई मतिभ्रम के शिकार लोग 'बलि' शब्द का अर्थ पशुवध या मानव वध से लगा लेते हैं।

श्लोक—

स निरुध्या नहुषो यह्वो अग्निर्विशश्चक्रे बलिहृतः सहोभिः॥ ऋ. (7/6/5); अथो 'त इन्द्रः केवलीर्विशो बलिहृतस्करत्॥ ऋ. (10/173/6); हरन्त्यस्मै विशो बलिम्।

तैत्तिरीय ब्राह्मण (2/7/18/3)

शुल्क का अर्थ चुंगी भी है, जो क्रेताओं एवं विक्रेताओं द्वारा राज्य के बाहर या भीतर ले जाने या लाने वाले सामानों पर लगती थी (शुक्रनीति 4/2/108)। पाणिनि 4/3/75) के 'आयस्थानेभ्यष्ठकू' सूत्र की व्याख्या में महाभाष्य में चुंगी की चौकियों पर लिया जाने वाला शुल्क बताया, जो राजा की आय का साधन था।

राजकोष के साधन तीन थे—उपज पर राजा का भाग, चुंगी एवं दंड महाभारत-शांतिपर्व (71/10) एवं शुक्रनीति (3/2/13)। राज्य के प्रमुख करदाता कृषक, वैष्य व्यापारी, उत्पादक शूद्र एवं शिल्पकार थे—मनुस्मृति 10/119-120। वर्धमान के दंडविवेक (पृ. 5) पर उद्धृत मनुस्मृति (8/307) के अनुसार जो राजा प्रजा की रक्षा किए बिना बलि, कर, शुल्क, प्रतिभोग एवं अर्थ दंड लेता है, वह नरक में जाता है। कुल्लूक के मत से ग्रामवासियों एवं नगरवासियों से प्रत्येक मास में, या वर्ष में दो बार, भाद्रपद या पौष में कर लिया जाए। व्यापारियों से प्राप्त वेर, भाग शुल्क तथा प्रतिदिन बेचे गए फल, फूल एवं शाक पर लगने वाला प्रतिभोग

कहा गया है। इस प्रकार राजकोष पर प्राचीन ग्रंथों में अत्यंत विस्तृत व व्यावहारिक विमर्श पाया जाता है।

इस प्रकार राजा द्वारा या राज्य द्वारा करारोपण के शास्त्रोक्त विधानों व मर्यादाओं का पालन किया जाता था। इसके साथ ही सार्वजनिक वित्त भी एक विस्तृत नीति शास्त्र हुआ करता था।

□

अध्याय-37

बड़े बहु-स्थानिक उद्यमों की वैदिक परंपरा

प्राचीन भारतीय अर्थव्यवस्था भी अत्यंत उन्नत रही है। वृहद आकार के व्यवसाय या उद्यम से हम अपरिचित नहीं थे। आज विश्व में अनेक कंपनियाँ एक से अधिक या कई स्थानों पर अपने व्यवसाय का संचालन करती हैं। कंपनियों के अतिरिक्त व्यवसाय संचालन के कई प्रारूप, यथा सहकारिता, साझेदारी एवं संयुक्त हिंदू पारिवारिक उद्यम आदि चलन में हैं। आज जैसे ही बड़े पैमाने पर कार्यरत व्यावसायिक प्रारूपों के विमर्श प्राचीन वैदिक व संस्कृत वाङ्मय में प्रचुरता में हैं। आज जैसे उन्नत व्यावसायिक प्रबंधन व उसके वित्तीयन आदि की सुविकसित शब्दावली के विमर्श भी प्रचुरता में हैं।

आधुनिक पोर्टफोलियो प्रबंध और ऋग्वेद

बड़े उद्यम समूहों में कार्यरत कंपनियों के सापेक्ष विश्लेषण हेतु अमेरिकी 'बोस्टन कंसल्टेंसी ग्रुप' (बी.सी.जी.) जैसे संस्थानों ने मैट्रिक्स ऐनेलिसिस (आव्यूह विश्लेषण) जैसी कई तकनीकें विकसित की हैं। एक समूह में कार्यरत कंपनियों के वर्तमान निष्पादन व भावी संभावनाओं के आधार पर उन्हें चार श्रेणियों में विभाजित किया है; (i) दुधारू गाय (केश काऊ) (ii) सितारा श्रेणी (स्टार) (iii) प्रश्नवाचक इकाई (क्वेश्चन मार्क) एवं (iv) श्वान (डॉग्स)। इस आव्यूह विश्लेषण (मेट्रिक्स एनालिसिस) में सतत आंतरिक लाभों से संपोषित हो रही या

बढ़ रही कंपनियों के लिए 'कैश काऊ' अर्थात् 'दुधारू गाय' शब्द प्रयुक्त किया गया है। यहाँ निम्न मंत्र में भी धेनु (धेनवः) शब्द कैश काऊ के रूप में उद्यम के लिए है, गौ के लिए नहीं।

वैदिक वाङ्मय में भी ऐसे संदर्भ व शब्दावलियाँ हैं। यजुर्वेद के मंत्र (17-2) में भी सतत व सहज लाभ देने वाली व्यावसायिक इकाई को बॉस्टन समूह की भाँति दुधारू गौ अर्थात् कैश काऊ के पोर्टफोलियो प्रबंध के समतुल्य अर्थ में प्रयोग किया है। इसमें कामना की गई है कि निवेशकर्ता या इन्वेस्टर ने यहाँ-वहाँ अनगिनत स्थलों पर जो इष्ट-साधक पूँजी का जो निवेश किया है, वह दुधारू गौ से मिलने वाले दुग्ध की भाँति लाभों के अंतर्प्रवाह से पुष्ट हो अनंत गुनी अर्थात् दस, सौ, हजार, करोड़, अरब, खरब, पद्म व नील गुनी वृद्धि को प्राप्त होवे।

मंत्र—

इमा मेऽअग्न इष्टका धेनवः सन्त्वेका च दश च दश च शतं च शतं च।
सहस्रं च सहस्रं चायुतं चायुतं च नियुतं च नियुतं च॥
प्रयुतंचार्बुदं च न्यर्बुदं च समुद्रश्च मध्यं चान्तश्च परार्धश्च।
एता मे अग्न इष्टका धेनवः सन्त्वमुत्रामुष्मिंल्लोके॥

यजुर्वेद 17-2॥

मंत्रार्थ—मेरी एक से अधिक अनेक (अनगिनत) स्थानों पर निवेश (इन्वेस्ट) की गई पूँजी से संचालित व्यवसाय दुधारू गौ से निरंतर मिलने वाले दूध की भाँति सभी स्थलों पर अनवरत व नियमित लाभ से पुष्ट ये उद्यम दस गुना, सौ गुना, हजार गुना, लाख गुना, करोड़ गुना, अरब गुना, खरब गुना, नील गुना, पद्म गुना व शंख गुना होवें। यह मंत्र एक साथ अनेक स्थानों पर संचालित उन्नत व्यवसाय का द्योतक होने के साथ-साथ हजारों वर्ष पूर्व हमारे यहाँ शून्य के प्रयोग युक्त दाशमिक प्रणाली के उपयोग का भी प्रमाण है।

इस प्रकार भारत में आर्यभट्ट, भास्कराचार्य व ब्रह्मगुप्त जैसे मूर्धन्य खगोल व गणित के विद्वानों के पूर्व वैदिक काल में भी शून्य व दाशमिक प्रणाली उपयोग में थी। बिना शून्य एवं बिना दाशमिक प्रणाली 10; 100; 1,000; 10,000; 1,00,000 अर्थात् दस, सौ, हजार, लाख, करोड़, अरब, खरब, नील पद्म व शंख जैसे

अनुपात की कल्पना असंभव है। लाभों के इतने वृहद् अनुपात में वृद्धि की दृष्टि से आज फार्चुन 500 में वर्गीकृत 500 बड़ी कंपनियों की वार्षिक बिक्री 3300 खरब डॉलर (रुपए 2,47,500 खरब तुल्य) है।

शाब्दिक उपमाओं की वैदिक एवं आधुनिक परंपरा

आज व्यावसायिक जगत् व पूँजी बाजारों में अनेक शाब्दिक उपमाएँ मूल शाब्दिक अर्थ से भिन्न विशिष्ट अर्थ ग्रहण किए हुए हैं। यथा 'दुधारू गौ' या 'कैश काऊ', बुल अर्थात् साँड़ एवं बीयर अर्थात् भालू शब्द उनके शाब्दिक अर्थ से भिन्न उपमायुक्त अर्थों में प्रयुक्त होते हैं। प्राचीन काल में भी इसी प्रकार कई शब्द, यथा ब्रह्म, वेद, बंधु आदि, वित्त व व्यवसाय परक अर्थ में (उनके मूल शाब्दिक अर्थों से भिन्न उपमामय आशय से युक्त) चलन में रहे हैं। उपरोक्त 'केश काऊ' या 'दुधारू गौ' की उपमा सतत व सहज लाभ प्रदाता कंपनी के रूप में बी.सी.जी. समूह ने दी है। वैसी ही पूँजी बाजार निवेशकर्ताओं में शेयरों के भाव ऊपर ले जाने वाले तेजड़ियों के लिए 'बुल' अर्थात् साँड़, जिसकी ऊँची दृष्टि रहती है, शब्द का प्रयोग किया है। 'बीअर' अर्थात् भालू की दृष्टि जमीन की ओर रहने से शेयर बाजार में भाव गिराने वाले मंदड़ियों के लिए अंग्रेजी 'बीयर' अर्थात् भालू शब्द प्रयोग होता है। 'वैदिक संपदा' में पंडित वीरसेन वेदश्रमी ने ऐसे कई शब्दों की आर्थिक या वित्त परक उपमाओं का सटीक विवेचन किया है। इनमें से ब्रह्म, वेद, द्युम्न आदि का विवेचन अग्रानुसार है।

धेनु : व्यवसाय में लाभार्जन कराने वाला धन, द्रव्य एवं व्यवहार्य धन 'धेनु' संज्ञक है। इनसे अन्य प्रकार के द्रव्यों का क्रय-विक्रय होता है और उसको पुनः इसी कार्य में लगाकर द्रव्योपार्जन होता है। अतः लाभ देने वाली मूलभूत पूँजी धेनु संज्ञक है।

इष्टका : व्यवसाय में निवेशित या लगाई गई मूल पूँजी 'इष्टका' है। अपने व्यावसायिक या व्यापारिक इष्ट साधन के लिए इसका प्रयोग होता है। 'इमा में अग्नऽ इष्टका धेनवः' (यजुर्वेद 17/2) में इष्टका शब्द प्रयोग हुआ है।

ब्रह्म : इष्टका अर्थात् मूल पूँजी से जब लाभ होना प्रारंभ होता है, तब वह धेनु हो जाती है। उस धेनु से बढ़ी हुई राशि 'बृहत्वाट् ब्रह्म' संज्ञक कहलाती है। जैसा

कि 'इदम् में ब्रह्म च क्षत्रं चोभे श्रियमष्नुताम्।' (यजुर्वेद 32/16) में ब्रह्म शब्द श्री से ही संबंधित है। बढ़ी हुई राशि श्रीयुक्त, श्रीसंपन्न होनी चाहिए।

वेद : निवेशित पूँजी पर अर्जित लाभांश 'वेद' संज्ञक माना गया है। चारों वेदों के संदर्भ में वेद शब्द व उसकी वित्त परक व्याख्याओं में वेद शब्द का अर्थ भिन्न होता है।

वृद्धि : लाभांश या वेद की राशि ही 'वृद्धि' कहलाती है।

वित्त : ब्रह्म अर्थात् लाभ युक्त मूल पूँजी की संचित राशि में से जो भाग वापस चुकाने के लिए आवंटित किया जाता है, उसे वित्त कहते हैं। 'वित्त्यते त्यज्यते अनेनेति वित्तः।' अर्थात् जो भाग संचित निधि में से पुनर्भुगतान हेतु छोड़ा, चुकाया जाता है, वह वैदिक वित्तीय व्याख्याओं में 'वित्त' संज्ञक माना जाता था।

बंधु : ब्रह्म अर्थात् लाभ सहित, संचित मूल आरक्षित निधि अर्थात् रिजर्व में से लाभांश का जो भाग पुनः इष्टका रूप में मूल पूँजी बनाकर लगाया जाता है, अर्थात् लाभ का पुनर्निवेशित भाग 'बंधु' संज्ञक द्रव्य कहलाता था।

द्युम्न : राधः संज्ञक धन–राशि से हम जिन स्वर्ण, हीरा, मोती आदि बहुमूल्य पदार्थों को खरीदते हैं, मकान आदि बनवाते हैं, भू–संपत्ति आदि, बाग–बगीचा बनाना या खरीदना, मकान में सजाने का कीमती सामान, किसी भी संपत्ति को खरीदते हैं। वह 'द्युम्न' है। इसी को मघ, रायः, भागः रै, विभव, भृतिः, संभृति, श्री लक्ष्मी व ऐश्वर्य नामों से संबोधित किया जाता रहा है।

वसु : व्यक्ति द्वारा भू–संपत्ति एवं मकान आदि की जो निवास योग्य संपत्ति है, वह 'वसु' संज्ञक कहलाती थी।

भोग : व्यवसाय में से निजि उपभोग में व्यय के लिए निकाली गई राशि, जिसे आज आहरण कहा जाता है, उसे वेद में 'भोग' संज्ञक कहा गया है।

प्राचीन वाङ्मय में ऐसे अनगिनत शब्दों का आर्थिक उपमाओं की व्याख्या से हमारे प्राचीन उन्नत अर्थशास्त्रीय ज्ञान का परिचय प्राप्त होता है। पूँजी की ऋग्वेद में जो व्याख्या है, वह आज की व्याख्या से भिन्न है और वह वैदिक काल की विकेंद्रित व्यवस्था की द्योतक है। आधुनिक अर्थशास्त्र में 'उत्पादन के उत्पादित साधन को पूँजी कहा जाता है। ऋग्वेद में "परिवार की उत्पादकीय संपदा को पूँजी कहा गया है," उसके बारे में यहाँ तक कथन है कि किसी भी स्थिति में किसी

परिवार को उसकी इस उत्पादकीय संपत्ति या पूँजी को छीना नहीं जा सकता है। आज की सहकारी समितियों व साझेदारी फर्म पर संभूय समुत्थान के नाम से प्रचुर विवेचन मिलता है। इस प्रकार प्राचीन वैदिक व संस्कृत वाङ्मय के सम्यक् व उस काल की पारिभाषिक शब्दावली विवेचन के साथ, उन सघन अनुसंधान परम आवश्यक है।

□

अध्याय-38

रोजगार केंद्रित प्राचीन अर्थ चिंतन

भारतीय ज्ञान-परंपरा में अन्य शास्त्रों की भाँति अर्थशास्त्र भी एक अत्यंत उन्नत विषय रहा है। भारत सहित विश्व के सभी देशों में आज 'रोजगार रहित आर्थिक वृद्धि' अर्थात् 'जॉब लेस ग्रोथ' एक समस्या है। अधिकांश अर्थ व्यवस्थाओं में विगत दशकों में हुई आर्थिक वृद्धि के उपरांत भी रोजगार में संकुचन भी हुआ है। प्राचीन भारतीय आर्थिक चिंतन रोजगार केंद्रित रहा है। वैदिक विमर्श से लेकर श्रीराम के उपाध्याय एवं अर्थशास्त्री पुष्पधन्वा और चाणक्य रचित कौटिल्य अर्थशास्त्र तक सभी प्राचीन भारतीय विद्वानों का आर्थिक चिंतन रोजगार संकेंद्रित रहा है। कौटिल्य के अनुसार मनुष्यों की वृत्ति अर्थ है, मनुष्यों से युक्त भूमि अर्थ है एवं ऐसी मनुष्यों से आवासित पृथ्वी की प्राप्ति, विकास व उसका लाभपूर्ण पालन-पोषण का शास्त्र अर्थशास्त्र है।

"मनुष्याणां वृत्तिरर्थः। मनुष्यवती भूमिरित्यर्थः।
तस्य पृथिव्या लाभपालनोपायः शास्त्रमर्थशास्त्रमिति

(कौटिल्य अर्थशास्त्र 15-1-1)

अर्थात्—इस प्रकार मनुष्याणां वृत्तिरर्थः से आशय है, "संपूर्ण प्रजा या रोजगारक्षम व्यक्तियों को वृत्ति, अर्थात् आजीविका या रोजगार प्रदान करना अर्थशास्त्र है। मनुष्यवती भूमिरित्यर्थः से आशय है राज्य की भूमि पर बसे लोगों के योगक्षेम अर्थात् उनकी आवश्यकताओं की पूर्ति व उन्हें प्राप्त सुविधाओं के रक्षण की व्यवस्था अर्थशास्त्र है। तस्य पृथिव्या लाभपालनोपायः शास्त्रमर्थशास्त्रमिति से आशय संपूर्ण प्रजा से आवासित भूमि पर आयपरक या लाभप्रद गतिविधियाँ, जिनमें

उद्योग, व्यापार, वाणिज्य, कृषि, वित्तीय प्रबंध आदि सम्मिलित हैं, उससे मानव मात्र के लिए लाभोत्पादक आजीविकाओं की व्यवस्था करना अर्थशास्त्र है।

रोजगार में वृद्धि के बिना, उत्पादन या जी.डी.पी. अर्थात् सकल घरेलू उत्पाद में वृद्धि की दर से आर्थिक प्रगति का आकलन भ्रामक हैं। प्राचीन आर्थिक चिंतन में संपूर्ण प्रजा अर्थात् प्रत्येक रोजगारक्षम नागरिक या मानवमात्र को आजीविका युक्त करना, उस आजीविका के रक्षण संवर्द्धन व संपोषण के साथ उन्हें सतत लाभदायी आय से युक्त बनाए रखना अर्थशास्त्र कहा है।

महाराज दशरथ के अर्थशास्त्री उपाध्याय सुधन्वा के अनुसार प्रत्येक कार्यक्षम व्यक्ति को योग्य कार्य का अवसर प्राप्त हो, उस कार्य से उसे उचित आय की प्राप्ति हो, उस आय में सतत विवर्धन (वृद्धि) हो और उस कार्य व आय की रक्षा की अर्थशास्त्र है।

वेदों में आजीविकायुत कर्म सामर्थ्य व समृद्धि पर बल

वेदों में राज्य शासन व राजा द्वारा संपूर्ण प्रजा को सम्यक् भरण-पोषण योग्य आजीविकाओं का सृजन एवं संधारण राजा का प्रमुख कर्तव्य माना है। यजुर्वेद (9/22-25) में प्रजा की कर्मसामर्थ्य वृद्धि, समृद्धि एवं कृषि, उद्योग, व्यापार व वाणिज्य से उत्पादन की प्रचुरता का निर्देश है।

अस्मे वोऽअस्त्विन्द्रियमस्मे नृम्णमुत क्रतुरस्मे वर्चांसि सन्तु वः। नमो मात्रे पृथिव्यै नमो मात्रे पृथिव्याऽइयं ते राड्यन्तासि यमनो ध्रुवोऽसि धरुणः। कृष्यै त्वा क्षेमाय त्वा रय्यै त्वा पोषाय त्वा॥

यजुर्वेद 9/22

भावार्थ—मातृभूमि के प्रति सादर व श्रद्धापूर्वक (मात्रेपृथिव्यै नमः; मात्रे पृथिव्या नमः) तुम अपने पराक्रम, वर्चस्व व तेजस्वितापूर्वक (वः वर्चांसि अस्मे सन्तु) इस राज्य को आधार बनाकर सभी दिशाओं में अपनी कर्मसामर्थ्य, धन व धनार्जन हेतु व्यवसाय में वृद्धि करो (नृम्णम् उत क्रतुः अस्मे)। मेरे शासन (इयं राड्) में तुम्हारी कृषि सहित योगक्षेम व आर्थिक समृद्धि एवं सभी प्रकार की जीवनोपयोगी आवश्यकताओं के लिए आवश्यक धनोपार्जनपूर्वक तुम्हारा संपोषण करे (त्वा कृष्ये, त्वाक्षेमाय, त्वा रय्ये, त्वा पोषाम)। तुम्हारे ये उपार्जन सुस्थिर

होवे, इनमें वृद्धि होवे इस हेतु राज्य संकल्पबद्ध है। (यमन: ध्रव: धरुण: असि) यजुर्वेद 9/22

यजुर्वेद के ही अध्याय-9 के निम्न मंत्रांश भी यहाँ पठनीय है—

"....मधुमतीर्भवन्तु वयं राष्ट्रे जागृयाम पुरोहिताः स्वाहा॥"

यजुर्वेद 9/23

अर्थ—इन माधुर्यपूर्ण व जीवनोपयोगी परिलब्धियों की सुरक्षार्थ पुर अर्थात् नगर के हम हित-चिंतक इस राष्ट्र को सतत जाग्रत् बनाए रखें।

"....दापयति प्रजानन्त्स नो रयिं सर्ववीरं नियच्छतु स्वाहा॥"

यजुर्वेद 9/24

इस राज्य में तुम्हारे पराक्रमी उत्तराधिकारियों में यह 'शुद्ध धन' (रयि) उत्तरोत्तर बढ़े।

"....सनेमि राजा परियाति विद्वान् प्रजां पुष्टिं वर्धयमानोऽअस्मे स्वाहा॥"

यजुर्वेद 9/25

सभी प्रकार के ज्ञान-विज्ञान से युत ये सभी प्रजाजन यहाँ सुखपूर्वक विहार करते हुए अपने धन, बल, पशुधन सहित वृद्धि को प्राप्त होवें।

यजुर्वेद (18/12-13) में ही कृषि, भूगर्भ-विद्या या विज्ञान व उद्योगों से मूल्यवान पदार्थों के उत्पादन एवं विविध उद्योगों, व्यापार व वाणिज्य से सभी प्रकार के धन के अर्जन व संचय की कामना के संदर्भ हैं। इन मंत्रों में सभी प्रकार की फसलों व धातुओं सहित भूगर्भ की संपदा आदि की प्रचुरता की कामना है।

व्रीहयश्च मे यवाश्च मे माषाश्च मे तिलाश्च मे मुद्गाश्च मे खल्वाश्च मे प्रियङ्गवश्च मेऽणवश्च मे श्यामाकाश्च मे नीवाराश्च मे गोधूमाश्च मे मसूराश्च मे यज्ञेन कल्पन्ताम्॥

यजुर्वेद 18/12

अश्माच मे मृत्तिकाच मे गिरयश्च मे पर्वताश्च मे सिकताश्च मे वनस्पतयश्च मे हिरण्यंच मेऽयश्च मे श्यामंच मे लोहंच मे सीसंच मे त्रपुच मे यज्ञेन कल्पन्ताम्॥

यजुर्वेद 18/13

मंत्रार्थ—मेरे चावल, साठी के धान, जौ, अरहर, उड़द, मटर, तिल, नारियल, मूँग, चणे, कंगनी, सूक्ष्म चावल, सामा चावल, मडुआ, पटेरा, चीणा आदि छोटे अन्न, पसाई के चावल, जो कि बिना बोए उत्पन्न होते हैं। गेहूँ, मसूर और सभी प्रकार के अन्य अन्न व कृषि पदार्थ प्रचुरता में उपजें व बढ़ें॥ 12॥

मंत्रार्थ—मेरे मूल्यवान खनिज व खनिजयुक्त पाषाण, हीरा आदि रत्न, रत्नमयी अच्छी मिट्टी और साधारण मृदा, पर्वत व मेघ और बड़े-छोटे पर्वत और पर्वतों में होनेवाले पदार्थ, बड़ी और छोटी-छोटी बालू, मूल्यवान वनस्पतियाँ बड़ और आम आदि वृक्ष लताएँ आदि, मेरा सब प्रकार का धन, स्वर्ण तथा चाँदी, लोह भंडार और शस्त्र, नीलमणि, लहसुनिया आदि और चंद्रकांत जैसी मणियाँ, सुवर्ण तथा कांतिसार, सीसा, लाख, टिन व जस्ता और पीतल आदि ये सब अनंत गुने होवें॥ 13॥

इस प्रकार वेद सहित प्राचीन वाङ्मय में संपूर्ण प्रजा के योगक्षेम, समृद्धि एवं वृत्ति अर्थात् रोजगार युक्त कृषि, पशुधन, खनिज उद्योगादि की प्रगति की कामना की गई है। इन सभी की संवृद्धि के लिए उचित परिस्थितियों के संस्थापक को चक्रवर्ती राजा बनाने की आवश्यकता बतलाई है।

सत्पात्र व कमजोर वर्गों की सहायता

राजा को विद्यार्थियों, विद्वानों, ब्राह्मणों एवं याज्ञिकों का राजकोष से पालन करना चाहिए। गौतम (10/19-12, 18/39), कौटिल्य (2/1), महाभारत अनुशासन पर्व (61/28-30), महाभारत शांतिपर्व (165/6-7), विष्णुधर्मसूत्र (3/79-80), मनुस्मृति (7/82 एवं 134), याज्ञवल्क्य स्मृति (1/315 एवं 323 तथा 3/44), मत्स्यपुराण (215/58), अत्रिस्मृति (24) आदि। राजा को असहायों, वृद्धों, दृष्टिहीनों, अपंगों, मंदबुद्धि व विमंदित जनों, पागलों, विधवाओं, अनाथों, रोगियों, गर्भवती स्त्रियों की भोजन, दवा, वस्त्र, निवास आदि की सहायता करनी चाहिए। वसिष्ठ 99/35-36), विष्णुधर्मोत्तर, (3/65), मत्स्यपुराण (215/62), अग्निपुराण (225/25), महाभारत आदिपर्व (49/99), महाभारत सभापर्व (18/24), महाभारत विराटपर्व (18/24, महाभारत शांतिपर्व 77/18) आदि। विष्णुधर्मोत्तर सूत्र को उद्धृत करते हुए राजनीतिप्रकाश (पृ. 130-131) के अनुसार

राजा पतिव्रता स्त्रियों का सम्मान एवं रक्षा करे। राजनीतिप्रकाश ने शंख-लिखित के संदर्भ से लिखा है कि जो वर्ग व समुदाय शास्त्रविहित वृत्तियों, अर्थात् आजीविकाओं से जीवन निर्वाह नहीं कर सकें, उन्हें राजा से भरण-पोषण की माँग करनी चाहिए और राजा अपनी सामर्थ्य के अनुसार उनकी सहायता करे। विपत्ति एवं अकाल के समय में राजा यथाशक्ति भोजन आदि की व्यवस्था करके प्रजापालन करना चाहिए (मनुस्मृति 5/94 की व्याख्या में मेधातिथि)। बुड्ढों, दृष्टिहीनों, विधवाओं, अनाथों एवं असहायों की व्यवस्था तथा उद्योग या व्यवसाय रहित क्षत्रियों, वैश्यों एवं शूद्रों को समयानुकूल सहायता देना प्राचीन परंपरा है। धर्मशास्त्रीय ग्रंथों दयालु राजाओं की इसी परंपरा के अनुरूप ही अशोक ने मनुष्यों एवं पशुओं के लिए अस्पताल खुलवाए थे (द्वितीय प्रस्तर अभिलेख)। धर्मशालाओं, अनाथालयों, पौसरों, छायादार वृक्षों, सिंचाई आदि की भी व्यवस्था की थी। राजा खारवेल व रुद्रदामा ने भी प्रजाहित को सर्वोच्च महत्त्व दिया था। महाभारत अनुशासनपर्व व मत्स्य पुराण (215/68) के अनुसार राजाओं को प्रचुरता में सभा-भवनों, प्रपातों, जलाशयों, मंदिरों, विश्रामालयों आदि निर्माण कराने चाहिए।

श्लोक—

शालाप्रपातडागानि देवतायतनानि च।
ब्राह्मणावसथाश्चौव कर्तव्यं नृपसत्तमैः॥

(महाभारत अनुशासनपर्व पराशरमाधवीय, भाग 1, पृ. 466)

इस प्रकार प्राचीन राजधर्म रोजगार केंद्रित व लोक कल्याण प्रेरित अर्थ चिंतन पर आधारित था। वस्तुतः अर्थशास्त्र वैदिक काल से ही एक प्रमुख व उन्नत विषय रहा है। यह भारतीय ज्ञान-परंपरा का अत्यंत महत्त्वपूर्ण विषय रहा है।

□

अध्याय-39

प्राचीन उन्नत भारतीय वाणिज्य एवं विधान

भारत में प्राचीन काल में भी उन्नत वाणिज्यिक परंपरा उसके अनुरूप वाणिज्यिक विधान भी रहा है। उद्योग, व्यापार व वाणिज्य के क्षेत्र में आज प्रचलित साझेदारी, कंपनी एवं सहकारी समितियों जैसे व्यावसायिक प्रारूपों का विमर्श प्राचीन भारतीय वाङ्मय, अर्थात् वेद, पुराण, स्मृतियों व अर्थशास्त्र के ग्रंथों में मिलता है।

भारतीय सामूहिक व्यावसायिक संरचनाएँ प्राचीनतम

सामूहिक स्तर पर व्यवसाय हेतु साझेदारी फर्म, कंपनी या सहकारी समिति के निर्माण की आज व्यापक परंपरा है। हमारे प्राचीन ग्रंथों में भी सामूहिक व्यावसायिक प्रारूपों, उनकी नियमावली, लाभों के विभाजन, दायित्व आदि के विस्तृत वर्णन मिलते हैं। नर्तकों, संगीतज्ञों, हस्तशिल्पियों आदि की साझेदारी के राजशास्त्रीय ग्रंथों में प्रचुर विवेचन हैं। ईस्ट इंडिया कंपनी के निर्माण व उसके पूर्व यूरोप में प्रचलित ज्वॉइंट स्टॉक कंपनियों व साझेदारी फर्मों से प्राचीन वृहद स्तरीय सामूहिक व्यवसाय व उसकी नियमावलियों के विवेचन प्राचीन ग्रंथों में हैं।

संभूय समुत्थान व संभूयकारिता अर्थात् साझेदारी व सहकारिता

संभूय समुत्थान, संभूयकारिता, संवितान, वाणिज्य संवितान जैसे सामूहिक एवं वृहद स्तरीय व्यावसाय के प्रारूप, प्राचीन काल में प्रचलित रहे हैं। बंजारा व

रोमा समुदाय भी प्राचीन वाणिज्य संवितानों से ही विकसित हुए हैं। 'वाणिज्यारा' शब्द से ही 'वणजारा' व बंजारा शब्द बने हैं।

'संभूय' शब्द में 'सम्' के साथ 'भू' का आशय 'एक साथ होना' है। 'समुत्थान' का तात्पर्य है—"व्यवसाय या व्यापार से प्रगति"। अतः 'संभूय समुत्थान' का अर्थ व्यापार या व्यवसाय में साझा परिश्रम या धन अथवा दोनों लगाकर लाभ कमाना या उत्थान के पथ पर बढ़ना। इसी प्रकार 'संवितान', 'प्रपण-प्रतिपण', वाणिजम्, वाणिज-संवितान आदि शब्द भी प्रचलित थे।

अनेक व्यापारी अथवा अभिनेता, संगीतज्ञ या शिल्पकार आदि परस्पर मिलकर कोई व्यापार या व्यवसाय करते हैं तो वह व्यवसाय सहकारिता, संभूयकारिता, वाणिज-संवितान या संभूय समुत्थान कहलाता था (नारद स्मृति 6/1 एवं कात्यायन स्मृति सार 624)। ऐसे समवेत वाणिज्य के लाभ सभी बाँट लेते हैं। समवेतास्तु ये केचिच्छिल्पिनो वणिजोयपि वा। अविभज्य पृथग्भतैः प्रात्पं तत्र फलं समम्॥ कात्यायन (624 अपरार्क, पृ. 832 एवं पराशरमाधवीय 3, पृ. 304)।

साझेदारों की योग्यता व आनुपातिक अंश

बृहस्पति के अनुसार व्यापार में दक्ष, अनलस, प्राज्ञ, नाणकवेदी (मौद्रिक विज्ञान व सिक्कों की जानकारी रखने वाले), आय-व्ययज्ञ, शुचि (ईमानदार), शूर (साहसपूर्वक जोखिम भरा व्यवसाय करने में दक्ष) व्यक्तियों के साथ साझा व्यवसाय करना चाहिए। ये समस्त गुण न होने पर भी कुछ गुण, संभूय-समुत्थान की सफलता के लिए आवश्यक है। आय, व्यय, हानि, लाभ का सापेक्ष परिश्रम एवं जिसने जितना धन, सोना, अन्न या अन्य पदार्थ दिए हों, उसके आधार पर बँटवारा होना चाहिए।

श्लोक—

कुलीनदक्षानलसैः प्राज्ञैनणिकवेदिभिः आयव्ययज्ञैः शूरैः
दु र्यात्सहक्रियाम्॥ अशक्तालसरोगार्तमन्दभाग्य निराश्रयैः।
वाणिज्याद्या सहैतैस्तु न कर्तव्या बुधैः क्रिया॥
बृहस्पति (स्मृतिचंद्रिका 2, पृ. 184, अपरार्क, पृ. 831-832)

साझेदार का कर्तव्य है कि वह अन्य साझेदारों के साथ, चाहे वे उपस्थित हों या अनुपस्थित, सभी के साथ ईमानदारी रखें।

साझेदार का संयुक्त व पृथक्-पृथक् दायित्व

ब्रिटिश साझेदारी अधिनियम 1890 में व भारतीय साझेदारी अधिनियम-1932 की धारा 25 के अंतर्गत प्रत्येक साझेदार फर्म में संपादित सभी कार्यों के लिए अन्य साझेदारों के साथ संयुक्त रूप से व पृथक् एकाकी रूप में भी उत्तरदायी होता है, इसलिए फर्म का कोई लेनदार सभी अथवा किसी एक से अपने ऋण की वसूली कर सकता है। ऐसा ही प्रावधान कई सहस्राब्दी पूर्व भारत में विद्यमान था। बृहस्पति के अनुसार एक साझेदार जो संपत्ति बेचता, परिवर्तित करता या जो कुछ प्रमाण या लेख-पत्र लेन-देन के रूप में कार्यान्वित करता है, वह सभी साझेदारों द्वारा किया माना जाता है। परस्पर सहमति के अभाव में संदिग्ध परिस्थिति में साझेदार ही आपस में निर्णय करते हैं और धोखाधड़ी या कपटाचरण का निपटारा करते हैं।

बहुमत से निर्णय

वर्तमान साझेदारी अधिनियम-1932 में सभी निर्णय साझेदारों की सर्वसम्मति से होते हैं। कंपनी व सहकारी समिति में ही बहुमत से निर्णय के प्रावधान हैं। प्राचीन संभूय समुत्थान में निर्णय बहुमत से लिए जाने से सर्वसम्मति नहीं होने पर भी गतिरोध नहीं उपजता था।

श्लोक—

समक्षमसमक्षं वाडजञ्चयन्तः परस्परम् नानापण्यानुसारात्ते प्रकुर्यः क्रयविक्रयो। व्यास (स्मृतिचंद्रिका 2, पृ. 185, अपरार्क, पृ. 832)

बहूनां संमतो यस्तु दद्यादेको घनं नरः। करणं करयेद्वापि सर्वेरपि कृतं भवेत्॥ परीक्षकाः साक्षिणस्तु त एवोक्ताः परस्परम्। सन्दिग्धेर्थे वञ्चनायां न चेद्विद्वेशसंयुताः॥ यः कश्चिद्धन्कस्तेशां विज्ञातः क्रयविक्रय। शपथैः सोपि शोध्यः स्यात् सर्ववादेश्वयं विधिः॥ बृहस्पति (व्यवहारमयुख पृ. 200, विवादरत्नाकर पृ. 113, व्यवहारप्रकाश पृ. 299) के अनुसार जब साझेदारों में मतभेद होने पर बहुमत से निर्णय होता है।

कपट व आपात परिस्थिति हेतु प्रावधान

कपट रोकने एवं किसी साझेदार द्वारा दुर्भावनावश कार्य करने पर उसे दंडित करने, क्षतिपूर्ति प्राप्त करने व उसे निष्कासित करने के प्रावधान, प्राचीन ग्रंथों में आज की अपेक्षा अधिक स्पष्ट हैं।

याज्ञवल्क्य (2/260), नारद (6/5) एवं बृहस्पति के अनुसार किसी साझेदार द्वारा अनधिकृत या बिना विमर्श के कार्य करने से हानि होने पर उसकी क्षतिपूर्ति करनी पड़ेगी। साझेदार जब दुर्देव, राजा या चोरों आदि से साझे व्यवसाय की रक्षा करता है, तो उसे विशेष पुरस्कार या विशिष्ट अंश के रूप में बचाई गई संपत्ति का दसवाँ भाग मिलता था। (याज्ञवल्क्य 2/260, कात्यायन 631, नारद 6/6)। **चोरतः सलिलादग्नेर्द्रव्यं यस्तु समाहरेत्। तस्यांशो दशमो देयः सर्वद्रव्येश्वयं विधिः॥** कात्यायन 631 (पराशरमाघवीय, 3, 305 एवं विवादरत्नाकर, पृ. 114)। साझेदार छल-प्रपंच करे तो बिना लाभांश उसे साझे से पृथक् किया जा सकता है।

अभिकर्ता संबंधी प्रावधान

साझेदार स्वयं व्यवसाय के संचालन में सक्रिय रूप से कार्य नहीं करता है तो वह अपने प्रतिनिधि या अभिकर्ता के माध्यम से व्यवसाय करने में स्वतंत्र था (याज्ञवल्क्य स्मृति 2/265)। आज यह सुविधा नहीं है।

स्थायित्व का बेहतर चिंतन : आज एक भी साझेदार के बहिगर्मन, मृत्यु या निष्कासन पर साझेदारी भंग हो जाती है। प्राचीन भारतीय विधान में ऐसा नहीं होने से व्यवसाय व उसके प्रतिष्ठान का जीवन दीर्घकाल तक बना रहता है।

याज्ञवल्क्य स्मृति (2/264) एवं नारद स्मृति (6/7 एवं 17-18) के अनुसार साझेदार के विदेश गमन या मृत्यु पर उसका भाग उसके उत्तराधिकारियों (पुत्र आदि) या संबंधियों या सजातियों को दिया जाता था। उत्तराधिकारी अधिकार न जताए तो दस वर्ष बाद उसका भाग शेष साझेदार ले सकते थे। उसे राजा अधिगृहीत कर सकता था। वर्तमान में मृत साझेदार के उत्तराधिकारी शेष साझेदारों की सहमति के बिना साझेदार नहीं बन सकते हैं।

शिल्पियों व कलाकारों के लिए विशिष्ट विधान

व्यक्तिगत कौशल व शिल्प के धारकों के लिए प्राचीन विधान में पृथक् प्रावधान होते थे, जो आज नहीं हैं। कात्यायन (632) के अनुसार शिल्पियों के साझे में नई विधियों या नए प्रतिरूपों के विकास पर उन्हें चार भाग, दक्ष या कुशल होने पर तीन भाग, आचार्य को दो भाग तथा शिष्यों को एक भाग मिलता था। शिष्यकाभिज्ञकुशला आचार्यश्चेति शिल्पिनः। एकद्वित्रिचतुर्भागान् हरेयुस्ते यथात्तरम्॥ कात्यायन 632 (व्यवहारमयूख, पृ. 201, अपरार्क, पृ. 838, विवादरत्नाकर, पृ. 124।

बृहस्पति के अनुसार एक टोली या समूह के नर्तकों व संगीतज्ञों को बराबर भाग एवं लय मिलाकर साज बजाने वालों को आधा भाग मिलता था। किसी भवन या मंदिर निर्माण में मुखिया को दो भाग मिलते थे। शिल्पी जो सोना, चाँदी, सूत, लकड़ी, पत्थर, खाल आदि से सामान बनाते या 64 शिल्पकलाओं में किसी एक के आचार्य होते थे, उन्हें एक भाग मिलता था।

हिरण्यरूप्यसूत्राणों काश्ठपाषाणचर्मणाम्।
संस्कृर्ता च कलाभिज्ञः शिल्पी चोक्तो मनीषिभिः॥

बृहस्पति, विवाद-रत्नाकर, पृ. 123, व्यवहारप्रकाश, पृ. 304

विवादरत्नाकर, पृ. 125, कात्यायन, 633-635 के अनुसार साझे में काम कर रहे व्यापारियों, कृषकों एवं शिल्पियों में कोई समझौता न हो तो वे परस्पर निर्णय करते थे।

निष्कर्ष

इस प्रकार वृहद स्तर पर व्यवसाय एवं उसके लिए विधानों का निर्माण कोई नवीन परंपरा न होकर भारत में कई सहस्राब्दी प्राचीन परंपरा है। प्राचीन भारतीय वाङ्मय में उसके अत्यंत विस्तृत प्रावधान रहे हैं।

□

अध्याय-40

उन्नत व्यावसायिक शब्दावली के शास्त्रोक्त संदर्भ

लाभ की प्रेरणा से पूँजी निवेश कर उससे विविध व्यवसाय करने के भारत के वेदों में प्रचुर संदर्भ हैं। व्यापार, वाणिज्य व व्यवसाय से लाभ अर्जित करने की रणनीति या रीति-नीति अर्थात् स्ट्रेटेजी व उससे संबंधित उन्नत शब्दावली के भी वेदों में प्रचुर संदर्भ हैं। अथर्ववेद के तृतीय कांड में उल्लेखित वाणिज्य सूक्त संबंधी मंत्र क्रमांक 15 से 29 तक उद्योग, व्यापार वाणिज्य, कृषि, शिल्प आदि से नानाविध समृद्धि अर्जित करने के प्रचुर विवेचन हैं। यजुर्वेद व ऋग्वेद में भी छोटे-बड़े, सभी प्रकार के उद्यमों के संचालन व प्रबंध और उनसे सत्यनिष्ठा एवं नैतिकता के साथ धनार्जन के अनेक मंत्र हैं। वैदिक वाङ्मय में वर्णित वाणिज्यिक व आर्थिक गतिविधियों से संबंधित विविध सूक्तों एवं मंत्रों की सही व्याख्या हेतु वेदों की आर्थिक शब्दावली का सही परिप्रेक्ष्य में विवेचन भी आवश्यक है। इस अध्याय में वैदिक आर्थिक शब्दावली के कुछ शब्दों की व्याख्या प्रस्तुत की जा रही है।

वेदों की आर्थिक शब्दावली

वेदों में प्रयुक्त आर्थिक शब्दावली के कुछ उदाहरणों की चर्चा पूर्व में इसी स्तंभ में की गई थी। यथा 'इष्टका' का आशय व्यवसाय में निवेशित पूँजी से एवं धेनु से आशय दुधारू गौ की तरह लाभ देने वाली पूँजी से होता है। बोस्टन

कंसल्टेंसी ग्रुप द्वारा पोर्टफोलियो एनालिसिस में भी सहज लाभ देने वाली कंपनी को 'कैश काऊ' की ही संज्ञा दी जाती है। 'ब्रह्म' अर्थात् मूल पूँजी व उससे अर्जित लाभों की मिलित या संयुक्त राशि, अर्थात् लाभ व मूल पूँजी का योग और बंधु अर्थात् लाभांश का वह भाग, जिसका वापस उसी व्यवसाय में पुनर्निवेश कर दिया जाता है। यजुर्वेद के मंत्र क्रमांक 17-2 की व्याख्या बॉस्टन कंसल्टेंसी ग्रुप के शब्द 'कैश काऊ' के साथ तुलना एवं 'इमामेअग्न इष्टका धेनवः…' मंत्र के धेनु शब्द की व्याख्या इसी स्तंभ में की जा चुकी है। वेदों में प्रयुक्त ऐसे ही कुछ शब्दों की व्याख्या पंडित वीरसेन द्वारा वैदिक संपदा पुस्तक में भी की गई है। इन शब्दों व कुछ अन्य शब्दों की व्याख्या अग्रानुसार हैं—

श्रवः : जिस धन का समाजोपयोगी कार्यों व दानादि में व्यय हो, बंदोबस्ती कार्यों में विनियोग हो या यज्ञादि कार्यों का जिस धन से विस्तार होता है, वह 'श्रवः' संज्ञक है। इसी को यशः एवं राः भी कहते हैं।

गयः : जिस धन या संपत्ति को हम अपनी संतानों के लिए हितार्थ प्रजा के कल्याणार्थ या राज्य के विस्तार के लिए लगाते हैं, वह 'गयः' संज्ञक होता है।

क्षत्र : जिस धन को हम अपनी रक्षा एवं आपातकालीन स्थिति के लिए लगाते हैं, वह 'क्षत्र' संज्ञक है, जैसा कि 'इदं' में ब्रह्म च क्षत्रं चोभे श्रियमश्नुताम्' में ब्रह्म और क्षत्र विशिष्ट-विशिष्ट अर्थ राशि वाचक भी है।

मीढु : अकस्मात् प्राप्त धनराशि को 'मीढु' (कॉण्टिजेंट गेन) कहते हैं।

मेधा : बिना पूँजी के अपने बुद्धि-कौशल से अर्जित राशि 'मेधा' संज्ञक है। 'या मेधां देवगणाः' (यजुर्वेद 32/14) में मेधा शब्द धनवाची है। आजकल इसे बौद्धिक संपदा अधिकारजनित, अर्थात् आई.पी.आर. ड्रिवन आय कहते हैं।

श्वात्र : अनेक व्यापारों में अल्प काल हेतु लगा धन या जो धन अल्प समय के लिए दिया जाए, वह 'श्वात्र' संज्ञक है।

वैध या लब्धव्य : जो धनराशि किसी से अपनी लेनी शेष है, उसे 'वैध या लब्धव्य' कहते हैं।

रेक्ण : वैध या लब्धव्य राशियों में से जो संशयित राशि है, अर्थात् जिसकी प्राप्ति की आशा कम है, वह 'रेक्ण' कहलाती है। इसे आज डाउटफुल रिसीवेबल्स कहते हैं।

द्रविण : उपार्जित राशि में से जो लाभ राशि हमारे व्यक्तिगत कार्य के लिए है, उसे 'द्रविण' कहेंगे। इसी राशि को स्वक् या स्वापतेय राशि भी कहते हैं।

राध : इस स्वापतेय द्रविण में से जो भाग बचकर अपनी निधि को बढ़ाता है, उसे 'राध: ' कहते हैं।

रयि : क्रय करने से लेकर द्रविण तक के गतिशील व नीतिपरक शुद्ध आय से अर्जित धन को 'रयि' कहते हैं।

वरिव : अपने व्यापारिक प्रभुत्व को स्थापित करने के लिए जो राशि विज्ञापन, प्रसिद्धि आदि के लिए व्यय की जाती है, वह 'वरिव: ' संज्ञक है। आज के संदर्भ में विज्ञापन, प्रचार व विक्रय संवर्द्धन आदि के लिए आवंटित राशि वरित: कही जाती थी।

वृत : जो राशि हम उधार रूप में किसी से प्राप्त करते हैं, वह 'वृत' संज्ञक है। यहीं राशि ऋण संज्ञक है।

वृत्र : वह राशि, जिसको हम किसी को देकर उसके व्यापार या स्वामित्व की संपत्ति पर अपना प्रभुत्व स्थापित करते हैं। वह 'वृत्र' संज्ञक है। वस्तुत: चारों वेद, वेदांग, पुराणों व महाभारत में भी कुल मिलाकर धन-संपदा आदि के विविध रूपों के 400 से अधिक शब्द हैं। ऋग्वेद में सौ चप्पुओं वाले जलयानों (शतरित्र) से सामुद्रिक व्यापार के वर्णन प्राचीन काल में भारत में एक अर्थव्यवस्था का संकेत करते हैं। इस प्रकार अनेक सहस्राब्दियों पूर्व हमारे यहाँ उन्नत आर्थिक व व्यावसायिक प्रबंध विकसित था।

पण्य : क्रय-विक्रय की जाने वाली वस्तुएँ

पण्य विचक्षणा : शासकीय मूल्य निर्धारण प्राधिकरण, मूल्य विशेषज्ञ या कीमत बोर्ड, जिससे उत्पादक या विक्रेता अनुचित मूल्य या बहुत ऊचा मूल्य नहीं ले सकें, मनुस्मृति (8.398)। जातक कथाओं में मूल्य विवाचक को 'अग्धकारक' कहा गया है।

प्रपण : बिक्री व्यापार हेतु वस्तुओं की खरीद

प्रतिप्रपण : वस्तुओं का पुनर्विक्रय

उत्थित : कड़ी स्पर्धा में प्रतिस्पर्धी व्यवसायियों को पीछे छोड़ने हेतु अपनाई रीति-नीति। अर्थात् आज के समय के बिजनेस स्ट्रेटेजी शब्द का समानार्थी।

स्ट्रेटेजिक डिसीजन या राणनीतिक निर्णय से भी इसका अर्थ लिया जा सकता है।

शुनं : रणनीतिक निर्णयों से व्यवसाय के हितों की रक्षा या लाभकारी या दीर्घकाल में हितकर व्यावसायिक निर्णय।

धन-दा : स्वयं की पूँजी अपर्याप्त होने पर व्यवसाय के लिए निवेश करने हेतु ऋण देने वाला 'धनदा' कहलाता है।

भूयः : व्यवसाय में स्वयं की पूँजी अर्थात् 'सेल्फ एंप्लॉयड' पूँजी का कहते हैं, विषेक जब 'ऑनर्स कैपिटल' अर्थात् स्वामी की स्वनियोजित पूँजी व्यवसाय के लिए पर्याप्त होती है, वह भूयः कहलाती है।

कनीय : व्यवसाय के लिए पूँजी का उपर्याप्त होना अर्थात् व्यवसाय के लिए जितना धन चाहिए, उतना न होना, अर्थात् पूँजी की अपर्याप्तता या अभाव।

सातघ्न : 'सात' अर्थात् लाभ व 'घ्न' नाश करने वाला। इस प्रकार सातघ्न का अर्थ होता है व्यवसाय में हानि उत्पन्न करने वाले कारण, व्यक्ति या अन्य प्रतिस्पर्धी उपक्रम। आज की व्यावसायिक शब्दावली में इसे हम कॉम्पिटीटर या कट थ्रोट कॉम्पिटिशन अर्थात् गला काट स्पर्धा में लगे प्रतिस्पर्धी भी कहते हैं।

उद्योग, व्यापार, वाणिज्य, व्यवसाय, कृषि, पशु व्यापार, दूर देश से समुद्र पार व्यापार और विविध आर्थिक गतिविधियों के लिए वेदों, स्मृतियों, गृह्य सूत्रों, राजशास्त्रीय ग्रंथों, कौटिल्य व कामंदक आदि के अर्थशास्त्रों और महाभारत आदि में असंख्य शब्द, व्यावसायिक रीति-नीतियों, पद्धतियों एवं आर्थिक आचार शास्त्र पर प्रचुर विवेचन मिलता है। इनका यथोचित विवेचन इस स्तंभ में प्रस्तावित है।

□

अध्याय-41

विकसित व्यवसाय एवं वाणिज्य की वैदिक परंपरा

भारत में अनादिकाल से अत्यंत उन्नत व्यवसाय व वाणिज्य की परंपरा रही है। वेदों सहित अनेक प्राचीन ग्रंथों में इसका प्रचुर विवेचन है। वेदों में वस्तुओं के महानुमाप उत्पादन, व्यापार, वाणिज्य, समुद्र पार विदेश व्यापार, जल, थल व वायुमार्गों से बिक्री हेतु वस्तुओं के परिवहन, मूल्य निर्धारण व नियमन, मुद्राओं के प्रकार आदि पर प्रचुर संदर्भ मिलते हैं। विश्व के कई भागों में सभ्यता के उदय से कई सहस्राब्दी पूर्व, भारत में उन्नत व्यवसाय एवं तत्संबंधी आज जैसी उन्नत नियमावलियाँ, व्यवसाय के नियमन एवं करारोपण के सिद्धांतों का अत्यंत विस्तृत विवेचन प्राचीन भारत में उन्नत व्यावसायिक प्रशासन व प्रबंधन युक्त अर्थतंत्र के होने का प्रमाण है।

व्यवसाय एवं वाणिज्य की प्राचीन परंपरा

व्यवसाय की आधुनिक व्याख्या के अनुरूप ही वेदों व प्राचीन अर्थशास्त्र के ग्रंथों में भी व्यवसाय के विवेचन में व्यापार, वाणिज्य एवं उद्योगों का समावेश किया जाता रहा है। ईसापूर्व कई सहस्राब्दी पहले से लेकर 17वीं सदी तक भारत विश्व के अधिकांश भागों में कृषि पदार्थों, लौह व इस्पात, ताम्र, यशद आदि धातुओं, वस्त्रों, रत्नों, मसालों आदि का अनेक वस्तुओं के निर्यात का केंद्र रहा है। खंभात, द्वारका, भरूच, सूरत आदि पश्चिमी तट स्थित प्राचीन बंदरगाहों एवं पूर्वी

तट पर तमिलनाडू, उड़ीसा आदि के बड़े-बड़े प्राचीन बंदरगाहों पर आज भी 7 से 9 हजार वर्ष प्राचीन जहाजों के लंगर समुद्रतल में बड़ी संख्या में मिलते हैं। सिंधु घाटी सभ्यता के समकालीन गुजरात स्थित लोथल एवं केरल के मुजुरिस आदि बंदरगाह 3000 ईसापूर्व के हैं।

वाणिज्य से आशय व्यापार एवं व्यापार की सहायक क्रियाओं से लिया जाता है। इन सहायक क्रियाओं में व्यापार हेतु ब्याज पर ऋण उपलब्ध करना, परिवहन, योगक्षेम, अर्थात् बीमा आदि आते हैं। अथर्ववेद के वाणिज्य सूक्त सहित कई सूक्त और ऋग्वेद व यजुर्वेद में व्यापार वाणिज्य के साथ ही वस्तुओं के जल, थल व वायु मार्गों से परिवहन और अनेक उद्योगों व उद्योग वृत्तियों के विवेचन हैं।

अथर्ववेदीय वाणिज्य सूक्त

वाणिज्य सूक्त में व्यापार अर्थात् क्रय-विक्रय और वाणिज्य से नियमित लाभ व उसके उचित परिरक्षण की कामना है। इसके ऋषि पण्यकाम हैं। पण्य बिक्री योग्य वस्तु होती है।

यथा—मेरी वाणिज्य के क्षेत्र में अबाधित प्रगति होवे, इंद्र मुझे बिना हानि के व्यापार व वाणिज्य में अग्रसर करे और मुझे सभी प्रकार की वाणिज्यिक क्रियाओं से अनगिनत स्रोतों एवं विविध मार्गों से धन प्राप्त होवे। इस धन के नियोजन से क्रय-विक्रय करते हुए मैं अनवरत धन प्राप्त करता रहूँ। मेरा यह धन शत्रुओं, लुटेरों, बटमारों व पाशविक वृत्तियों से उत्पीड़ित करने वाले व भयदोहनकर्ताओं से सुरक्षित रहे। अथर्ववेद-3/15/1

मंत्र—

इन्द्रमहं वणिजं चोदयामि स न ऐतु पुरएता नो अस्तु।
नुदन्नरातिं परिपन्थिनं मृगं स ईशानो धनदा अस्तु मह्यम्॥

अथर्ववेद-3/15/1

द्यावा-पृथिवी के बीच जो थल व आकाशीय मार्ग हैं, वे सभी हमें घृत तुल्य सभी सारवान वस्तुओं से तृप्त करें। जिन्हें खरीद व बेचकर हम जीवन में व्यवसाय के द्वारा प्रचुर धन-ऐश्वर्य प्राप्त कर सकें॥ 2॥

मंत्र—

ये पन्थानो बहवो देवयाना अन्तरा द्यावापृथिवी संचरन्ति।
ते मा जुषन्तां पयसा घृतेन यथा क्रीत्वा धनमाहराणि॥

अथर्ववेद–3/15/2

अनेक व्यापारों से दूर-दूर तक व्यवसाय संचालन

वाणिज्य सूक्त के मंत्र क्रमांक 3 में शताधिक अर्थात् सैकड़ों वस्तुओं या प्रकार के व्यवसायों ("…शतसेयाय देवीम।" अथर्व 3-15-3) से लाभ की कामना की गई है। इसी सूक्त के मंत्र क्रमांक 4 में अत्यंत दूर-दूर से उक्त वर्णित सैकड़ों प्रकार के व्यवसायों एवं व्यापार से कड़ी स्पर्धा में प्रचुर लाभ कमाने की भी कामना की गई है। (यं दूरं अहवानं अगाम्) इसी सूक्त के पाँचवें मंत्र में कामना की गई है कि व्यवसाय हेतु पूँजी की कमी नहीं आए और अपने मूलधन पर प्रचुर आय की इच्छा व्यक्त की गई है (धनेन धनं इच्छमान:)। अथर्ववेद के ये मंत्र हैं—

इध्मेनाग्न इच्छमानो घृतेन जुहोमि हव्यं तरसे बलाय।
यावदीशे ब्रह्मणा वन्दमान इमां धियं शतसेयाय देवीम्॥

अथर्ववेद 3/15/3

इमामग्ने शरणि मीमृषो नो यमध्वानमगाम दूरम्।
शुनं नो अस्तु प्रपणो विक्रयश्च प्रतिपण: फलिनं मा कृणोतु।
इदं हव्यं संविदानौ जुषेथां शुनं नो अस्तु चरितमुत्थितं च॥

अथर्ववेद 3/15/4

येन धनेन प्रपणं चरामि धनेन देवा धनमिच्छमान:।
तन्मे भूयो भवतु मा कनीयोऽग्ने सातघ्नो देवान् हविषा नि षेध॥

अथर्ववेद 3/15/5

समुद्र पार नौवहन व व्यापार

जलमार्ग से व्यापार करने हेतु छोटी व बड़ी नौकाओं के साथ जलयानों का भी प्रचुर उपयोग के संदर्भ ऋग्वेद में हैं। शतरित्र अर्थात् सौ अरित्र या सौ पाल वाले जलयान। ऐसे द्रुतगामी सौ पाल वाले, सौ तक चप्पू वाले जलयान एव सौ कल अर्थात् नौवहन यंत्रवाले यानों का भी वर्णन मिलता है (ऋग्वेद 5/59/2)

मंत्र—

अमादेषां भियसा भूमिरेजति नौर्न पूर्णा क्षरति व्यथिर्यती।
दूरेदृशो ये चितयन्त एमभिरन्तर्महे विदथे येतिरे नरः॥ 2॥

ऋग्वेद में जल, थल व नभचारी यानों का वर्णन है। छह घोड़ों की शक्ति तुल्य 'कल' (यंत्रों) से युक्त जलयान और वैसी एक से अधिक कल अर्थात् (यंत्र) युक्त यानों के भी वर्णन है, जो बिना थके व बिना रुके 3 दिन व 3 रात्रि तक चलकर गंतव्य तक पहुँचते थे (ऋग्वेद1/116/4-5)।

मंत्र—

तिस्त्रः क्षपस्त्रिरहातिव्रजद्भिर्नासत्या भुज्युमूहथुः पतङ्गैः।
समुद्रस्य धन्वन्नार्द्रस्य पारे त्रिभी रथैः शतपद्भिः षळश्वैः॥

ऋग्वेद 1/116/4

अर्थ—हे सत्यप्रिय व्यापारी व नाविक! तुम दोनों तीन रात्रि व तीन दिन अतीव गति से चलते हुए इन पदार्थों के साथ छह घोड़ों के तुल्य बल व गति से युक्त जल्दी ले जाने में सक्षम हो छह कलों (यंत्रों) के धारक विद्यमान उन (शतपद्धिः) सैकड़ों पग के समान या जल काटने में सक्षम वेगयुक्त पहियों के साथ (त्रिभिः) भूमि, अंतरिक्ष और जल में चलनहारे रमणीय सुंदर मनोहर वाहनों सागर, अंतरिक्ष बालुई भूमि वा कीच के सहित समुद्र के पार पहुँचाओ॥ 4॥

अनारम्भणे तदवीरयेथामनास्थाने अग्रभणे समुद्रे।
यदश्विना ऊहथुर्भुज्युमस्तं शतारित्रां नावमातस्थिवांसम्॥ 1/116/5

भावार्थ—व्यवसाय के लिए चतुर्दिक् प्रवासरत अग्रचेता उद्यमी! तुम दोनों आने-जाने व ठहरने की जगह के ज्ञान के साथ अंतरिक्ष वा सागर में सौ बल्ली वा सौ पाल या नौवहन यंत्र/चप्पू लगे हुए जलयान को बिजली और पवन के वेग के समान बहाओ और जिससे हम सभी धन व मूल्यवान वस्तुओं के अभाव को दूर करें। उससे हम अपने घर में प्रचुर धन व मूल्यवान सामग्री से युक्त सभी प्रकार के खाने-पीने के पदार्थ समूह को सँजोएँ। उन सामग्रियों को एक देश से दूसरे देश को ले जाएँ और लोगों का हम सदा सत्कार करें॥ 5॥

वेदों में शतपद्धि अर्थात् पानी काटने के सौ पहिए या पंखे अर्थात् प्रोपेलर होने के संदर्भों से यांत्रिक जलयान होने का भी प्रमाण मिलता है। ऋग्वेद में यह स्पष्ट

उल्लेख है कि जलपोत द्वारा सामुद्रिक यात्राएँ मनोरंजन के लिए नहीं की जाती थीं। वरन्, धन प्राप्ति और व्यापार के लिए की जाती थी। यथा—

उवासोषा उच्छाच्च नु देवी जीरा रथानाम्।
ये अस्या आचरणेषु दध्रिरे समुद्रे न श्रवस्यवः।

ऋग्वेद 1/48/3

तं गूर्तयो नेमन्निषः परीणसः समुद्रं न संचरणे सनिष्यवः।
पतिं दक्षस्य विदथस्य नू सहो गिरिं न वेना अधिरोह तेजसा॥

ऋग्वेद 1/56/2

इस प्रकार कई सहस्राब्दी पूर्व वैदिक काल में आज जैसे व्यापार, वाणिज्य, उद्योग, यातायात आदि उन्नत अवस्था में रहे होंगे। तब ही वैदिक वाङ्मय में इस प्रकार की शब्दावली युक्त व्यवसाय, वाणिज्य व यातायात के वर्णन मिलते हैं।

□

अध्याय-42

प्राचीन विकसित व उन्नत व्यापार व वाणिज्यिक विधान

आर्थिक दृष्टि से एक उन्नत राष्ट्र होने से भारत में प्राचीन काल से ही उन्नत आर्थिक व व्यावसायिक विधान रहे हैं। आधुनिक आर्थिक व वाणिज्यिक विधानों की भाँति ही प्राचीन राजशास्त्रीय ग्रंथों एवं स्मृतियों में भी क्रय-विक्रय, संविदा, अनुबंध, ऋण-शोधन, अस्वामी-विक्रय आदि अनेक प्रकार के आर्थिक व्यवहारों पर विस्तृत विधान व नियमों का विवेचन है। वेदों में विवेचित वृहद स्तरीय व्यापार, वाणिज्य समुद्र पार निर्यात और जल, थल व नभ मार्गों से परिवहन आदि के विवरणों के अनुरूप ही हमारे प्राचीन वाङ्मय में क्रय-विक्रय व वाणिज्य संबंधी विधियों अर्थात् कानूनों का विस्तृत विवरण मिलता है। आर्थिक व्यवहारों के संबंध में जो वाद या लॉ सूट लाए जाते थे, उन्हें 18 प्रकार के व्यवहार पदों अर्थात् 18 प्रकार की न्यायिक याचिकाओं में वर्गीकृत किया गया है, जिन्हें पुनः 108 श्रेणियों में उपविभाजित कर उनके संबंध में विस्तृत नियमावलियों का संकलन है।

प्राचीन अठारह प्रकार के व्यवहार पद अर्थात् न्यायिक याचिकाएँ

प्राचीन आर्थिक व्यवहार व लेन देन संबंधी विवादों के इने अठारह प्रकार के व्यवहार पदों पर आज के विधिशास्त्र से कहीं विस्तृत विधान भी लिपिबद्ध है।

स्मृतियों के अनुसार विवाद के अठारह व्यवहार पद इस प्रकार हैं—

1. **ऋणादान :** इसमें ऋण के लेने-देने से उत्पन्न होने वाले विवाद आते

हैं। ऋणादान के लिए बृहस्पति स्मृतिचंद्रिका में 'कुसीद' शब्द का प्रयोग किया है।

2. **निक्षेप :** इसके अंतर्गत अपनी वस्तु को दूसरे के पास धरोहर रखने से उत्पन्न विवाद आते हैं। कौटिल्य व याज्ञवल्क्य ने 'उपनिधि' शब्द का प्रयोग किया है।
3. **अस्वामी विक्रय :** बिना अधिकार दूसरे की वस्तु बेच देना।
4. **संभूय समुत्थान :** अनेक व्यक्तियों द्वारा मिलकर साझे में व्यवसाय करना।
5. **दत्तस्य अनपाकर्म :** कोई वस्तु देकर फिर कोध आदि लोभ के कारण बदल जाना। याज्ञवल्क्य व नारद ने दत्तप्रदानिक व बृहस्पति ने अदेयाद्य शब्द प्रयोग किया है।
6. **वेतन अनपाकर्म (वेतन न देना) :** किसी से काम लेकर उसका पारिश्रमिक न देना। इसके लिए वेतन-अदान व भृत्यदान शब्द भी मिलते हैं।
7. **संविद व्यतिक्रम :** कोई अनुबंध या संविदा अर्थात् कॉण्ट्रैक्ट किसी के साथ करके उसे पूरा न करना।
8. **क्रय-विक्रय का अनुशय :** किसी वस्तु के खरीदने या बेचने के बाद में असंतोष होना। इसके लिए क्रीतानुशय व विक्रीत-क्रीतानुशय शब्दों का प्रयोग भी मिलता है।
9. **स्वामिपाल विवाद अर्थात् स्वामी और पशुपालक का विवाद :** चरवाहे की असावधानता से पशु मृत्यु के विवाद।
10. **क्षेत्रजविवाद (ग्राम आदि की सीमा का विवाद) :** मकान आदि की सीमा विवाद भी इसी में आता है। भूवाद शब्द प्रयोग भी मिलता है।
11. **वाक् पारूष्य :** गाली-गलौच करना पारूष्य, मानहानि कारक अपकृव्य करना।
12. **दंड पारूष्य :** मारपीट।
13. **स्तेय (चोरी) :** चोरी न करना।

14. **साहस (डकैती) या वध व हिंसा :** बलपूर्वक स्वामी की उपस्थिति में धन का हरण।

15. **स्त्री संग्रहण :** स्त्रियों के साथ दुर्व्यवहार या अशोभनीय व्यवहार।

16. **स्त्री पुंधर्म :** स्त्री और पुरुष (पति-पत्नी) के आपसी विवाद।

17. **विभाग-दाय विभाग :** पैतृक संपत्ति विभाजन।

18. **द्यूत समाह्वय या अक्षवेदन :** दोनों जुए के अंतर्गत आते हैं। प्राणी रहित पदार्थों के द्वारा ताश, चौपड़, जुआ, द्यूत कहलाता है; प्राणियों के द्वारा तीतर, बटेर आदि का युद्ध घुड़दौड़ आदि समाह्वय।

अतिरिक्त व्यवहार पद : कुछ ग्रंथों में व्यवहारपद के अतिरिक्त वर्ग भी मिलते हैं—

1. अभ्यूपेत्याषुश्रूपा या असुश्रूषा
2. विक्रीयसंप्रदान
3. प्रकीर्णक

व्यवहार पद से आशय व न्यायालयों के प्रकार

हिंदू विधि के संदर्भ में व्यवहार एक महत्त्वपूर्ण संकल्पना है। कात्यायन ने इस शब्द का विश्लेषण इस प्रकार किया है—व्यवहार = वि + अव + हार; 'वि' का अर्थ 'विभिन्न' तथा 'अव' का अर्थ संदेह तथा हार का अर्थ 'हरना' या 'दूर करना' है। अर्थात् पद व्यवहार विभिन्न प्रकार के आर्थिक विवादों का निवारण करता है।

न्यायालय के प्रकार या श्रेणियाँ : बृहस्पति स्मृतिचंद्रिका के अनुसार भारत में चार प्रकार के न्यायालय होते थे—

1. **प्रतिष्ठित न्यायालय :** किसी पुर या ग्राम में प्रतिष्ठित स्थायी रूप से विद्यमान या कार्यरत न्यायालय श्रेणी में आते हैं।

2. **अप्रतिष्ठित न्यायालय :** ऐसे न्यायालय स्थायी रूप से एक स्थान पर प्रतिष्ठित न होकर विभिन्न ग्रामों में समय-समय पर स्थापित किए जाते थे। इन्हें चल न्यायालय भी कहा जाता था।

3. **मुद्रित या मुद्रा युक्त न्यायालय :** अर्थात् शासकीय मुद्राओं के अंतर्गत कार्यरत न्यायालय, तथा
4. राज्य शासित व संचालित न्यायालय।

आर्थिक नियमावली व न्याय के आधार

आज के इकोनॉमिक लॉ या आर्थिक विधियों के समतुल्य मनुस्मृति, याज्ञवल्क्य स्मृति, कौटिल्य अर्थशास्त्र तथा नारद व बृहस्पति आदि की स्मृतियों में आर्थिक व्यवहारों के संबंध में विधानों एवं व्यवस्थाओं का विस्तृत वर्णन, व्यवहार पदों के अंतर्गत किया गया है। स्मृतियाँ उन विषयों को, जिनके अंतर्गत विवाद उत्पन्न हो सकता है, अठारह शीर्षकों में रखती है। इन्हें व्यवहारपद कहते हैं। देश में प्रथम सिविल प्रक्रिया संहिता बनी थी, तब उसे भी तब प्रारंभिक वर्षों में 'व्यवहार प्रक्रिया संहिता' ही कहा जाता रहा है। व्यवहार के अठारह पदों का तात्पर्य है कि सभी प्रकार के विवाद अठारह में से किसी एक श्रेणी के अंतर्गत रहेंगे। दंड व्यवस्था भी स्मृतियों में इन अठारह प्रकार के पदों के अनुसार ही है। आपराधिक कृत्यों के विधान व्यवहार पदों से सभी में भिन्न हैं।

व्यवहार पदों के विषय में स्मृतिगत भिन्नताएँ

व्यवहार के इन अठारह पदों का मनुस्मृति एवं नारद स्मृति में भी भेद है। मनु स्मृति में क्रय-विक्रय दोनों पदों को एक साथ रखा है, किंतु नारदस्मृति में क्रय-विक्रय को अलग-अलग रखते हुए व्याख्या की है। नारद स्मृति में स्वामी और पशुपालन का विवाद, स्तेय, स्त्री संग्रहण का वर्णन अठारह पदों में नहीं किया गया है, परंतु विवाद के अठारह पदों की पूर्ति अन्य प्रकारों से की है। नारद स्मृति में क्रय-विक्रय को दो अलग-अलग पदों में रखा गया है तथा अभ्युयेत्यशुश्रूष तथा प्रकीर्णक को व्यवहार के पदों में स्थान देकर अठारह पदों की पूर्ति की गई है। इसी प्रकार याज्ञवलक्य स्मृति के व्यवहार पद मनुस्मृति से कुछ भिन्न हैं। याज्ञवलक्य व नारद स्मृति में क्रय-विक्रय को अलग-अलग रखा है तथा स्त्री पुंधर्म का उल्लेख नहीं है। नारदस्मृति के समान अभ्युयेत्यशुश्रूषा तथा प्रकीर्णक का वर्णन करने से अठारह की संख्या पूर्ण हो जाती है।

व्यापकता

व्यवहार के पदों को जो इस प्रकार विभिन्न शीर्षकों के अंतर्गत रखा गया है, इसका अर्थ यह नहीं था कि इन्हीं शीर्षकों के अंतर्गत यदि विवाद होगा तो उसी का ही निर्णय किया जाएगा तथा दूसरे विवादों को स्वीकार नहीं किया जाएगा। वास्तव में ये विभिन्न भेदों के रूप में अनेक प्रकार के विवादों का उपचार स्मृतियों से प्राप्त होता है। नारद ने इन विभिन्न भेदों की संख्या 108 बताई है। ये सभी इन शीर्षकों के अंतर्गत किसी-न-किसी प्रकार आ ही जाते हैं। इस प्रकार समाज में अपराध नियंत्रित रहें एवं लोग अपने-अपने धर्म का परिपालन करते रहे व आर्थिक व्यवहारों में विश्वसनीयता तथा समाज में सुव्यवस्था बनी रहे, इस हेतु मनु, याज्ञवल्क्य एवं नारद आदि स्मृतियों में न्यायोचित विधानों की व्यवस्था की गई थी।

आज इन प्राचीन व्यावसायिक विधानों से अनेक अच्छी अवधारणाएँ ग्रहण की जा सकती हैं। इस हेतु उन पर व्यापक शोध व लेखन परम आवश्यक है।

□

अध्याय-43

प्राचीन उन्नत भारतीय क्रय-विक्रय विधान

किसी भी देश की उन्नति के लिए व्यापार व वाणिज्य का विकास परम आवश्यक है। उसके लिए उन्नत व्यावसायिक सन्नियमों का होना भी आवश्यक है। वेदों व अन्य प्राचीन ग्रंथों में व्यापार, वाणिज्य व व्यवसाय संबंधी विस्तृत नियमावलियाँ अत्यंत उन्नत रही हैं। व्यापार संबंधी शब्दावली, क्रय-विक्रय, आंशिक भुगतान पर क्रय, खरीदी वस्तु को लौटाने, चल व अचल संपत्ति विक्रय आदि के नियमों में कई दृष्टियों से आज से भी अधिक गहराई पूर्ण विविधता दृष्टिगोचर होती है।

बिक्री के प्रकारों की विविधता : वेदों में वस्तु विनियम के साथ विविध मुद्राओं में मूल्य भुगतान अथवा अन्य प्रकार से संविदा आधारित क्रय, आंशिक मूल्य भुगतान पर क्रय, परीक्षण के उपरांत क्रय आदि अनेक प्रकार के नियमों का विवेचन है। मूल्य के लिए कई शब्द-मूल्य, वस्न, शुल्क (महे शुल्काय-ऋग्वेद 7/28/6 एवं 8/1/5) (ऋग्वेद 4/24.9 एवं अथर्ववेद 12/2/36-यच्च वस्नेन् विन्दैत) धन व विविध मुद्राओं में भुगतान के लेख हैं।

शब्दावली की व्यापकता : प्राचीन व्यापारिक शब्दावली आज से व्यापक थी। बिक्री योग्य वस्तु को 'पण्य' के लिए क्रय या खरीदी जाने योग्य वस्तु को लिए 'प्रक्री' शब्दों की भाँति आज क्रय व विक्रय योग्य वस्तुओं के लिए पण्य व प्रक्री जैसे पृथक्-पृथक् शब्द नहीं है। व्यापार की वस्तु के लिए कोई एकल शब्द नहीं है। अंग्रेजी में 'सेलेबल गुड्स' या 'ट्रेडेबल गुड्स' या 'गुड्स इन ट्रेड' और हिंदी में 'व्यापार योग्य वस्तु' शब्दों का प्रयोग करना होता है।

इसी प्रकार व्यापारिक लाभ के लिए क्रय की दशा में अथर्ववेद (3/15/4) में 'प्रपण' शब्द और व्यापारिक लाभ हेतु विक्रय की दशा में प्रतिपण शब्द है। यथा "प्रपणो विक्रयश्च, प्रतिपणः फलिनं मा कृणोतु (अथर्ववेद-3/15/4)"। आज हिंदी या अंग्रेजी में प्रपण व प्रतिपण जैसे वस्तुओं के लाभ पर क्रय-विक्रय हेतु भिन्न शब्द नहीं है। निजी उपयोग व व्यावसायिक प्रयोजनार्थ, क्रय-विक्रय में कोई भेदकारक एकल शब्द भी नहीं है।

इसी प्रकार किसी संविदा, करार या समय के अधीन आंशिक मूल्य भुगतान से क्रय किए जाने पर प्राचीन वाङ्मय में 'अवक्रय', 'उक्तलाभ' एवं 'रुचिक्रय' जैसे भिन्न-भिन्न अर्थपरक शब्द हैं। क्रय संबंधी इन विविध प्रकार के शब्दों अर्थात् अवक्रय, उक्तलाभ, रुचिक्रय, परिक्रय व अपक्रय शब्दों के अधीन बेची गई वस्तुओं में अवशेष राशि, भुगतान की शर्तों, उस पर ब्याज, स्वत्व या स्वामित्व हस्तांतरण, स्वत्व या स्वामित्व की समाप्ति, वस्तु पुनः लौटाने व चक्रवृद्धि ब्याज लगाने विविध परिस्थितियों के लिए व्यास स्मृतिचंद्रिका, विवाद रत्नाकर, व्यवहार प्रकाश, कात्यायन, वृद्ध कात्यायन, सरस्वती विलास, व्यवहार निर्णय आदि ग्रंथों में अत्यंत विस्तृत नियम हैं। ऐसी विविधताओं की कल्पना आज के संविदा अधिनियम, वस्तुविक्रय अधिनियम जैसे कानूनों में नहीं है। इनमें भी चल व अचल संपत्ति के संबंध में नियमावली में कई भेद व उपभेद हैं। बृहस्पति स्मृतिचंद्रिका के अनुसार कूप, वृक्ष, अन्न, फल, जलाशय आदि की बिक्री लिखित में होनी चाहिए, अन्यथा वे वस्तुएँ विक्रेता की ही रहेंगी।

बिक्री के बाद मूल्य की अपरिवर्तनीयता : ऋग्वेद के अनुसार बेचते समय जो मूल्य तय हो जाता है, वही मान्य है। बाद में उसमें कमी या वृद्धि नहीं की जा सकती है। सायण की व्याख्या के अनुसार एक व्यापारी ने महँगी वस्तु कम कर दाम में बेच दी। बाद में वह लेने वाले के पास जाकर कहता है कि मेरी वस्तु न बेची हुई मानी जाए और वस्तु का जो कम मूल्य दिया है, उसे पूरा किया जाय। ग्राहक कहता है कि मैंने पूरा तय मूल्य दिया है। निर्णय दिया गया है कि बेचते समय जो मूल्य तय हो जाता है, वही मान्य है। बाद में वह कम या अधिक नहीं हो सकता है। यथा "भूयसा वस्नमचरत कनीय..." ऋग्वेद 4/24/9

अनुचित लोभ, मिलावट एवं वस्तु दोषपूर्णता का निषेध : अथर्ववेद के मंत्र 5/11/6 (अधोववस: पणयो भवन्तु) के अनुसार लोभवश अनुचित लाभ पर वस्तु विक्रय अनुचित है, ऐसा लोभी व्यापारी (पणि) समाज में निंदनीय था। ऋग्वेद के मंत्र 7/19/2 (इंद्र…कुवयं नि…अरन्धय) के अनुसार व अथर्ववेद के मंत्र 20/37/2 के अनुसार वस्तुओं में मिलावट दंडनीय अपराध था।

याज्ञवल्क्य स्मृति (2/257), नारद संहिता (11/7-8) एवं बृहस्पति स्मृतिचंद्रिका के मत से पूरा मूल्य लेकर गलत वस्तु बेचने पर या दोषपूर्ण वस्तु को दोषरहित कहकर बेचने पर दुगुना मूल्य देकर वस्तु वापस ले लेनी पड़ती थी और मूल्य जितना अर्थ-दंड राजा को देना पड़ता था। यह नियम मूल्य भुगतान पर लागू होता था, समझौता मात्र होने एवं मूल्य भुगतान नहीं होने पर क्रेता एवं विक्रेता दोषमुक्त होते थे (नारद स्मृति 11/10)।

क्रेता सावधान का सिद्धांत : वर्तमान वस्तु विक्रय अधिनियम-1930 की धारा 16 तथा ब्रिटिश अधिनियम की धारा 14 के अनुसार बिक्री के सौदों में क्रेता सावधान का नियम लागू होता है। ऐसे प्रावधान कई विविधताओं के साथ प्राचीन संहिताओं में भी थे। नारद (12/4) एवं बृहस्पति के अनुसार क्रेता को क्रय को जानेवाली वस्तु का स्वयं निरीक्षण करना चाहिए और विशेषज्ञों से उसके गुण-दोषों की परख करनी चाहिए। परीक्षण के उपरांत क्रीत वस्तु लौटाई नहीं जा सकती।

व्यास के अनुसार चर्म, काष्ठ, ईंटें, सूत, अन्न, आसव, रस, सोना, कम मूल्य की धातुएँ (राँगा आदि) एवं अन्य सामान जब पूरे परीक्षण के उपरांत क्रीत किए जाते हैं तो वे लौटाए नहीं जा सकते। नारद के उपयुक्त (12/5-6) वचन इस नियम के अपवाद हैं। यदि क्रीत वस्तु दुकान से न उठाई जाए तो विक्रेता उसे पुन: बेच सकता है और यदि क्रीत वस्तु दैवसंयोग या राजा के कारण नष्ट हो जाए तो क्रेता को हानि उठानी पड़ती है।

वस्तु लौटाने संबंधी प्रावधान : विक्रय व क्रय के उपरांत वस्तु लौटाने संबंधी प्राचीन प्रावधानों का विस्तार व गहराई एवं उनकी शब्दावली भी आज से अत्यंत विस्तृत है। यथा नारद संहिता के अनुसार बेची गई वस्तु न देना विक्रीयासमादान एवं खरीदी गई वस्तु पर पश्चात्ताप क्रीत्वानुशय कहलाते हैं। ऐसी वस्तु को लौटा देना 'क्रय का निरसन' कहलाता था। नारद (12/2) के अनुसार

क्रीत वस्तु को क्रय पश्चात्ताप पर उसी दिन उसी रूप में लौटाई जा सकती थी। दूसरे या तीसरे दिन लौटाने पर पचासवाँ अथवा तीसवाँ भाग कटता था। तीन बाद लौटाना संभव नहीं था। याज्ञवल्क्य स्मृति (2/177) व नारद संहिता (12/5-6) के अनुसार परीक्षण पर बिक्री के संबंध में अन्न, लोहे की वस्तु, वस्त्र, दुधारू पशु, भारवाहक पशु, रत्न आदि के संबंध में। दिन से 1 माह तक की अवधि दी है। मनुस्मृति (8/22) के अनुसार 10 दिन तक वस्तु लौटाना संभव था। कात्यायन (पृ. 685) के अनुसार 10 दिन की अवधि भूमि के क्रय-विक्रय के संबंध में ही है। बची गई वस्तु की सुपुर्दगी देने के पूर्व नष्ट हो जाए या चोरी चली जाए तो हानि विक्रेता उठाएगा। (नारद संहिता 11/6, विष्णु धर्मोत्तर पुराण 5/129, याज्ञवल्क्य स्मृति 2/256)

□

उपसंहार

भारतीय ज्ञान निधि सार्वभौम मानव कल्याण के लिए अनुपाम ज्ञान का संचय है। उसे रिलीजन सापेक्ष शिक्षा नहीं कहा जा सकता है। उसका प्राथमिक कक्षाओं से शिक्षण व उस पर व्यापक व सघन अनुसंधान आवश्यक है। उन्नीसवीं सदी अरबी व तुर्की आक्रमणों से मुगल साम्राज्य के दौर में अथाह सामग्री को विनष्ट किए जाने के उपरांत औपनिवेशिक शासन में किस प्रकार दुर्लक्ष्यपूर्वक भारतीय शास्त्रों के ज्ञान को औपनिवेशिक साम्राज्य के काल में उसे विकृत करने के अनगिनत प्रयत्न किए गए थे। उन विकृतियों का परिष्कार भी आज परम आवश्यक है।

भारतीय प्राचीन शास्त्र हमारी संस्कृति के अनमोल ग्रंथ हैं, जो रिलीजन सापेक्ष ग्रंथ न होकर समग्र व सार्वभौम मानव समाज के लिए परम उपयोगी ज्ञान की निधि हैं। दूसरा हमारे इन शास्त्रों में जहाँ-जहाँ औपनिवेशिक साम्राज्य में विकृतीकरण किया गया उसका व उसकी दोषपूर्ण व्याख्याओं का शुद्धीकरण भी परम आवश्यक है।

□□□